人民日报社《环球人物》杂志社、河北省社会科学基金项目（项目编号：HB15XW019）、河北省教育厅人文社会科学重点项目（项目编号：SD151093）和河北大学"中西部高校综合实力提升工程"资助出版

媒介叙事：

《环球人物》和《时代》周刊新闻话语研究

和 曼　白树亮　著

人民出版社

责任编辑:孙兴民　李琳娜

装帧设计:徐　晖

责任校对:张　彦

图书在版编目(CIP)数据

媒介叙事:《环球人物》和《时代》周刊新闻话语研究/和曼,白树亮 著.
－北京:人民出版社,2015.12

ISBN 978－7－01－015632－3

Ⅰ.①媒…　Ⅱ.①和…②白…　Ⅲ.①新闻语言-研究　Ⅳ.①G210

中国版本图书馆 CIP 数据核字(2015)第 308805 号

媒介叙事:《环球人物》和《时代》周刊新闻话语研究

MEIJIE XUSHI HUANQIU RENWU HE SHIDAI ZHOUKAN XINWEN HUAYU YANJIU

和　曼　白树亮　著

人民出版社 出版发行

(100706　北京市东城区隆福寺街 99 号)

保定市北方胶印有限公司印刷　新华书店经销

2015 年 12 月第 1 版　2015 年 12 月北京第 1 次印刷

开本:880 毫米×1230 毫米 1/32　印张:11.5

字数:243 千字

ISBN 978－7－01－015632－3　定价:36.00 元

邮购地址 100706　北京市东城区隆福寺街 99 号

人民东方图书销售中心　电话 (010)65250042　65289539

目 录

导 论

国际人物报道是人物报道的一种新形式，主要是对本国之外的在国际上具有较大影响并且能够引起普遍关注的新闻人物所进行的报道。换句话说，就是把外国的新闻人物报道给本国受众，在新闻体裁上包括消息、通讯、特写、专访等。

国际人物报道不仅是新闻写作的重要组成部分，也是考察记者写作水平的一种重要体裁。这不仅由于人物的性格特征难以准确把握，在实际操作中比较容易流于俗套，变得千人一面，而且还需要把人物还原到特殊的文化语境中，以便准确把握人物的思想价值观念。事实上，关于人物报道的写作，恩格斯曾经在《致敏·考茨基》中写到："每个人都是典型，但同时又是一定的单个人，正如老黑格尔所说的，是一个'这个'，而且应当是如此。"① 这里的"典型"，指的是典型人物，而且是活生生的，能够吸引人注意的典型人物。

在西方，记者把遵守新闻价值，以时新性、重要性、显著性、接近性和趣味性作为选择和衡量新闻事实的价值标准，同时

---

① 《马克思恩格斯选集》第 4 卷，人民出版社 1972 年版，第 453 页。

也作为人物报道写作的标杆，认为："新闻应是人物的报道，而不应是整个事态进程的报道。"人物报道如同绘画和素描一样，能够刻画出人物的性格轮廓、别样风采，是记者追求的终极目标。被誉为"世界政坛采访之母"的意大利女记者奥莉娅娜·法拉奇（Oriana Fallaci）在采访中，可以针对不同的新闻人物，制定不同的采访方案，最终都能够使对方打开心扉，她的作品至今仍然是新闻界人物报道的典范。

在中国，典型人物报道最富有特色，并且对人物报道产生了重要的影响，我们可以从历史的角度进行一下简单的梳理：典型人物报道发端于 20 世纪 40 年代的延安整风时期，在整顿主观主义、宗派主义和党八股等不正之风的同时，掀起了全党办报的热潮，真正地面向群众办报。1942 年 4 月 30 日，《解放日报》在头版刊发了《模范农村劳动英雄吴满有连年开荒种粮特别多影响群众积极春耕》，从而开启了典型人物报道的大幕。据不完全统计，仅 1943 年上半年《解放日报》上出现的模范人物就多达六百名以上。1944 年元旦，《解放日报》创办"边区生产运动"专栏，在接下来的三个月时间里，大规模介绍劳动模范的先进事迹。

中华人民共和国成立初期，伴随着全国上下一致抗美援朝的热浪，典型人物报道再次受到新闻媒体的关注，黄继光、邱少云、罗盛教等不仅是战斗英雄，更是保家卫国的先进典型。抗美援朝之后的第一个五年计划中，典型人物报道开始发生转型，从战斗英雄转向国有化改革中的各线杰出代表。比如：王崇伦、郝建秀、向秀丽、孟泰、马恒昌、张明山等是在工业化过程中出现的生产能手；耿长锁、任国栋、李顺达、郭玉恩、王玉坤、杨显廷等是在农业合作社化进程中的行家里手；荣毅仁被作为资本主义工商业改造的典型人物进行广泛传播。20世纪60年代初，出现了一批影响力极大的典型人物：雷锋、焦裕禄、王进喜、吴吉昌等，还有一些先进集体，比如：南京路上的好八连、大寨、大庆等。这些典型人物（集体）有一个相同的特点，都是舍己为人、甘于奉献、全心全意为人民而服务的，他们将伦理道德作为最为崇高的人格标准，同时将集体意识作为最为高尚的行动指南。改革开放以后，典型人物报道的领域发生了很大变化，知识分子成为报道的主要对象。比如：陈景润、蒋筑英、邓稼先等，成为知识界的楷模。之后，经济体制改革全面展开，典型人物报道也步入了成熟期。关广梅、鲁冠球、步鑫生、年广久等成为企业家的典范，他们敢想敢干，有着市场经济的新思维和新观念。

随着经济改革的进一步发展，人们的价值观念也在逐步地多元化。1982年，西安市第四军医大学学生张华为抢救掏粪落池的一位老农民而不幸身亡，全国媒体报道之后，在社会上引发了究竟值不值得的争论，传统的典型人物报道方式开始受到了冲击。此后，典型人物报道开始逐步发生变化，最为显著的特点是从"高大全"的完美主义向"平凡真实"的现实主义靠拢，从"半神"式英雄向真实可感回归。这一转变在20世纪90年代的典型人物报道中明显地表现出来，主要有：李素丽、徐洪刚、孔繁森、徐虎、袁隆平、牛玉儒、任长霞、谢延信等。目前，道德模范、孝道人物、感动人物等多种多样的人物榜单纷纷出炉，还有以"最美人物"为特征的网络典型人物等等，这些都意味着典型人物报道拥有了更加多元化的报道方式。

典型人物报道经历了风风雨雨,一路走到今天,对我国人物报道在思维方法和表达方式等各个方面都产生了重要影响。同时也可以看出,人物报道与社会的发展进步密切相连,在不同的历史时期都有不同的报道对象,从而体现了鲜明的时代特色。同样,在全球化大背景下,随着中国国际化程度的提升,人物报道开始面向世界,国际人物报道的重要性日益体现出来。

透过国际人物报道,我们能够看到媒介与国际政治、经济、文化、社会等方方面面的互动,以及媒介在这个过程中所发挥的作用。反过来,国际人物报道也能够使国际受众对中国新闻媒介的价值取向、思想观念等有更加深入的认识。那么,在中国跻身于世界经济发展舞台的今天,在中国日益融入国际社会的今天,国际人物报道是否准确、客观、全面地反映出了世界各国的政治、经济以及文化状态呢?在中西方国际人物报道中,所反映的对于世界政治、经济、文化等各方面的评判价值是否存在较大的差异呢?

在这里我们选择了两份都具有最高级别以及权威性的杂志作为考察对象:一份是人民日报社的《环球人物》杂志,另一份是美国的《时代》周刊(从 2006 年 3 月 1 日到 2013 年 12 月 31 日),国际人物报道分别是 1662 人次和 748 人次,以此建立国际人物报道数据库,对这些样本分别从宏观和微观层面进行梳理、分析和提炼,主要通过运用框架建构和内容分析等具体的研究方法,对《环球人物》和《时代》周刊国际人物报道的话语建构进行详细剖析,比较两者在人物选择、报道方式、写作风格、新

闻主题、叙事视角、叙事模式等方面的差异，可以看到中西两种
不同文化的价值观念，以及各自对国际人物报道产生的影响。

此外，从新闻话语的视角出发，对国际人物报道的特点进行
分析也是本书的一个研究重点。近些年，话语分析理论研究比较
关注媒介在社会发展中的作用。中国的大众传播媒介，尤其是党
报党刊，是党和国家的喉舌，不仅在国家建设、社会发展以及经
济改革中发挥了重要作用，同时还担负着对外报道的重要历史使
命。因此，《环球人物》的国际人物报道取得了哪些成效？还存
在什么问题？以后的发展趋势如何？这些问题需要我们站在新闻
传播学、社会学、文化学等学科角度认真慎思。

做研究的目的不仅要对事物进行全面客观的陈述，还要对其
进行系统深入的阐释；不仅要对事物进行立体化的全方位展示，
还要对其发展动因进行层层剖析；不仅要从宏观和微观两个角度
对事物进行观察，还要寻找影响事物发展的因素。从这个角度上
来看，本书的第二章、第三章和第四章侧重于文本分析和详细描
述，比较偏重于描述性研究。本书的第五章、第六章和第七章注
重对国际人物报道发展动因以及影响其发展的主要因素进行学理
研究，比较偏重于解释性研究，更多地呈现出论述和阐释的特
点。本书主要针对国际人物报道，将《环球人物》和《时代》
周刊进行比较，力图发现二者在人物选择、办刊理念、编辑手
法、表达方式、叙事建构、主题设置、措辞风格、语义结构、言
语再现等方面的不同，并且联系全球化的广阔背景，全面描述中
美主流媒体对世界的关注角度以及价值观念，深入分析各自的报
道规律。

　　要实现本书的目的，关键在于理清头绪，即寻找适当的切入点来分析国际人物报道的特色和规律。对此，意大利的葛兰西（Antonio Gramsci）曾经在《狱中笔记》中说："批判性反思的出发点是认识到你到底是谁，认识到'认识你自己'也是一种历史过程的产物，它在你身上留下无数的痕迹，但你却理不清它的头绪。因此，找出这一头绪就成为当务之急。"① 不同的国际人物，作为一个个鲜活的人文实体，媒体的建构具有重要的影响。本书主要是借助叙事学和话语分析等方法，分析媒介对建构人文实体的作用和影响力。

　　英国传播学者斯帕克斯（Colin Sparks）曾说："一般流行的人物新闻，成为我们看待世界的解释架构，整个社会秩序于其中被看得一清二楚，包括复杂的制度性结构、经济关系等重要事实。"② 由此可见，通过媒介对不同人物形象的塑造，我们可以看到政治、经济、文化等各个领域的发展变化状态。通过不同媒体对同一人物的形象塑造，我们又可以看到媒体在传递新闻信息过程中所发挥的影响力。每一篇人物报道，不仅能够再现该人物所在群体、阶层的社会地位、生存状况、思想动态、价值取向等具体内容，同时更是对不同意识形态、文化沉淀的深刻反照。在人物报道的背后蕴含的是媒介与政治、经济、文化、社会价值观念的博弈，以及当今中国应该如何融入世界。

---

　　① ［美］萨义德：《东方学》，王宇根译，生活·读书·新知三联书店1999年版，第33页。

　　② Colin Sparks, *Popular journalism: theories and practice*, in Peter Dahlgren and ColinSparks（eds）, Journalism and Popular Culture, London, Newbury Park, CA. New Delhi: Sage, 1992, pp. 24—44.

为使本书的框架思路更加形象清晰，可以如下图所示：

附：研究框架图

图示：本书的框架示意图

通过对《环球人物》和《时代》周刊国际人物报道进行内容分析和对比，试图解答以下三个问题：

1. 二者在人物选择、主题设置和叙事模式等方面最主要的区别是什么？

2. 影响国际人物报道的最重要因素是什么？

3. 国际人物报道存在的问题以及未来发展趋势是怎样的？

此外，采取个案研究的方法，选取三个以上的典型案例作为分析对象。所选择的案例既具备代表性也要具有共同性。代表性，即能够反映出某一个方面存在的问题；共同性则是方便于两份杂志之间的对比。譬如选择对同一个国际人物的相关报道，通过分析《环球人物》和《时代》周刊各自的观察视角、报道手法、价值观念等来观察两者之间的区别。此外，通过深度访谈法，对《环球人物》杂志社的相关部门负责人进行访谈，对他们的日常工作程序进行详细的了解，以及他们对国际人物报道的主要观点。

本书的创新点在于：

1. 在研究过程中，主要运用内容分析的方法，力图充分使用2006年3月1日至2013年12月31日的《环球人物》和《时代》周刊关于国际人物报道的材料进行对比。其次，运用话语分析的方法，对不同领域新闻人物的报道特色进行分析。再次，运用框架分析的方法，总结各自的报道规律。最后，还需要通过深度访谈法，对《环球人物》杂志社的主创人员进行访谈，掌握我国国际人物报道团队的一手资料。

2. 借鉴荷兰阿姆斯特丹大学教授范·戴克（Teun Adrianus Van Dijk）的新闻话语结构理论，将人物报道从宏观和微观两个层面进行系统分析。宏观上，将其放入社会发展的大背景下，分别分析政治、经济、文化等各个领域的人物报道的特点。微观上，将人物报道从人物称谓、叙事模式、表达方式等话语层面进行客观展示。如此一来，有助于我们全面立体地了解人物报道所蕴含的深层含义。

3. 通过对国际人物报道的对比研究，发现中美人物报道的差异，进而才能够发现中美的文化差异以及价值观念差异，以便在政治权力、经济力量、民间话语等方面把握不同人物报道的方式方法。

4. 通过两种国际人物报道的对比研究，可以看出两者在报道方式、写作风格、叙事模式等方面的差异，更能够看到中西两种文化的碰撞以及不同价值观念的取向。对我国媒体来说，有助于我们比较清楚地看到自身在国际传媒领域的地位。与此同时，对于不同群体来说，也能够从中得到启发，为自身良好形象的塑造提供更加广阔的发展空间。

第一章　人物报道及其相关研究

笔者在整理相关研究文献综述时，对大量资料进行了搜集、整理和归类，主要有人物报道的本体研究综述，即对人物报道的内涵和外延进行了研究。在人物报道的相关研究综述中，主要包括典型人物报道研究综述，人物报道研究综述，人物报道的话语分析研究综述三个部分。在"他者"相关研究中，梳理了中西学者对"他者"的研究成果，认为"他者"与"自我"是一对相对应的概念，大众媒体能够通过新闻报道对"他者"形象进行建构。在话语分析相关研究综述中，对国内外的话语分析成果进行归总后发现，英国学者注重文化研究，美国学者推崇实证研究，我国学者注重理论探讨。最后是《时代》周刊相关研究综述，包括《时代》周刊的编辑特色、新闻理念与办刊方针研究综述，《时代》周刊涉华报道研究综述和《时代》周刊话语分析研究综述，可以看出，《时代》周刊在国际新闻报道中存在明显的倾向，经常采取"自我肯定表征"和"他人否定表征"的策略，并且在涉华报道中表现尤为突出。此外，需要注明的是关于《环球人物》的相关研究目前还没有，因此无法收集。

第一节　人物报道研究

本节包括人物报道的本体研究与人物报道研究，具体如下：

一、人物报道的本体研究

人物报道的本体研究是指对人物报道的内涵和外延的研究。扩展来看，"人物报道"包括两个概念：一个是"新闻人物"，另一个是"人物报道"。其中，关于"人物报道"这个概念，在新闻学辞典中没有专门界定，只有一些相关概念，比如：人物新闻（或者人物消息），人物通讯，人物专访（或者人物访问记），人物特写等，还有人将人物通讯、人物专访与人物特写统称为"人物专稿"。①

（一）"新闻人物"的定义

通过资料收集，关于"新闻人物"的定义主要有以下几种：

杨岗先生等主编的《图书报纸期刊编印发业务辞典》中说：新闻人物是指"对新闻中新出现的重要人物的生平作简要的介

---

① 马胜荣、薛群：《描述世界——国际新闻采访与写作》，新华网 ht-tp：//news. xinhuanet. com/newmedia/2005 － 03/31/content ＿ 2768158. htm，2005 年 3 月 31 日。

绍。一些重要的新闻，往往是对新近发生的重大事件的报道，但对于参与事件的主要人物的个人生平则不可能作很多介绍。而这些个人的情况常常是广大读者所关心、感兴趣的。特别是对那些过去不太熟悉的人的情况，更希望有所了解。对这些人的生平作简单介绍，可以满足读者了解这些人物的欲望，从而丰富和发展新闻所给予读者的认识。在实际社会生活中，人们也习惯把新闻人物认为是一段时间内新闻报道中经常出现、为广大读者、观众所瞩目的人物。他们常常是政治家、改革家、球星、歌星等。对他们的持续报道常可以构成一个新闻热"。①

刘建明先生主编的《宣传舆论学大辞典》中说：新闻人物是指"具有传播价值，在一定范围内产生较大影响，并引起普遍关注的人物。新闻人物具有相对性。有属于全世界、全社会范围的新闻人物，有属于某个地区、某个部门或某个单位的新闻人物。"②

甘惜分先生主编的《新闻学大辞典》中说："由于新闻传播媒介的报道而为人们广泛关注的人物，一旦成为新闻人物，对其报道就更引人注目。记者报道新闻人物同样要遵循真实性原则，并要有高度的社会责任感。"③

冯健先生主编的《中国新闻实用大辞典》中说：新闻人物

---

① 杨岗、栾建民、徐子毅、陆路、于云主编：《图书报纸期刊编印发业务辞典》，中国经济出版社1990年版，第169页。

② 刘建明主编：《宣传舆论学大辞典》，经济日报出版社1992年版，第246页。

③ 甘惜分主编：《新闻学大辞典》，河南人民出版社1993年版，第143—144页。

是指"近期引起社会广泛注意的人物，或重大新闻里涉及到的主要人物。新闻人物可作资料性的简单介绍，也可采用专访等形式进行报道。"①

有些人本身没有新闻报道的价值，但因为他们是公众十分关注的重大事件中的人，因而具有了报道的价值。如2003年非典期间，一些不怕危险抢救SARS病人的医护人员也成为被报道的人物。平常时期，他们只是普普通通的医务工作者。新闻人物不像英雄模范人物那样，以自身的业绩、先进的思想而具有新闻价值，而因身处重大事件之中而具有了报道的价值。②

这些专家认为新闻人物的一个共同点是在某个领域有突出贡献，能够引起社会的广泛关注，并且具有较大的影响力。如此看来，比较接近典型人物报道的特点，认为人物报道应该把握好基调，以正面人物报道为主，坚持正确的舆论导向，弘扬社会正义。

（二）"人物新闻（或者人物消息）"的定义

通过资料收集，关于"人物新闻（或者人物消息）"的定义有以下几种：

以写人物为主的新闻，迅速及时地反映人物的某种行动或某个侧面，时效性较强。写作上要求抓住人物的本质特征，简明扼

---

① 冯健主编：《中国新闻实用大辞典》，新华出版社1996年版，第84页。

② 章玉兴：《人物新闻采访与写作》，人民日报出版社2014年版，第97—98页。

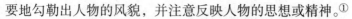

要地勾勒出人物的风貌，并注意反映人物的思想或精神。①

与"事件新闻"对称。以人为主要报道对象的新闻。通过记叙先进人物的事迹来反映人物精神风貌。②

以写人物为主的新闻，迅速及时地反映人物的某种行动或某个侧面，时效性较强，写作上要求抓住人的本质和个性特征，简明扼要地勾勒出人物的风貌，并注意反映人物的思想或精神。③

以消息形式报道人物活动与事迹的新闻体裁。有短、快、活、强等特点。搞好人物新闻报道是新闻工作者的一项使命，是媒体工作的一项经常性任务。④

以简要的形式迅速反映新鲜而富有时代特色的典型人物的事迹和精神面貌的新闻报道体裁。它主要通过新鲜而又富有时代特色的典型事例，报道人物事迹闪光的一两个侧面，显示新时代人的精神面貌，不必要反映一个人全面的成长过程，也不必要报道其完整的人生业绩。人物消息具有消息的一般特征，即事实新鲜、讲求时效、篇幅短小。与人物通讯不同，并不强调情节、语言方面的艺术感染力，主要是抓住有新闻价值的人和事，简明迅

---

① 余家宏、宁树藩、徐培汀、谭启泰编：《新闻学简明词典》，浙江人民出版社1984年版，第124页。

② 袁世全、李修松、萧钧、祁述裕编：《中国百科大辞典》，华夏出版社1990年版，第401页。

③ 杨岗、栾建民、徐子毅、陆路、于云、主编：《图书报纸期刊编印发业务辞典》，中国经济出版社1990年版，第170页。

④ 童兵主编：《新闻传播学大辞典》，中国大百科全书出版社2014年版，第308页。

速地反映出来。①

以消息形式对新闻人物的事迹，思想进行的报道。人物消息是一种便捷、迅速、有效地报道人物的新闻手段，它只要求突出人物事迹的主要方面或言行举止的某个侧面，不求"全"求"细"，表现形式直截了当，篇幅短小，时效性强。②

以人物活动、事迹、思想品德为主要内容的新闻报道。常见的有两种：一是对于新出现的先进人物或有某种特殊表现的人物的初次报道，通常篇幅较长，或有其他稿件的配合（如消息、通讯或新闻、专题配套刊登或播出）；一是对于原先报道过的典型人物的最新活动、事迹的报道，这种报道旨在及时地向公众传递他们熟悉、关注的典型人物的最新信息，包括他的新追求、新建树、新贡献，以及人们关心的有关情况。③

（三）"人物通讯"的定义

通过资料收集，关于"人物通讯"的定义有以下几种：

人物通讯是一种真实、及时地报道先进人物的事迹，并深刻揭示他们精神境界的新闻文体。④

报道新闻人物的先进事迹与成长过程的通讯报道。一般分两

---

① 章玉兴：《人物新闻采访与写作》，人民日报出版社 2014 年版，第4 页。

② 甘惜分主编：《新闻学大辞典》，河南人民出版社 1993 年版，第156 页。

③ 赵玉明、王福顺主编：《广播电视辞典》，北京广播学院出版社1999 年版，第 75 页。

④ 王武录：《人物通讯写作谈》，新华出版社 1984 年版，第 1 页。

类，一类是写先进个人的，如《县委书记的榜样—焦裕禄》；一类是写先进集体的，如《南京路上好八连》。①

较详尽反映新闻人物活动与思想的通讯体裁。通常分为三类：报道先进个人与集体；报道转变中的人物和有争议甚至是反面人物；反面人物和题材作正面报道。重视人物通讯报道是中国媒体的一个传统。但近年来有逐步从主流走向边缘的倾向。②

报道新闻人物的先进事迹与成长过程的通讯。要求用详尽而生动的笔墨来记叙人物的事迹，描述人物的精神面貌和性格特征，从而使读者受到教育和感染。人物通讯在整个通讯中占有重要地位。人物通讯一般分两类：一类是写先进个人的，如《人民的好医生李月华》，一类是写先进集体的，如《南京路上好八连》。前者又分两类：一是写"全人全貌"，表现人物的一生，为人物立传；二是"截取"一段，突出人物某一阶段或某一侧面的事迹。③

报道人物思想和事迹的通讯。内容比较灵活，可以描述先进的人物，也可以对准有争议的人物；人物形象可以是个体，也可以是群体，但无论是个体还是群体，都必须突出中心人物。人物通讯在形式上可以是系统的长篇通讯，也可以是就人物某个侧面进行的素描、特写或小故事。写作时要注意抓住人物的特点，通过典型的事例来突出人物的个性特征，反映人物的思想内涵和精

① 余家宏、宁树藩、徐培汀、谭启泰编：《新闻学简明词典》，浙江人民出版社1984年版，第125页。

② 童兵主编：《新闻传播学大辞典》，中国大百科全书出版社2014年版，第310页。

③ 杨岗、栾建民、徐子毅、陆路、于云主编：《图书报纸期刊编印发业务辞典》，中国经济出版社1990年版，第175页。

神境界。基本的写作方法有:①通过人物外在的言谈举止来体现其性格特征。②通过细腻的心理描写来展示人物的内心世界。③抓住具体事件中的矛盾冲突来反映人物的精神境界。①

人物通讯是人物报道最重要的体裁,具有丰富的表现手法:既可以叙述,也可以议论和抒情;既可以像人物消息一样讲述一个故事或多个故事,也可以向人物特写一样作细致的场景描写;既有长的故事,也讲求细节描写、逸事记载;其结构方式也是多种多样,既可直缀、横切,也可平列、交叉。②

用来报道特定人物的一种通讯体裁。在中国,人物通讯以报道先进人物的先进思想、典型事迹为主。采写人物通讯,应注意选取有代表性的人物作为报道对象,注意写出人物的鲜明特点,选取反映人物言行举止特征的材料,遵循实事求是的原则,不能添枝加叶,浮夸拔高。③

以报道人物事迹和人物思想为主的通讯。它所报道的人物要求具有一定的典型意义,可以是单个的人,也可以是群体的人。人物通讯要求用具体、生动的事实来表现人物。通过描写具有时代特征的情节、刻画反映人物个性特征的细节,撷取人物自己的精粹语言,表现人物的业绩和精神风貌,使人物形象栩栩如生、有血有肉。④

---

① 齐大卫、魏守忠主编:《写作词典》,学苑出版社 1999 年版,第122 页。

② 章玉兴:《人物新闻采访与写作》,人民日报出版社 2014 年版,第96 页。

③ 甘惜分主编:《新闻学大辞典》,河南人民出版社 1993 年版,第 158 页。

④ 冯健主编:《中国新闻实用大辞典》,新华出版社 1996 年版,第97—98 页。

人物通讯是以新闻人物的行为、经历和思想为主要报道对象的体裁。通过一个人物或一组人物的思想和行动来反映时代特点和社会面貌。主要用于报道先进人物，或是英雄颂歌，或是凡人彩照；也用于报道反面人物，揭露其丑恶行径、批判其肮脏灵魂。可以采写人物的一生，也可以采写人物生活中的一个片断。人物通讯中的人物必须具有新闻性。从实际报道的情况看，这些能够进入通讯中充当主角的人，大致上有这样几种：各行各业的英雄模范人物，人们普遍关心的社会名流，在平凡的生活和工作中体现了某种人生价值，某些转变中的人物和有争议的人物，某些对社会有警示作用的反面人物。[①]

一种以现实生活中真实的典型人物为报道对象的通讯。它以人物为中心，着重描述人物的言行和事迹，反映人物的思想品质和精神面貌。可以写一个人物，也可以写一组群像；可以写一个侧面或某些片断，也可以写人物的全貌。写作人物通讯，要着重通过人物活动揭示人物的内在思想；可以按时间顺序描写人物的成长过程，也可以按逻辑顺序叙写人物的先进事迹。[②]

以写人为主的通讯。它通过描述人物的经历、言行展现人物的内心世界、思想情操，揭示新闻人物身上的某种典型意义。比如 2004 年 6 月 3 日《人民日报》刊登的长篇人物通讯《百姓心中的丰碑—追记公安局长的楷模任长霞》。[③]

---

① 石崇编著：《新闻通讯写作》，春风文艺出版社 2012 年版，第 421 页。

② 王嘉良、张继定主编：《新编文史地辞典》，浙江人民出版社 2001 年版，第 333 页。

③ 高素英：《新闻采访与写作》，吉林大学出版社 2013 年版，第 151 页。

（四）"人物专访（或者人物访问记）"的定义

通过资料收集，关于"人物专访（或者人物访问记）"的定义有以下几种：

对新闻人物或单位、部门进行专题访问的报道。一般分为人物专访、事件专访和问题专访。专访一般都有特定的背景和强烈的现实性，选择的一般是有代表性的人物，主题往往是回答和解决社会上关心的某一问题。写作上重现场描绘，重谈话纪实，给人以实感。有第一人称的写法，也有对话形式的写法。①

对新闻人物或单位进行专题访问的一种新闻文体。一般分为人物专访、事件专访和问题专访。具有快捷、灵活，且感染力强的特点。②

对特定人物进行专门访问的纪实性报道。专访中的人物，可以是权威人士、新闻人物，也可以是新闻事件的知情人。访问往往围绕重大的、有代表性的、为群众所关心的问题来展开。人物访问记可以采用第一人称的写作手法，也可采用对话的形式来写。在写作中，要以人物的言谈为主，通过人物的言行举止，音容笑貌来反映其内心世界，其生平事迹可穿插其中；另外还应重视现场的描写，以增强现场气氛和真实感。③

---

① 余家宏、宁树藩、徐培汀、谭启泰编：《新闻学简明词典》，浙江人民出版社 1984 年版，第 126 页。

② 童兵主编：《新闻传播学大辞典》，中国大百科全书出版社 2014 年版，第 311 页。

③ 齐大卫、魏守忠主编：《写作词典》，学苑出版社 1999 年版，第 128 页。

对特定的新闻人物进行专门采访的纪实报道，属访问（专访）的一种。人物专访主要是向受众展示人物的经历、事迹、思想及独特的性格、风采，写作上多采用记叙体，对访问的具体情况、现场情景、言谈举止、音容笑貌作生动描写的同时，借助访问对象之口，或由记者出面叙述，将专访的主要内容写出来。①

对新闻人物进行的专访报道。这种报道形式以作者与被采访人物的谈话为主，有机地穿插必要的背景材料和现场场景，以达到表现和深化主题的目的。人物专访的写作要求具有人物、现场、背景和作者四要素。②

专访要有明确的目的，有特定的场合，有专门的议题。一般选择社会普遍关注、广大读者共同感兴趣的题材，以记者与现场人物的谈话、对现场的观察以及运用背景资料等方式进行。专访也是指一种通讯形式，即对特定人物、特定场合、特定题目进行访问的纪实，有人物、现场、记者三个因素。③

记者带着特定的目的，对相关人物进行的专门访问。人物专访从内容上可分为本体型专访、问题型专访和兼容型专访三类。④

对受众所关心的新闻人物进行专题采访的一种通讯报道。基

---

① 甘惜分主编：《新闻学大辞典》，河南人民出版社1993年版，第160页。

② 冯健主编：《中国新闻实用大辞典》，新华出版社1996年版，第100页。

③ 刘建明主编：《宣传舆论学大辞典》，经济日报出版社1992年版，第205页。

④ 章玉兴：《人物新闻采访与写作》，人民日报出版社2014年版，第47页。

本手段有两个:观察和人物访问,并且具有现实针对性、专题性和现场感等特点。①

(五)"人物特写" 的定义

通过资料收集,关于"人物特写"的定义有以下几种:

再现新闻事件、人物或场景的形象化报道。以白描为主要手法,抓住现实生活中具有典型意义、富有特征的事实,形象地突出地加以反映,使读者"如临其境,如见其人",富有形象性和感染力。②

以描写为主要表现手段,对能反映人和事本质、特点的某个细节或片断,作形象化的放大和再现处理的一种新闻体裁。既不同于一般的新闻报道,也不同于文学作品,而是两者的融合,即在保证事实真实的基础上,尽可能采用文学的表现手法。能使新闻事实成为可视形象,能给读者以强烈的情感刺激与艺术享受。③

主要用描写的方法,摄取新闻人物活动最富特征和表现力的场面、片断甚至瞬间,形象化地再现人物行为和思想的人物报道形式。人物特写有两大特征,一是抓取、截取人物活动的一个镜头、一个瞬间,或一个片断、一个情节,作放大式的细致描写;

---

① 石崇编著:《新闻通讯写作》,春风文艺出版社2012年版,第480页。
② 余家宏、宁树藩、徐培汀、谭启泰编:《新闻学简明词典》,浙江人民出版社1984年版,第126页。
③ 童兵主编:《新闻传播学大辞典》,中国大百科全书出版社2014年版,第311页。

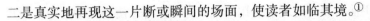

二是真实地再现这一片断或瞬间的场面，使读者如临其境。①

　　以形象化手法，将新闻事件、人物、场景、动作等具体、生动地再现出来的报道又称新闻特写。特写写作要求生动而集中地再现人物、现场、画面及新闻事件的精彩片断，以近似文学的手法，精心描绘、渲染气氛，使其达到情景交融，使人如临其境、如闻其声、如见其人的效果，从而更形象、集中、突出地发布传播特定的信息。②

　　特写是通过生动、形象地描写被报道事物富有特征的片断或瞬间动态，鲜明地再现典型事件、人物、场景的一种新闻体裁。③

　　以人物为特写对象。要求绘声绘色地再现人物的某种行为或行动，并透视其思想境界；或者是通过对人物活动的展示，揭示人物活动的社会环境。以此来解释人物行为的时代依据，折射出整个时代的特征。采写人物特写时要注意：首先要认真观察，选好最能表现对象神态和动态的角度；其次，侧重于写人物的一时一事，或某一侧面，再现人物的某种行为；其三，绘声绘色，有强烈动感。④

　　通过对"人物报道"相关定义的归总可以发现，我国新闻学者对人物报道主要从业务实践层面上进行介绍和阐释，尤其是从新闻写作的角度，详细地讲述了人物报道的写作技巧，比如写

---

① 章玉兴：《人物新闻采访与写作》，人民日报出版社 2014 年版，第73 页。

② 甘惜分主编：《新闻学大辞典》，河南人民出版社 1993 年版，第 160 页。

③ 冯健主编：《中国新闻实用大辞典》，新华出版社 1996 年版，第 99 页。

④ 石崇编著：《新闻通讯写作》，春风文艺出版社 2012 年版，第 445 页。

作手法、修辞运用、选用体裁等,主张可以使用文学的手法使得人物报道更加形象、生动。与此同时,比较注重人物报道的正面传播效果,展示他们的精神风貌、道德情操、向社会传递正能量,重点突出典型人物报道所发挥的主要作用。

但是,各位新闻学专家对国际人物报道却很少提及,譬如他们只是从报道范围上把人物报道分成国内和国外两种,笔墨着重落于国内的人物报道,对于国际人物报道没有进行详细的介绍与表述。

随着信息化时代的到来,地球村已经形成,中国也正在与世界逐步接轨,在关注国内的同时,也要着眼国际。国际人物报道与国内人物报道存在一些差别,应该把国际人物们放置在社会和文化的大背景中,了解他们丰富多彩的传统文化,了解他们风格迥异的生活习俗,了解他们与众不同的思维方式等,从而客观全面地对他们进行报道,逐步让他们对我们的新闻报道产生认同感。因此,对国际人物报道进行详细研究在一定程度上也体现出本书的现实意义和价值所在。

二、人物报道研究

在这部分中,主要有典型人物报道研究综述,人物报道研究综述,人物报道话语分析的研究综述三个部分,具体如下:

(一) 典型人物报道研究综述

提起人物报道,首先需要了解极具特色的典型人物报道。改革开放以后,研究侧重对典型人物报道的社会功能进行探索,认为主要包括三个方面：传递新闻信息的功能，舆论导向的功能，社会化的功能。新时期要搞好典型人物报道，需要严格遵循新闻规律，尤其是在真实性、时效性、可读性三个方面多下工夫（俎文利 2000 年）。

研究针对当时所存在的典型人物报道淡化的观点，从受众心理学的视角进行了驳斥，根据典型人物报道的发展脉络将其分成几个历史时期。典型人物报道发展至今主要包括五个阶段：中华人民共和国成立前的初创期、中华人民共和国成立前十七年的探索期、"文革"十年的伤痕期、"文革"后至 20 世纪 90 年代的繁荣期、20 世纪 90 年代以来的多元期（张静 2007 年），建议改变单一的英雄人物报道形式，增加对受众的吸引力，从而向普通人、个性人物、精英人物的多元化报道形式进行转变（郭丽华 2002）。

具体来看，是从报道对象、报道方式和报道理念三个方面，主张将典型人物报道放置在社会传播系统中进行考察，从事实选择方式、新闻价值以及典型传播艺术等方面对典型人物报道存在的问题进行解析（麦尚文、江卉 2005 年），结合新闻叙事学，对一些经典的典型人物报道进行文本分析，主要从叙述者、叙事视角、语言模式以及意识形态的建构等方面，通过不同时期典型人物报道的比较，发现典型人物报道发展过程中叙事手法方面的变化（杨君 2009 年）。

这些研究成果都围绕典型人物报道，对其文本和内容进行了分析。从研究角度来看各不相同，归总起来主要有典型人物报道的发展轨迹、社会功能、叙事特色、发展创新等几个方面。透过这些分析可以发现,这些作者都选取了新闻传播学的视角进行分析,同时对于典型人物报道都给予了肯定的态度,还对一些典型人物报道淡化论予以了驳斥,认为典型人物报道在新闻报道的历史中发挥了非常重要的作用,目前还有其继续发展的空间。尤其在当前形势下,典型人物报道仍然肩负着传递信息、舆论导向和社会服务等重要的职能。但是,这些研究也都认为目前的典型人物报道已经到了需要转型的关键时期,以便增强自身的吸引力和感染力,并且从人物选择、写作技巧、传播方式等方面提出了一些建议。

由此可见,这些研究对于我国典型人物报道的发展脉络的认识比较清晰、准确,比较侧重量化分析,提出了一些具体可行的建议和对策。

(二)人物报道研究综述

关于人物报道研究,主要从不同视角对改革开放以来的人物报道进行探讨。有的研究表明人物报道正在由"英雄化"向"平民化"发展衍变(罗坤瑾 2004 年),认为人物报道不再被"典型"所独占,人物报道开始多元化,精英人物在人物报道中崛起的同时,普通人物在人物报道中所占据的比例也在不断加大。

有的研究从视觉传播的视角入手,回顾了人物报道中视觉传播运用的发展历程,重点分析了人物报道中视觉传播存在的问题(汪茜 2005 年)。有的研究把人物特稿作为研究对象,对其采编特点、兴起原因以及市场化背景带来的利弊等方面进行了探讨,认为特稿的主角正在走入多元化时代，叙述方式也发生了变化，即从通讯时代的"评价定性式"叙述角度转变为商业化媒体时代的"讲故事"式的叙事角度（张玮桐 2009 年）。

有的研究在此基础上，借鉴新闻叙事学，从叙事视角、叙事框架、叙事时间、叙事结构等方面对人物报道进行个案研究（盛佳婉 2012 年、刘岩 2012 年），研究表明目前人物报道所表现出的主要特征是追求平民视角，坚持人物价值评判的多元标准（王天挺 2013 年）。

这些研究成果主要对人物报道进行了分析，他们共同的落脚点在于新时期，即对于改革开放以来我国的人物报道的现状和特点进行了分析，并且选取了新闻叙事作为观察视角，进而提炼出新时期人物报道转型的新变化。很显然，这是一种纵向的比较方式，参照物就是传统的典型人物报道，从这些研究成果可以看出，它们在对比中归总出来几个显著的变化：一是从人物报道的报道对象来看，从英雄转向了平民；二是从人物报道的写作题材来看，从人物通讯转向了人物特写；三是从人物报道的叙事方式来看，从定性评价转变为讲故事。这些研究成果抓住了新时期我国人物报道所取得的重要突破，无形之中，这些变化也是对于典型人物报道进行转型的一种解答。

总体来说，这些研究注重业务探讨，在对人物报道进行分析时，基本采取了新闻编辑学的相关知识，即报道理念、写作风格、表达方式等研究范式。

（三）人物报道的话语分析研究综述

提到话语分析，研究主要借助的是福柯（Michel Foucault）

和范·戴克（Van Dyke）的相关理论观点。通过田野调查的方法，借助福柯的作者观和权力观，对人物报道进行话语分析，包括典型话语与作者的关系、典型话语空间化思考、典型话语的意识形态建构、典型话语的组织策略和典型话语的文本策略等（任俊英 2006 年）。

与此同时，研究以范·戴克的话语理论作为基础，对新闻文本进行话语分析。譬如以农民工话语变迁为例，认为媒体首先对农民工的表述是从抽象的"劳动因子"转变为弱势的"外来族群"，再立体到"人"。其次，农民工与城市的关系从最初的清退对象转变为城市边缘人，再到新市民。最后，农民工在公共表达方面，从话语缺失，到被选择话语，再到主动设置话语（郑思思 2011 年）。

此外，还有一些研究经过量化分析，主要从语义语用、信息来源、形象塑造、结构形式等方面探讨范·戴克的话语理论在中国新闻报道，尤其是人物报道中的适用程度（曲妍妮 2012 年）。

这些研究与上述研究典型人物报道与人物报道的研究不同，借助范·戴克的话语分析理论对人物报道的新闻文本进行细致阐释。比如：郑思思提炼出了媒体报道中农民工话语变迁的三个变化。曲妍妮发现了范·戴克的话语理论在中国人物报道分析中存在的局限性。任俊英借助福柯的作者观和权力观的相关理论，在采用田野调查方法搜集样本的基础上，对典型话语进行了详尽分析，并且上升到意识形态建构的高度。可以说，这些都是人物报道的话语分析研究中非常宝贵的创新点。

第二节 "他者"建构与话语分析研究

本节包括"他者"建构研究与话语分析研究，具体如下：

一、"他者"建构研究

"他者"是一个舶来语，最初是哲学术语，后来被引入到新闻传播学领域。本节主要对国外以及国内有关"他者"的相关研究进行梳理归总。

（一）国外关于"他者"的研究综述

"他者"，在英语中是"the Other"，是指除自我之外的一切经验世界。

"他者"原本是西方哲学中的一个概念，最早是由 17 世纪的法国哲学家笛卡尔（René Descartes）提出的，他认为"我思故我在"，将"我者"与"他者"作为独立的个体进行了区分，从而使"他者"这个概念成为当时法国哲学的一个重要研究主题，对后来产生了深远的影响。

德国哲学家胡塞尔（E. Edmund Husserl）在《笛卡尔式的沉思》中对经验世界进行了阐释，他说："我所经验到的世界，即使在我超越性地还原了的纯粹意识生活领域之内，按照经验的意义,也已经不是我个人综合的产物,而只是一个外在于我的世界,一个交互主体性的世界"。① 他还认为"意识生活应当作为哲学的必然出发点,它是所有现实的意义构造之基础。"②

法国哲学家梅洛-庞蒂(Maurice Merleau-Ponty)在《知识现象学》中论述说:"由于他人处在世界中,由于他人在世界中是可见的,由于他人是我的视觉的一部分,所以,在我是为了我的自我的意义上,他人不是一个自我。"③

除此之外,德国哲学家海德格尔(Martin Heidegger)对"他者"提出了一种崭新认识,他认为"他人的在世界之内的自在存在就是共同存在。"④

由此可见,西方学者对于"他者"的研究主要包括两个倾向:一个是以笛卡尔、胡塞尔和梅洛-庞蒂为代表,他们对"他者"的研究都是从"自我"出发,认为"他者"和"自我"这两个概念是相对的,是各自独立的,从而将"他者"作为一个独立个体加以认识。另一个是以海德格尔为代表,认为"他者"和"自我"在特定的条件下能够共存。

本书认为这两种观点都有一定的道理,因此将这两种观点结合起来加以运用,以便分析大众媒体在国际人物报道中的复杂情

---

① [德] 胡塞尔:《纯粹现象学通论》,李幼蒸译,商务印书馆 1992 年版,第 125 页。

② [德] 胡塞尔:《纯粹现象学通论》,李幼蒸译,商务印书馆 1992 年版,第 87 页。

③ [法] 莫里斯·梅洛-庞蒂:《知觉现象学》,姜志辉译,商务印书馆 2001 年版,第 443 页。

④ [德] 马丁·海德格尔:《存在与时间》,陈嘉映、王庆节译,熊伟校,生活·读书·新知三联书店 1987 年版,第 146 页。

况，即大众媒体在何种情况下会构建与"我者"相对立的"他者"形象？大众媒体在何种情况下会把"他者"作为"我者"而实现共存？

"他者"研究以哲学为基础，逐渐地又被引入到语言学、文化学、新闻传播学等领域。譬如20世纪50年代，法国的精神分析学者拉康（Jacques Lacan）把"他者"研究从哲学转向语言学，并且将其一分为二。"他逐步开始区分出大、小写的他者（Autre/Other 与 autre/other，并分别以 A 和 a 表示）。a 是小他者，专指镜像阶段中作为自认同对象的非我个体。A 是大他者，表征象征性语言中的能指链。"①

再譬如美国文学批评家萨义德（Edward W. Said）把"他者"研究与文化学联系起来，著有《东方学》一书，他认为"东方几乎是被欧洲人凭空创作出来的地方，自古以来就代表着罗曼司、异国情调、美丽风景、难忘的回忆、非凡的经历。"②在西方人看来，东方是他们眼中的"他者"。萨义德认为作为一种文化的和地理的实体，人为建构能够起到十分重要的作用，他否认在学术研究中偏重于把文本分析的重点放在表述上，只是关注风格、修辞、置景、叙述技巧和历史社会背景等，他认为："一个文化体系的文化话语和文化交流通常并不包含'真理'，而只是对它的一种表述。语言本身是一种高度系统化的编码体

---

① 张一兵：《不可能的存在之真—拉康哲学映像》，商务印书馆 2006年版，第 267 页。

② ［美］萨义德：《东方学》，王宇根译，生活·读书·新知三联书店1999年版，第 1 页。

系，拥有许多用以表达、显现、交流信息和进行表述的手段，这一点几乎毋需多加说明。至少就书面语言而言，不存在直接的在场（presence），只存在间接的在场（re-presence）或表征（representation）。"①

从文化学视角研究"他者"的学者还有来自法国的米歇尔·苏盖和马丁·维拉汝斯，他们合著的《跨文化对话平台：他者的智慧》一书中从"他者"视角来考察跨文化传播，认为"他者"为了获益或者自我保护会采取各种策略，包括统一性策略、保护性策略、另一种策略、对话性策略以及管理多元文化的国家策略等。

（二）国内关于"他者"的研究综述

在我国，关于"他者"研究的学术成果主要体现在两个层面：哲学与新闻传播学。

从哲学层面来看，主要是对拉康的哲学观进行了阐释（张一兵 2006），认为当代法国哲学的三大主题是：语言、身体和"他者"（杨大春 2007）。与此同时，对西方哲学家关于"他者"的研究进行了系统梳理与分析，提出："他者是相对于自我而形成的概念，指自我以外的一切人与事物。凡是外在于自我的存在，不管它以什么形式出现，可看见还是不可看见，可感知还是不可感知，都可以被称为他者。"②（张剑 2011）

---

① ［美］萨义德：《东方学》，王宇根译，生活·读书·新知三联书店 1999 年版，第 28 页。

② 张剑：《他者》，《外国文学》2011 年第 1 期。

将"他者"研究与新闻传播学联系起来的研究成果主要有：从他者定型的视角出发，提出："大众媒介在再现他者时的一种简单化、片面化现象"是"媒介定型"，[1] 并且以此为研究视角，侧重于对大众传播中偏狭机制的研究，以便分析大众媒介如何进行媒介定型，以及在这个过程中遵循怎样的市场逻辑和制度逻辑，以求揭示媒介定型的深层动因（金冠军和冯光华 2004）。

　　与此同时，有的研究结合实际情况对"他者"建构进行了详细分析。比如：以《纽约时报》西藏"3·14"报道为例，分析了西方媒体对中国形象塑造中所存在的偏见，指出："对西方而言，'他者'的建构多是为了传递文化优越意识和加强自身的霸权地位，在这种话语中，对'他者'固然有着某种程度的理性认知，但更多地充斥着一种非理性的主观想象。"[2] 再比如：对美国驻华使馆、新浪微博和中国国内主要报纸对骆家辉担任新一任美国驻华大使的报道进行内容分析，探讨骆家辉形象自我建构与他者建构之间的异同点。[3]

　　在对"他者"研究进行了系统梳理之后主张："'他者化'可以被理解为将不同于自己（主体）的他人或群体建构为明显

　　① 金冠军、冯光华：《解析大众媒介的他者定型—兼论传播中的"妖魔化"现象》，《现代传播》2004 年第 6 期。

　　② 庄曦、方晓红：《全球传播场域中的认同壁垒—从〈纽约时报〉西藏"3·14"报道》，《新闻与传播研究》2008 年第 3 期。

　　③ 钟新、陆佳怡、彭大伟：《微博外交视野下的大使形象自我建构与他者建构—以美国驻华大使骆家辉为例》，《国际新闻界》2012 年第 10 期。

区别于主流群体的他者的过程。"①

通过上述研究内容可以看出，中西方学者对"他者"研究的主要趋势基本相同，西方学者对"他者"的研究主要注重于哲学、文化学和语言学等领域，认为"他者"与"自我"是一对相对应的概念，并且是各自独立的，但是在特定的情境下也可以实现共存。

我国学者在此基础之上，将"他者"研究转入到新闻传播学领域，主要分析大众传媒如何通过新闻报道来构建"他者"形象。研究认为"他者"与"自我"有着密切联系，归根结底是以意识形态为出发点，在自我价值观念的支配下，对"他者"进行再认识。同时借助形象学的相关理论，认为大众媒体可以通过新闻报道对"他者"进行定型，也可以对报道的新闻人物进行形象塑造，此外，认为西方大众媒体在对我国进行"他者"定型时，存在着明显的偏见。

二、话语分析研究

这部分主要对国外和国内的话语分析的相关研究进行了综述，具体如下：

（一）国外关于话语分析的研究综述

国外关于话语分析的研究成果主要有两个层面：一是学理层面，从语言学、文化学和政治学的视角出发，认为话语分析作为

---

① 童兵、潘荣海：《"他者"的媒介镜像》，《新闻大学》2012 年第 2 期。

一种语言工具，不仅需要一个"模板"用于文本的语言分析，还需要添加一些与研究者相关的利益权衡、价值观念和知识背景等相关的因素。

由此可见，话语分析作为一个中心角色，不但与社会文化有着密切联系，而且在研究社会变化的过程中具有重要作用，文本分析的目的在于发展一种与语言理论相关的社会思想。具体到研究方法，可以从民族志方法的角度（ethnomethodological approach），对新闻报道的语言、语法、主题、内容、结构、修辞、风格等方面入手，分析新闻价值和意识形态等社会认知。

这些研究主要是基于"批判语言学"和"批判话语分析"的传统，进一步使批判性得以发展，将语言学和话语分析等工具与权势和意识形态的批判性理论相结合，全力支持在现实生活中批判性地分析意识形态，以及把语言或话语作为社会变迁研究方法中的一个重要因素。[1]

英国格拉斯哥大学媒体研究组曾经把费尔克拉夫和范·戴克著作中有关话语分析的研究方法和内容分析成果作为基础，继续对两者进行对比分析，发现虽然费尔克拉夫和范·戴克都提供了有用的研究方法，但是这两位理论家所得出的结论具有一定的局限性，因为他们忽略了新闻中非常关键的生产因素，即新闻信息

---

① Chik Collins & Peter E. Jones. *Analysis of Discourse as "a Form of History Writing": A Critique of Critical Discourse Analysis and an Illustration of a Cultural-Historical Alternative*, Atlantic Journal of Communication, vol. 14 issue 1&2, 2006, pp. 51—69.

的生产、传播和接收的全过程。①此后，研究又对费尔克拉夫的批判话语分析的理论基础和文本分析方式进行了检验，认为他主要聚焦于新自由主义话语，仅仅是关注于语言学中的纯语言用词，并且提供语言描写来听命于政治动机和政治判断。②

另一层面是进行具体实例分析。比如：关于澳大利亚英语中的"Yeah-no"的话语分析，"Yeah-no"在澳大利亚英语中是一个新词，具有许多功用，可以在面对同意与异议的矛盾时保存颜面，通过调查结果显示35岁至49岁之间的演讲者比较喜欢使用这个词汇，并且没有明显的性别差异。③再比如：对美国路易斯安那州立法加薪账单的在线讨论和新闻故事进行的话语分析，在路易斯安那州地方电视台的博客上，选取了20个有关立法问题的新闻故事，借此探索性地研究市民们对这些立法问题所发表的评论，在比较分析的同时来研究市民们是如何在讨论中产生共鸣的。④

此外，还有研究指出跨文化传播在生产研究方面由于聚焦具

---

① Greg Philo. *Can Discourse Analysis Successfully Explain the Content of Media and Journalistic Practice*? Journalism Studies, vol. 8 issue 2, 2007, pp. 175—196.

② Brian Poole. *Commitment and criticality：Fairclough's Critical Discourse Analysis evaluated*, International Journal of Applied Linguistics, vol. 20 issue 2, 2010, pp. 137—155.

③ Kate Burridge & Margaret Florey. *A Discourse Analysis of Yeah -no in Australian English*, Australian Journal of Linguistics, vol. 22 issue 2, 2002, pp. 149—171.

④ Masudul Biswas. *Discourse Analysis of Online Discussion and News Stories on the Legislative Pay Raise Bill in Louisiana*, Journal of New Communications Research, vol. 4 issue 1, 2009, pp. 47—65.

体的传播实践而备受批评，同时也是失败的。因此，要对社会相互作用中的各种特殊利益进行文化分析和跨文化动力分析，以此来呈现一个话语的文化分析框架。[①]

（二）国内关于话语分析的研究综述

国内关于话语分析的研究成果注重学理层面。研究在结合英美学派和法德学派的话语分析法的基础上，对新闻话语进行系统深入的研究，首先落脚于新闻话语结构，主要对其常规范畴、结构原则和特性等进行阐释，并且重点对新闻工作者的叙事技巧进行了归类，以便探索他们在新闻话语中是如何建构既客观真实又隐含倾向的事实的。与此同时，还指出新闻话语建构主流意识的方法以及建构主流意识的必然性。[②]

在此基础上，研究把话语分析与传播研究对语言及其意义问题的共同关注结合起来，试图描绘出一个"传播的话语分析"的理论框架，因此侧重于理论研究，并且主要包含三个方面：一是对话语和话语分析的内涵做了系统的概括和分析。二是对修辞话语分析进行了探讨，认为修辞具有强大的话语力量，甚至可以形成与"信息沟"问题同等重要的"修辞沟"问题。三是对批判的话语分析进行了解读，认为应借助话语分析理论映照当代社会权力的诸多关系。在归纳出新闻话语语境特点之后探讨新闻话

---

① Donal Carbaugh, *Cultural Discourse Analysis*: *Communication Practices and Intercultural Encounters*, Journal of Intercultural Communication Research, vol. 36 issue 3, 2007, pp. 167—182.

② 曾庆香：《试论新闻话语》，中国社会科学院博士学位论文，2003 年。

语如何与社会符号性语境构成连结体并产生密切互动。①

关于语境问题，研究结合系统功能语言学和新闻传播学，通过修辞学来明确语境与修辞之间的关系，并且归纳出了新闻话语语境的特点，还进一步探讨了新闻话语是如何与社会符号性语境构成连结体并产生密切互动的。② 与此同时，研究对话语和话语分析的内涵进行了系统梳理，认为话语包含四大要素：话语文本、话语主题、话语沟通和话语语境。从新闻传播学的角度对话语分析应用的现状、局限与前景进行了探讨。借助法国社会学家布尔迪厄（Pierre Bourdieu）的符号权力理论对新闻话语分析的理论基础进行了阐发，并且提出了新闻传播话语分析的理想类型，即博弈多赢中的新闻专业主义，在透过新闻场域的同时，对新闻传播话语文本的倾向性进行了研究。③

此外，还有研究从语言学和文化学的角度，运用苏联文艺学家巴赫金（Mikhail Mikhailovich Bakhtin）的对话理论，分为主体、声音和互文三层面，主要探讨新闻话语对话性的社会功能及表现特征。研究认为新闻叙事话语的建构能够再现隐含了作者与读者对话关系的潜在规范，并且叙事主体呈现出不同表现形式。文章还从传播学的视角，对新闻消息来源以及社论话语的修辞疑问结构进行了分析，认为新闻话语的操作中交织着质疑、回应、

---

① 胡春阳：《传播的话语分析理论》，复旦大学博士学位论文，2005 年。

② 马景秀：《新闻话语意义生成的系统功能修辞研究》，上海外国语大学博士学位论文，2007 年。

③ 赵为学：《论新闻传播学话语分析理论的建构》，上海大学博士学位论文，2007 年。

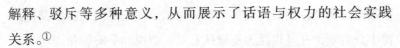

解释、驳斥等多种意义，从而展示了话语与权力的社会实践关系。①

　　以上这些研究成果都从理论的视野对话语分析的发展脉络以及特征进行较为详细的分析。此外，还有一些研究着重对话语分析理论的某个方面进行具体阐释，比如：2004 年复旦大学的黄敏在《新闻大学》发表了《"新闻作为话语"—新闻报道话语分析的一个实例》，主要运用范·戴克的意识形态理论和话语分析思想，对一则新闻报道进行了批评性的个案分析。② 2011 年，对外经济贸易大学的刘立华在《国际新闻界》上发表了《传播学研究的话语分析视野》，主要从历史的角度对话语分析的发展脉络进行了梳理。③

　　综上所述，通过国内外学者对话语分析的研究发现，中西方学者对话语分析理论的研究存在一定的差异，他们的研究方向和研究领域也存在着细微的差别。

　　西方的话语分析理论在学界占据着重要地位，其中主要以英美学者为典型代表。英国的学者侧重于文化研究领域，并且对于文化现象比较关注。美国的学者则注重实证研究，并且倾向于选择比较具体的对象进行研究。

　　相比之下，我国的研究学者则重视理论视野。从目前国内关

　　① 赖彦：《新闻话语对话性的文本分析与阐释》，南京师范大学博士学位论文，2011 年。

　　② 黄敏：《"新闻作为话语"—新闻报道话语分析的一个实例》，《新闻大学》2004 年第 1 期。

　　③ 刘立华：《传播学研究的话语分析视野》，《国际新闻界》2011 年第 2 期。

于话语分析理论的研究成果来看,对于该理论的发展脉络都梳理得十分清晰,并且以此为基础从宏观、微观和个案的角度对于研究对象进行立体化的展示,对于问题的剖析比较深入,同时也具有一定的理论创新意义。

第三节 《时代》周刊研究

在这部分中,主要包括《时代》周刊的编辑特色、新闻理念与办刊方针研究综述,《时代》周刊涉华报道研究综述,《时代》周刊话语分析研究综述三个方面,具体如下:

一、《时代》周刊的编辑特色、新闻理念与办刊方针研究综述

2006 年,研究曾经对《时代》周刊前后的六任总编辑的新闻理念进行梳理,从而展现了《时代》周刊八十三年的发展轨迹。此外,研究还对《时代》周刊进行了分期:一个是前 40 年的卢斯时期,突出特点是由一个人支配的老派媒体时代,另一个是后 40 年的后卢斯时期,突出特点是转型为现代公开招股媒体公司的时代。①

---

① 展江:《从六任总编看〈时代〉周刊的演变》,《国际新闻界》2006年第 8 期。

与此同时，我国台湾地区学者姜敬宽以他在《时代》周刊工作了三十余年的深切感受写出了《新闻反思集——一个〈时代〉周刊资深记者的心路历程》和《〈时代〉七十年》，系统而详细地阐述了《时代》周刊的办刊方针，比如：编辑与经营分离的管理模式，对新闻稿件实行严格查证制度，以及为了确保新闻真实性而尽量避免引用匿名消息源等。

此外，还有些研究主要侧重文本分析和采编特色研究。比如：以《时代》周刊"人物侧面报道"专栏为例，从语言学视角出发，辅以定量的数据统计，来说明评价资源的分布规律（高崇娜 2010 年）。再比如：以《时代》周刊封面为例，采用定量分析与定性分析相结合的研究方法，搜集了《时代》周刊从 2000 年到 2009 年共计 533 个封面报道，探讨了在西方社会环境下媒体内容与社会变革、媒介环境和媒体定位的关系（胡春晓 2011 年）。

从上面的这些研究成果看，对《时代》周刊的采编特点都分析地比较透彻。既有从历史纵向视角对《时代》周刊的发展轨迹进行梳理，结合前六任总编的办刊理念进行分析，带给读者耳目一新的感觉；又有从文化反思的视角，对《时代》周刊的办刊特色进行归总，在一定程度上跨越了学界和业界的局限。

二、《时代》周刊涉华报道研究综述

关于这个方面的研究，成果比较多，或者以具体时段进行划分，或者以具体事件为研究对象，根据量化的统计结果来分析

《时代》周刊涉华报道的特点。

首先,研究从批评语言学视角分析《时代》周刊的中国报道,主要以批评语言学和新闻语篇宏结构理论为基础,重点考察新闻标题特点、及物结构和情态结构,发现《时代》周刊有关中国的报道采取了"自我肯定表征"和"他人否定表征"的策略,从而建构了一个负面的中国国家形象(吉祖斌 2002 年)。

其次,大多数研究是从新闻框架与国家形象建构之间的关系进行探讨。比如:在《时代》周刊从 1998 年到 2002 年的百余篇涉华报道中遴选了 65 篇具有代表性的文章进行内容分析,主要是对主题和关键词进行了文本分析,认为美国媒体对中国的负面报道有着深刻复杂的政治、历史和文化的原因,从媒体自身的角度考察,新闻框架在塑造中国国家形象方面起着十分重要的作用(邓天颖 2003 年)。

比如:关于《时代》周刊对中国形象建构的研究,选取了冷战结束后的 1992 年到 2004 年《时代》周刊的两百余篇涉华报道进行话语分析,通过对涉华报道的数量、内容分布、主题进行描述,认为冷战结束以后《时代》周刊的涉华报道主要分成三个阶段:人权为主阶段、"中国威胁论"阶段和转向温和的多元化呈现阶段(朱怡岚 2005 年)。还有研究选取 2003 年到 2006 年间的涉华报道,从报道数量、议题设置、报道内容和方式上进行分析,可以看出《时代》周刊的涉华报道主要以负面报道为主,这种倾向性在报道涉及中美关系及与美国国家利益相关的新闻事件方面体现得尤为明显(甘露 2007 年)。

再比如:对近六十年间《时代》周刊的中国报道进行内容

分析和框架分析，总结出三个阶段：风雨飘摇的邪恶帝国（1949年10月—1971年4月）、在保守和改革的博弈中渐进（1971年4月—1989年4月）、崛起的威胁（1989年4月—2008年12月）。通过对上述三个阶段《时代》周刊的"中国镜像"与当时中国现实状况的对照，发现《时代》周刊1949年10月—1971年4月和1989年4月—2008年12月期间的中国报道在具体的事实层面，除了少数不准确的地方之外，基本能够反映中国的实际情况，但是从对中国的总体呈现和评价来看，则存在着比较明显的歪曲和片面之处（陈勇2010年）。

再次，还有研究从"议题框架"出发对《时代》周刊的涉华报道进行分析。比如：对"9·11"事件五年来《时代》周刊涉华报道的研究，通过"议题框架"分析发现"9·11"事件后美国主流媒体在国际舆论界塑造了一个进步但又危险的中国形象（黄振华2007年）。比如：对《时代》周刊涉华报道议题选择的研究，对1999年到2008年《时代》周刊涉华报道进行了内容分析，通过论述美国纸媒的倾向性议题选择，分析了对我国造成的危害，即对媒介信息的不同解读使受众认为中国是"严重威胁美国国家安全"的国家（李丽2009年）。

此外，还有一些是对比性研究。比如：从批评语言学视角对比分析《时代》周刊和《中国日报》对中日关系的报道，选取《时代》周刊和《中国日报》中对中日关系的报道作为分析语料，运用批评话语分析和英国语言学家韩礼德（M. A. K. Halliday）的系统功能语言学作为主要的理论框架和研究方法，对所选语篇进行对比分析以展示语篇和意识形态之间的联系（陈传林2009

年）。

综上所述，虽然关于《时代》周刊涉华报道的研究成果比较多，但是所得出的结论存在很多相似点，比如说这些研究认为《时代》周刊对中国国家形象的塑造是负面的，并且从不同角度、不同内容对此进行了验证。

在某种程度上，这些研究成果为本书提供了重要参考。本书的研究对象是国际人物报道，从地域来看需要分析《时代》周刊对亚洲、欧洲、非洲、北美洲、南美洲、大洋洲等世界不同国家新闻人物的报道情况。因此，可以借鉴上述研究成果中的话语分析、框架分析、语言批判、新闻叙事等研究方法，对《时代》周刊国际人物形象塑造进行图景式展示。

三、《时代》周刊话语分析研究综述

从话语分析的视角对《时代》周刊进行研究的主要成果集中在具体实例分析。比如：有的研究根据宗教与大众媒介话语体系的关系，对《时代》周刊宗教报道的框架及其发展进行了分析，并且证实了《时代》周刊确实存在稳定的报道框架，而宗教报道的话语越来越向新闻报道框架靠拢。[①]

有的研究以《纽约时报》和《时代》周刊有关"能源""食品安全""生态保护"三大主题的新闻文本为研究对象，结合相关句法、语序及语言思维理论，在定量分析的基础之上，揭

---

① 潘霁：《宗教与大众媒介话语体系的碰撞——〈时代〉周刊宗教报道的框架及其发展》，《国际新闻界》2008 年第 2 期。

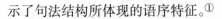

示了句法结构所体现的语序特征。[①]

再比如：以《时代》周刊对 2000 年以及 2008 年我国台湾地区领导人选举的报道为对象，借助范·戴克和费尔克拉夫的批判论述分析取向，主要探讨报道中论述操作的元素。[②]

此外，有的研究从《时代》周刊中选取了 2008 年到 2012 年间的针对新疆系列暴力事件的新闻报道进行批评性话语分析，认为新闻报道由于受到来自社会、文化和意识形态等各个方面的制约，因此其报道归宿在于为其所在的政府而服务。[③]

综上所述，与《时代》周刊涉华报道研究相同的是，上述研究成果显示出《时代》周刊的新闻报道确实存在着稳定的报道框架和明显的报道倾向。与此同时，将报道框架与报道倾向这两个方面结合起来做进一步的研究，这对本书也具有一定的启发性。比如：在本书的第二章就分析了《时代》周刊国际人物报道的四种倾向，第三章分析《时代》周刊国际人物报道的框架，第六章对比分析《环球人物》和《时代》周刊国际人物报道的特点，以期发现二者之间的异同。

需要注明的是，目前关于《环球人物》的相关研究成果还没有，这在某种程度上也体现了本书的价值所在。

---

① 王志涛：《〈纽约时报〉和〈时代〉周刊新闻文本的量化分析》，山东师范大学硕士学位论文，2010 年。

② 黄靖惠：《对美国〈时代〉台湾政党轮替报道的批判论述分析》，《新闻学研究》2011 年第 106 期。

③ 马丽萍：《对〈时代〉周刊中新疆系列暴力事件报道的批评性话语分析》，新疆大学硕士学位论文，2013 年。

第四节 人物报道研究评析

通过上述的文献综述可以看到目前我国的人物报道研究成果十分显著，基本上从新闻实践的角度对人物报道的各个方面进行了较为细致的剖析。概括起来主要包括：人物报道的发展历程、新时期以来人物报道的变化与转型、人物报道的叙事以及采编特点、人物报道的新闻话语分析等，透过这些丰富的研究成果，能够看到所运用的研究方法比较合适，所得出的结论比较中肯，同时也具备一定的理论价值与实践意义。

在人物报道研究中，典型人物报道研究是一个重要组成部分，它的繁荣时期是在 20 世纪 80 年代，当时有很多学者对此进行研究，也产生了一大批研究成果。

研究提出典型分为先进典型和反动典型两种，并且从新闻业务角度对典型报道的定义、报道原则以及报道方式等都进行了系统的梳理。① 这些研究成果在某种程度上也代表着当时学界的研究方向。

但是，当时也有一些研究体现出了不同的思路。比如：研究采取了批判的方法，认为典型报道这种"半神"的传播方式即将与时代的发展相背离，"典型报道观念是文明程度不发达的社

---

① 吴庚振：《论新闻典型和典型报道》，见李广增、吴庚振：《新时期新闻学论稿》，河北教育出版社 1997 年版，第 129—132 页。

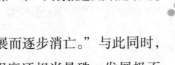

会条件下的产物，它将随着文明的发展而逐步消亡。"与此同时，研究还指出："现在整个国家的文明程度还相当悬殊，发展极不平衡。鉴于这种情况，典型报道在一定程度上还是需要的，但是注意不要再强化典型报道观念，而是要逐步淡化它。"①

随着时代的发展，尤其是中国迈入国际化的过程中，目前的典型人物报道是人物报道的一个部分，但并不是全部，人物报道领域出现了其他的人物报道形式。国际人物报道就是一种崭新的人物报道形式，这也充分说明人物报道状况与当今的社会发展是密不可分的。

当时，关于淡化典型报道的观点没有得到人们的足够重视，而是被淹没在一维肯定思维的洪流里面，相关的学术回应也是寥寥无几，但是人们开始把研究重点放在典型报道本身，并且对当时的各种关于典型报道发展前景的意见进行了梳理和总结。② 研究从传播角度分析了如何树立典型，提出典型报道需要转型和创新（李良荣，1989 年），尤其是典型报道面对的是新时期的新读者，因此需要大胆进行改革，突出时代感（李良荣，2002 年）。

这种观点在当时引起了学界的普遍关注，其中一个主要的原因是时代发展了，大多数学者都已经认识到典型报道开始存在许多问题，并且开始对这些问题展开深入研究。有的研究认为典型

---

① 陈力丹：《淡化典型报道观念》，见《陈力丹自选集》，复旦大学出版社 2004 年版，第 164—165 页。

② 时统宇：《关于典型报道的各种观点》，见《中国新闻年鉴》，中国社会科学出版社 1989 年版，第 141—142 页。

报道是毛泽东新闻思想的一个重要部分。[①] 有的研究视角比较新颖，采取了比较新闻学的方式，从文化角度分析了典型报道在中国为何存在以及在西方为何缺失。[②] 随后，学界的研究热点从典型人物报道转向了人物报道，尤其在 20 世纪初，关于人物报道的研究日益丰富起来，并且主要是从新闻实践的角度进行分析。

综合国内外对人物报道的著作，比较经典的有：2003 年美国的施瓦茨（Jerry Schwartz）写的《如何成为顶级记者》，莱特（Kelly Leiter, Julian Harriss & Stanley Johnson）等人合著的《全能记者必备》[③]。2004 年美国的门彻（Melvin Mencher）的《新闻报道与写作》[④]。

从国内来看也有一批优秀的著作，比如：2004 年马胜荣和薛群的《描述世界：国际新闻采访与写作》[⑤]，2005 年江爱民和寒天的《国际新闻的采访与写作》[⑥]，2010 年马胜荣，苟世祥和

[①] 吴廷俊、顾建明：《典型报道理论与毛泽东新闻思想》，《新闻与传播研究》2001 年第 3 期。

[②] 张威：《典型报道：中国当代新闻业的独特景观》，范文先生网，http：//www. fwsir. com/wenshi/xinwen/38813. html，2007—7—29，2007 年 7 月 29 日。

[③] ［美］凯利·莱特尔、朱利安·哈里斯、斯坦利·约翰逊：《全能记者必备》，宋铁军译，中国人民大学出版社 2010 年版。

[④] ［美］梅尔文·门彻：《新闻报道与写作》，展江译，华夏出版社 2003 年版。

[⑤] 马胜荣、薛群：《描述世界：国际新闻采访与写作》，新华出版社 2004 年版。

[⑥] 江爱民、寒天：《国际新闻的采访与写作》，中国广播电视出版社 2005 年版。

陶楠的《国际新闻采编实务》①。这些作者大多为新闻业界人士，他们更多地注重在新闻实践基础上，或者谈论自己在采编国际新闻人物报道中的心得体会，或者探讨人物报道的写作技巧。由此可见，这些研究成果比较注重新闻实践，属于业界的研究范畴，著作的实用性比较强，具有一定的现实意义。

从学界来看，主要是结合话语分析理论对人物报道进行分析探讨。正如前面在人物报道的话语分析研究综述中所提到的，借助福柯的权力观或者范·戴克的话语理论，分析人物报道与当今政治、文化与社会的关系，并且验证这些理论在国内人物报道研究中的适用程度，这也为本书提供了一些参考，并且也是本书需要努力的方向。

综上所述，本书需要突破的是对人物报道的研究在进行定量分析的同时，也需要兼顾理论的指导性，从而对中美的国际人物报道多方位立体化地进行对比分析，以期归总两者存在的差别，并且从新闻传播学的视角对人物报道的发展动因进行探讨，探求切实可行的实现路径。

---

① 马胜荣、苟世祥、陶楠：《国际新闻采编实务》，北京师范大学出版社 2010 年版。

第二章　国际人物报道是大众传播 全球化的必然结果

　　大众传播全球化进程中，人物报道产生了重要变化，国际人物报道是这一进程的必然结果，引起了学界的普遍关注。本章从宏观层面对国际人物报道进行分析，以期对《环球人物》和《时代》周刊的人物报道中的叙事结构进行把握。通过分析可以看出：首先，在人物的选择方面，两者的侧重点各有不同，《环球人物》比较注重北美洲的相关人物报道，《时代》周刊则比较注重亚洲的相关人物报道。其次，两者在报道倾向方面也存在明显的差异。《环球人物》的负面报道比较多，与之相反的是，《时代》周刊的正面报道比较多，然而这仅仅是一种表面现象，经过详细对比就会发现二者虽然所表现的倾向不同，但是所报道的内容在很大程度上却是相近甚至是相同的，比如在报道达赖喇嘛时，《环球人物》的报道立场是明确否认达赖喇嘛分裂国家的做法，希望他能够在有生之年做出正确选择。《时代》周刊则把达赖喇嘛视为宗教界的"精神领袖"（spiritual leader），并且对他大肆称赞。事实上，无论是在西方还是在中国，大众媒体在对

"他者"形象进行建构的过程中，都体现出了明显的自我肯定的表征。对此，被誉为"传播学鼻祖"的施拉姆（Wilbur Schramm）在他的《世界新闻界的一天》一文中通过研究而得出结论说："每一份报纸的意识形态立场直接影响它的报道。"最后，是国际人物报道的七种叙事视角，两份杂志也存在明显差异。对《环球人物》而言，比较喜欢使用编辑性的全知叙事视角对新闻人物进行全息式介绍，同时注重叙事的逻辑性，主要按照时间顺序对新闻事件进行描述和阐释。《时代》周刊则比较喜欢采用"戏剧方式"叙事视角，通过跳跃性思维来记录与新闻人物相关的事件和瞬间。

第一节　国际人物报道与文化"他者"景观

国际人物报道的核心是人物。大千世界之中人物繁多，需要进行筛选择取。笔者对《环球人物》的主要负责人，人民日报社时任副社长何崇元先生采访时，他说："我们的定位是打造中国最好的人物杂志。所谓'最好'，关键是要吸引读者，让读者爱读爱看，要报道读者关注的人和事背后的故事。"《环球人物》和《时代》周刊在人物选择上，不仅覆盖了全球的各个国家，而且也涉及到了各个领域，所报道的人物不仅数量繁多，而且形象各异，可以说，两份杂志在人物报道方面具有一定的代表性。通过对这些国际人物报道进行分析，发现它们向读者展示了文化"他者"的独特景观。

一、跨文化传播的重要载体

国际人物报道通过对世界各国不同新闻人物的刻画描述，凭借表征不同民族认同或民族文化的各种观念和形象的方法，传递出了丰富多彩的地域文化或民族文化，反映出了"他者"文化的各种特点，从而成为了跨文化传播的重要载体。具体来说，主要体现在国际人物报道数量和国际人物报道区域两个方面。

从《环球人物》和《时代》周刊2006年3月1日到2013年12月31日的杂志来看，所选择的国际人物数量如下表所示：

表 2 - 1　国际人物报道数量

（单位：人次）

年度 杂志	2006	2007	2008	2009	2010	2011	2012	2013	合计
《环球人物》	157	234	177	219	229	236	218	192	1662
《时代》周刊	98	50	116	84	119	93	126	62	748

从上表可以看出，《环球人物》从2006年3月1日至2013年12月31日，一共报道的国际人物有1662人次，平均每年报道207人次，平均每期报道6人次，能够充分体现出该杂志对国际人物报道的重视。《环球人物》自创刊迄今，不断地在发展、扩版和增容。起初是半月刊，每本75页；2009年1月开始改为旬刊，每月出版三本，但是每期的页数不变；2010年9月起，杂志开始增厚至96页，一直到现在比较固定。杂志所报道的国

际人物来自五湖四海、四面八方，并且有着各种不同的历史传统、文化积淀，带给读者丰富多彩的阅读享受。尤其是在 2009 年之后，《环球人物》对于国际人物报道的数量基本上比较稳定，同时比较重视提高国际人物报道的质量。

《时代》周刊的国际人物报道的数量不太稳定，有的年份较多，有的年份较少，这与它自身的时事杂志定位有一定的关系。《时代》周刊从 2006 年 3 月 1 日到 2013 年 12 月 31 日一共报道的国际人物有 748 人次，平均每年报道 94 人次，平均每期报道 2 人次。

相比之下，《环球人物》的国际人物报道的数量比较大，是《时代》周刊的两倍有余，主要原因在于两份杂志的定位不同，前者定位于人物报道，而后者则定位于时事报道，但是两者对国际人物报道都比较重视，并且对国际人物的报道力度正在逐年加大，信息量也在逐年提升。

对此，《环球人物》杂志社前任总编刘爱成先生接受笔者采访时，详细地介绍了杂志创刊的过程。他说：“当时，人民日报社的王晨社长，何崇元副社长以及人民日报社编委会的一些同志们和我们一起开了很多次会议，最终定下了办刊方案，大概有八十多页，决定要创办一个人物类杂志，其中国内人物报道占40%，国际人物报道占 60%，因为是环球人物，应该以国际人物报道为主。

我们以前都是办报的，虽然我在美国驻站时也接触过一些杂志，但是对于办杂志没有什么经验。《环球人物》杂志创刊前，我们到人民日报社国际部翻阅了全世界各国的很多杂志，还经过市场调查,看了很多国内杂志,发现关于国际人物的杂志基本没有。

但是,人物报道不容易写,要想写好就更加困难了。因为写人物不是一两个小时就能写好的,这不是新闻报道。如果人物写得比较肤浅,像报纸上的通讯一样,这种方式显然不适合杂志。我曾经约请一些优秀的记者来杂志社工作,他们都说写人物需要耗费大量时间,因此都对人物类杂志敬而远之。

虽然我们有很多困难,但是当时的决心还是有的:一定要把《环球人物》杂志办好!我们坚持了一年以后,发行量慢慢回升,这是一个 V 字形的爬坡,非常辛苦。我们周末都上班,没有休息时间。从《环球人物》杂志第一期开始,我就和徐总去印厂亲自盯着,一直去了两三年。我每次去印厂的路上都有两个忧愁:一个是怕这期杂志出问题,另一个担心下期杂志的选题。

《环球人物》杂志创刊初期,我们的时间短,人员少,又缺乏办杂志的经验,可以说是强行上马。但是永远不出发也不行,这必然是一个艰难的过程,不可能很容易地就取得成功。我们对员工手把手地教,聘请老师来上课,即便这样辛苦地做了好几年,对于写的人物,还是不太满意:我作为总编不满意,被采访对象不满意,读者不满意,为什么呢?时间太短。比如:采访一个人,好不容易联系上了,采访了一个或者两个小时,不可能把他写得很好。当年穆青同志写焦裕禄,至少在当地蹲点半年。所以,要对人物有全面的了解才能够写好一个人物,如果单纯从网上去搜,写出来的稿子就好比炒冷饭,吃别人嚼过的馒头,没有

滋味。

还有一个难题是选题问题。《环球人物》杂志的定位是热点人物。但是关于某个人物，报纸、电视、电台、网络都报道过了，我们再去报道这个人物，如果没有高人一等的独家的东西，还会有人看吗？当时为了能够得到好的选题，我们在杂志上登了征文启事，并且联系地方媒体，希望他们能够为我们提供人物线索，但是效果并不理想。

后来《环球人物》杂志从周二刊改成周三刊，页码也增加了，价格也上去了。和同行相比，我们的优势是由驻外记者来采写新闻，并且我们忠于前方记者，激发他们的积极性。

现在，《环球人物》杂志的发行量高了，大家说我们的杂志好看，这是我最高兴的事情。我到地方上去，那里的省领导对我说《环球人物》杂志办得很好，他们还要专门订阅，并且还要购买合订本。上层的领导对《环球人物》杂志也很重视，李克强总理出访时，我们进行了全面报道。在这个方面，《环球人物》杂志也是第一家报道领导人出访的人物类杂志。总体来看，我们的杂志进步了，以前周二刊都比较紧张，现在周三刊都比较自如了，不过我们还是希望能够有更多的高手参与到团队中。"

《环球人物》自创刊至今，逐渐地解决了内容定位、报道对象等各方面的问题，形成了一定的报道规模。可以从国际人物报道区域、国际人物报道内容以及国际人物的基本特征等方面来分析。从国际人物报道区域来看，《环球人物》国际人物的报道区域如下表所示：

表2-2　《环球人物》国际人物的报道区域

（单位：人次）

区域 年份	亚洲	欧洲	北美洲	南美洲	非洲	大洋洲
2006	60	30	54	6	6	1
2007	54	76	95	3	4	2
2008	45	51	69	5	6	1
2009	57	50	91	7	10	4
2010	59	51	93	10	11	5
2011	35	66	98	6	26	5
2012	49	69	80	2	17	1
2013	38	54	79	5	13	3
合计	397	447	659	44	93	22

从上表可以看出，《环球人物》首先对于北美洲的国际人物报道得最多，其次是欧洲，第三是亚洲，第四是非洲，第五是南美洲，第六是大洋洲。从国家层面来看，对美国的报道占了绝大比例。美国是当今世界上经济最为发达的资本主义国家，它的外交触及到世界的各个角落，进入21世纪以来，美国先后发动了阿富汗战争、伊拉克战争等，并且对于世界的格局变动产生了重要影响。对于中国来说，与美国的关系举足轻重、至关重要。虽然我国的经济日益发展，并且已经取得了伟大的成绩，但是目前我们仍然处于社会主义发展的初级阶段，政治和经济方面还面临着不少难题，正所谓他山之石可以攻玉、取人之长补己之短，对于强国的报道，也可以为我所借鉴。其次对于欧洲的人物报道得比较多，从国家层面来看，主要有俄罗斯、英国、法国和德国。

基于历史的原因，这些国家目前在国际上都占据着重要地位，并且经济都比较发达。尤其是俄罗斯，还是中国的重要邻国，地理位置十分重要。再次，对于亚洲的人物报道得较多，主要集中在日本、韩国、朝鲜、印度等国，这些国家与中国的外交关系比较复杂，又大多是中国的邻国，与中国的关系非比寻常。

《时代》周刊关于国际人物报道区域的表格如下所示：

表 2 - 3　《时代》周刊国际人物的报道区域

（单位：人次）

年　份　＼　区　域	亚洲	欧洲	北美洲	南美洲	非洲	大洋洲
2006	72	15	3	3	4	1
2007	12	32	4	1	1	0
2008	58	30	7	4	14	3
2009	33	32	2	5	11	1
2010	48	44	12	5	7	3
2011	45	27	1	3	16	1
2012	47	50	5	7	15	2
2013	27	21	0	4	7	3
合计	342	251	34	32	75	14

由上表可以看出，《时代》周刊对亚洲的人物报道所占比例最大，其次是欧洲，第三是非洲，第四是北美洲，第五是南美洲，第六是大洋洲。从国家层面来看，主要报道的有中国、日本、印度和伊朗。许多研究结果表明，《时代》周刊在涉华报道中，对于中国形象的塑造是负面的，并且认为中国的快速发展本

身就会对西方国家产生威胁。因此，中国的变化受到《时代》周刊的密切关注。其次，对欧洲的人物报道得比较多，主要集中在俄罗斯、英国、法国和德国，在注重这些国家重要领导人的活动的同时，还十分注重美国与这些国家的外交关系。最后，对非洲的人物报道得较多，在2008年以后呈现出明显的上升趋势。

通过对比可以看出，《环球人物》和《时代》周刊对国际人物所在区域的选择存在明显差异：

第一，《环球人物》比较注重对北美洲、欧洲和亚洲的报道。《时代》周刊比较注重对亚洲、欧洲和非洲的报道。两者在对欧洲的报道中，共同的关注点在于俄罗斯、英国、法国和德国，所不同的是前者所涉及的范围比较全面，《时代》周刊主要关注于政治方面。

第二，两者所关注的重点虽然不同，但是报道的出发点却相同。《环球人物》最关注北美洲，尤其是对美国的人物报道非常全面，比如对白宫的大多数官员都进行过报道。《时代》周刊则最关注亚洲，尤其是对中国的新闻人物进行报道。两份杂志在国际人物报道中的定位比较一致，即都看到当前国际局势正在多元化方向发展，中国和美国作为世界上的两个超级大国，在世界上都占据重要地位，并且有史以来，两个国家的明争暗斗，无时无刻不在进行着一种利益的博弈。抛开经济层面的竞合关系，一个是世界上最大的社会主义发展中国家，另一个是世界上最强大的发达资本主义国家，意识形态以及价值观念的差异，也使得两国的关系比较微妙。

第三，两者对于非洲的人物报道差别较大。《环球人物》从总体来看，对非洲的人物报道的比较少，但是与《时代》周刊相比，两者基本持平。而《时代》周刊从总体来看，对非洲的人物报道得比较多，但是重点主要在于非洲各个国家的领导人以及体育明星身上，尤其是近年来，埃及、突尼斯、利比亚等国家的政治动乱，使得非洲大陆成为国际主流媒体日益关注的对象，换言之，《时代》周刊对于非洲的政治和体育层面关注较多。

二、市场经济运行中的杂志定位

《环球人物》和《时代》周刊把国际人物报道作为跨文化传播的主体，在此基础之上主要遵循市场经济的运行规律，在商业逻辑的支配下，努力脱离由个人支配的老派媒体做法，创造一种全新的现代媒体公司的运营模式。它们侧重运用市场调查和监测机制，时刻关注杂志的发行量，注重杂志的品牌效应，从而谋求自我得到更强有力的发展。

对此，《环球人物》杂志社总编谢湘女士告诉笔者："《环球人物》杂志社是人民日报独资的全民所有制企业，在经营方面独立核算、自负盈亏。在坚持正确舆论导向的前提下，我们必须面向市场，取得读者和客户的认可，这是非常现实的生存压力，迫使我们在竞争中摸索媒体市场化的发展模式。"

《环球人物》杂志社对市场走向非常关注，刘爱成先生说："我们派编辑和记者到报摊去调查，看看读者是否看《环球人物》杂志，读者喜欢看什么内容等。当时何崇元副社长也去做过市场调查，他说：'买杂志就像买烟一样，三秒钟就能够决定买什么。

在这种情况下，我们认为还是要以内容为王。《环球人物》杂志的定位是：报道热点事件背后的人物和当下热点人物背后的故事，着眼于高端、热点、国际视野，把人物写好，写丰满，并且以内容为王。

能够进行独家报道，人物写得很生动，让读者满意，让被采访者满意，让自己满意，这是一个宝贵的办刊经验。另外，一个办刊经验是选题非常重要，选题决定着杂志的成败。如果封面故事没有选好，尽管杂志好看，也卖不出去。标题、封面和内容如果都抓住了，杂志肯定能够成功。"

关于这个方面，主要体现在国际人物报道的内容方面。按照国际人物报道的内容归类，可以将这些国际人物报道分别归入政治、经济、社会、文娱和体育五个方面。

《环球人物》国际人物报道的内容划分如下表所示：

表2-4　《环球人物》国际人物的报道内容

（单位：人次）

内容 年份	政治	经济	文娱	社会	体育
2006	88	32	10	21	6
2007	141	34	18	40	1
2008	102	23	12	17	23
2009	121	34	20	25	19
2010	110	33	21	34	31

续表

内 容\年 份	政治	经济	文娱	社会	体育
2011	99	41	41	34	21
2012	99	37	29	41	12
2013	93	34	28	30	7
合计	853	268	179	242	120

从报道内容来看,《环球人物》最关注政治人物的报道,其次是经济题材中的新闻人物,第三是社会题材的人物,第四是文娱界的人物,最后是体育人物。这与它最初的内容定位非常一致,《环球人物》从创办开始主要报道四大领域:时政、财经、社会和文体。通过上表可以看出,社会题材的人物报道所占比例排名第三,仅次于政治和经济题材的人物报道,从而突出了一个现实问题。目前,随着改革开放的日益深入,我国的社会结构也发生了深刻变化,现在的社会阶层更加地复杂化、多样化,有的学者曾经把我国的社会阶层分为十层,分别是:国家与社会管理者阶层、经理人员阶层、私营企业主阶层、专业技术人员阶层、办事人员阶层、个体工商户阶层、商业服务业员工阶层、产业工人阶层、农业劳动者阶层和城乡无业失业半失业者阶层。阶层之间的贫富差距在日益加大,从而激发出了不少社会问题,并且成为社会关注的焦点和热点。通过报道各国社会题材中的不同新闻人物,对我国有效地解决社会问题具有重要的参考价值。

《时代》周刊国际人物的报道内容如下表所示:

表 2－5　《时代》周刊国际人物的报道内容

（单位：人次）

内容\年份	政治	经济	文娱	社会	体育
2006	47	15	25	3	8
2007	16	15	17	1	1
2008	39	10	30	6	31
2009	33	10	30	7	4
2010	50	6	43	13	7
2011	57	7	16	8	5
2012	60	12	31	15	8
2013	21	14	18	4	5
合计	323	89	210	57	69

　　从上表可以看出，《时代》周刊最关注政治人物的报道，其次是文娱人物的报道，第三是经济题材中的人物报道，第四是体育人物报道，第五是社会题材中的新闻人物报道。这与它的时事杂志的定位比较一致。除此之外，《时代》周刊的一个突出特点是注重对文娱人物的报道，尤其是影视人物的报道所占比例比较大，从而增加了杂志的趣味性和吸引力。从政治人物的报道来看，《时代》周刊主要关注各个国家的高级官员，尤其是国家首脑，并且主要以访谈的形式和其进行面对面的交流。从文娱人物的报道来看，主要包括两个部分：即影视明星和著名作家，并且将报道重点放在对他们的事业成果的报道上，与此同时，宗教题材的新闻人物也是《时代》周刊的关注热点，并且主要关注世界各国宗教领域的重要代表人物，尤其是宗教界的领袖人物，主

要报道他们的宗教理念、突出行为、教众的反映以及该国的宗教文化等方面。从经济题材中的人物报道来看，主要关注世界顶级公司企业的负责人的创新思维和创新举措，此外还注重对世界级优秀经济学家们进行访谈，其中很多被访者都是诺贝尔经济学奖得主，通过访谈的形式来了解他们对当今国际经济局势的态度和观点。从体育人物的报道来看，主要关注在体育界创造奇迹的优秀运动员们，以及与他们相关的新闻事件。从社会人物的报道来看，主要关注恐怖分子的动向，包括与之相关的绑架、贩毒、恐怖袭击等方面的报道。

通过对比可以发现：第一，《环球人物》和《时代》周刊都比较关注政治人物的报道，尤其是对各个国家的政治首脑都进行过面对面的访谈，从而突出了高端媒体非凡大气的权威性。

第二，《环球人物》比较关注经济题材中人物的报道，尤其是各国知名企业家的创新思维，为国内企业家的管理运营等方面提供参考。《时代》周刊比较关注文娱人物的报道，尤其是影视人物的最新作品以及最新突破等，侧重于软新闻，从而增加了杂志的趣味性和可读性。

第三，《环球人物》和《时代》周刊虽然都比较重视经济题材中的人物报道，并且都重视报道他们的创新举措，但是相比之下，《环球人物》则更加关注对他们的人生经历进行详细报道，突出了背景资料的重要性和全面性。《时代》周刊则主要重点关注他们在管理层面的创新举措，提炼出他们的创新思维，从而不断地提出新型的经营模式，并且指出在网络时代所存在的经营模式是全新意义上的，远远不同于传统意义上的经营模式。

第四,《环球人物》和《时代》周刊虽然都比较重视社会人物的报道,但是关注点却有很大的区别。《环球人物》主要关注犯罪类题材的人物报道,而《时代》周刊则主要关注与恐怖事件相关的恐怖分子的报道,比如恐怖袭击、爆炸等新闻事件。

三、主流文化对精英文化的现实重构

文化多元造成了文化的急速分化,文化领域也变得阡陌纵横,纷繁复杂。按照群体差异划分,包括:主流文化、精英文化、大众文化、民间文化、流行文化等。在历史上,中国文化的群体差异经历了三次大起大落①:传统社会中,虽然民间文化在百姓中代代传承,但是真正一统江山的始终是士大夫文化。在近现代史上,五四运动完成了向现代知识分子文化转换的社会仪式,并且作为精英文化维持着从士大夫手上继承下来的文化领导权。在当代,社会主义意识形态的整合运动将群体文化改造成一体的全民文化。随着改革开放以及市场经济的发展,目前文化呈现出五分格局:主流文化、精英文化、大众文化、民间文化和流行文化。与世界的文化格局相比,具有一定的契合性。

《环球人物》和《时代》周刊在国际人物报道中,将重心聚焦于精英人士。所谓"精英",是指"社会为其设置专门职业或特殊身份的人文知识分子","这里的文化也就限于他们的职业

① 高丙中:精英文化、大众文化、民间文化:《中国文化的群体差异及其变迁》,《社会科学战线》1996 年第 2 期。

活动及其成果。"①在文化的三个部分：人文生态，符号系统以及科学技术中，精英文化同时隶属于人文生态和符号系统这两个层面，因此精英文化不能等同于知识分子阶层的文化。具体来说，精英人士拥有自我的世界观、价值观、伦理标准、审美情趣、历史观点等，拥有精英群体的自我认同，并且在这种表征符号系统中形成精英人士所独有的气质和品位。

通过对国际人物报道进行分析，发现《环球人物》和《时代》周刊在践行自我主流文化价值观的同时，对精英文化进行了重新建构。关于这个方面，主要体现在国际人物的基本特征上。在国际人物报道中，《环球人物》国际人物的基本特征如下表所示：

表 2 - 6 《环球人物》国际人物的基本特征

（单位：人次）

特征\年度	性别		学历				年龄（岁）					
	男	女	初中以下	高中	大学	研究生	1到20	21到40	41到60	61到80	81到100	101以上
2006	131	26	3	3	131	20	6	23	62	58	8	0
2007	202	32	1	2	217	12	3	26	108	87	9	1
2008	134	43	3	1	166	7	6	39	72	41	19	0
2009	179	40	3	5	200	11	4	41	96	66	12	0

---

① 高丙中：精英文化、大众文化、民间文化：《中国文化的群体差异及其变迁》，《社会科学战线》1996 年第 2 期。

续表

特征＼年度	性别		学历				年龄（岁）					
	男	女	初中以下	高中	大学	研究生	1到20	21到40	41到60	61到80	81到100	101以上
2010	195	34	1	1	219	8	3	62	87	60	15	2
2011	197	39	0	0	230	6	5	46	94	73	17	1
2012	180	38	2	3	201	12	6	42	97	60	13	0
2013	158	34	10	3	149	30	3	38	71	61	18	1
合计	1376	286	25	18	1513	106	36	317	687	506	111	5

从上表可以看出，《环球人物》的国际人物报道，首先从性别选择来看，男性与女性的报道比例大概是五比一，这些男性来自于各个领域，这些女性大多是文娱界人士，比如歌星、影星等。其次从新闻人物的学历程度来看，几乎全部具有大学以上学历，属于高级知识分子阶层，此外，具有高中以下学历者所占比例很小，还不足百分之一。从年龄特征来看，41 岁到 60 岁之间的人物报道所占的比例最大，其次是 61 岁到 80 岁的人物，再次是 21 岁到 40 岁的人物，第四位的是 81 岁到 100 岁的人物，第五位的是 1 岁到 20 岁的人物，第六位的是 101 岁以上的人物。

《时代》周刊国际人物报道中国际人物的基本特征如下表所示：

表 2 - 7 《时代》周刊国际人物的基本特征

(单位：人次)

特征 年度	性别		学历				年龄（岁）					
	男	女	初中以下	高中	大学	研究生	1到20	21到40	41到60	61到80	81到100	101以上
2006	81	17	2	0	95	1	0	13	42	36	7	0
2007	40	10	0	0	50	0	0	6	27	13	4	0
2008	87	29	7	0	106	3	5	41	38	24	8	0
2009	64	20	5	0	71	8	1	17	36	22	7	1
2010	92	27	11	2	101	5	5	22	43	39	10	0
2011	70	23	2	1	89	1	0	23	40	24	6	0
2012	93	33	4	1	113	8	4	33	47	31	10	1
2013	44	18	2	0	58	2	1	12	23	25	1	0
合计	571	177	33	4	683	28	16	167	296	214	53	2

　　由上表看出，《时代》周刊的国际人物报道，首先从性别选择来看，男性与女性的报道比例大概是三比一，这些女性大多为文娱界人士。首先从学历程度来看，几乎全部具有大学以上学历，高中以下学历者寥寥无几，不足百分之一。其次从年龄特征来看，41 岁到 60 岁之间的人物报道所占的比例最大，其次是 61 岁到 80 岁的人物，再次是 21 岁到 40 岁的人物，第四位的是 81 岁到 100 岁的人物，第五位的是 1 岁到 20 岁的人物，第六位的是 101 岁以上的人物。

　　通过比较可以看出，《环球人物》和《时代》对国际人物的选择方面存在较大的相似点。首先是男性与女性的报道比例比较相近，其次是报道对象大多具有大学以上学历，再次是从新闻人物的年龄特点来看，完全一致，主要对 41 岁到 60 岁这个年龄段的成功人士进行报道。《环球人物》迄今为止已经报道了 1662 位国际人物，几乎覆盖了世界上的所有国家，其中对于北美洲的报道频度最大，尤其是关注美国新闻人物的报道。《时代》周刊迄今为止一共报道了 748 位国际人物，也基本覆盖了世界上的所有国家，其中对于亚洲的报道频度最大，尤其关注中国新闻人物的报道。因此从这个角度上来看，这两份杂志都属于质化杂志，以精英人士报道为主。两份杂志凭借自身作为国家级主流媒体，乃至是世界级的知名传媒品牌，能够对这些不同领域的精英人士进行报道，塑造他们不同的行事风格和个体秉性，并且传播他们的思想和主张，从而在杂志周围聚集起一批比较固定的读者群体。

总而言之，《环球人物》和《时代》周刊依靠自身品牌的知名度，能够对国际上具有影响力的新闻人士进行采访甚至是独家采访，并且通过商业化的运营模式实现盈利，从而形成了一种比较成功的具有现代转型的传媒公司运营模式。

第二节　国际人物报道与自我肯定表征

按照报道倾向，对《环球人物》和《时代》周刊的国际人物报道进行分类，包括正面报道、中性报道、负面报道和平衡报道。具体来说，正面报道是指新闻报道对人物进行了正面评价，认为人物的所作所为是值得肯定的，或者报道了与人物直接相关的正面事件。中性报道是指新闻报道遵循新闻价值标准来选择新闻人物，而没有予以较为明显的主观评价。负面报道是指新闻报道对人物进行了负面评价，对人物的所作所为持有否定态度，或者报道了与人物直接相关的负面事件。平衡报道是指新闻报道对人物进行报道时，分别从正负两个方面对其进行了评价，而且这两种评价的比重相当，难分主次。

通过国际人物报道的分析，发现《环球人物》和《时代》周刊都表现出了明显的特点，即自我肯定的表征（Representation）。在文化学看来，发生了什么并不重要，关键在于即将产生什么样的意义，以及这种意义是如何产生的等等。"表征是经由语言对意义的生产。"①这个概念里面所涉及的"意义"并不是被简单地发现的，而是通过语言被建构出来的，正如霍尔说的："在某种程度上，我们给予事物意义时凭借我们表征它们的方法：我们所用的有关它们的语词，所讲的有关它们的故事，所制造的有关它们的形象，所产生的与它们相关的情绪，对它们分类并使之概念化的方法，加于它们之上的各种价值。"②按照这种观点，媒体在国际人物报道中，通过与人物相关的事件，形式各异的写作手法，人物形象的塑造，体现了一定的报道倾向。

① ［英］霍尔：《表征：文化表象与意指实践》，徐亮、陆兴华译，商务印书馆2003年版，第28页。

② ［英］霍尔：《表征：文化表象与意指实践》，徐亮、陆兴华译，商务印书馆2003年版，第3页。

一、《环球人物》国际人物报道的倾向

《环球人物》的国际人物报道除了中性报道之外，负面报道所占比例较大。第一，《环球人物》国际人物报道的四种倾向如下表所示：

表 2 - 8 　《环球人物》国际人物报道的四种倾向

（单位：人次）

倾 向 年 份	正面	中性	负面	平衡
2006	26	99	31	1
2007	7	170	50	7
2008	11	112	45	9
2009	8	137	72	2
2010	15	164	45	5
2011	9	175	45	7
2012	9	161	37	11
2013	7	156	22	7
合计	92	1174	347	49

从上表可以看出，《环球人物》中的中性报道所占比例最大，基本可以反映出新闻杂志遵循新闻价值规律的特点，在对人物进行选择的过程中，将新闻价值作为重点考虑因素，尤其是比较注重新闻的时效性，并且以新近发生的事实作为新闻根据，从而对新闻人物进行详尽而全面的报道。其次是负面报道所占比例较大，在这部分报道中，大多数偏重于报道与新闻人物相关的负面事件，例如：犯罪、走私、贩毒、行贿、贪污、腐败、渎职、

丑闻、冲突、骚乱等，透过这些负面事件中的主要新闻人物，能够使读者看到新闻事件的来龙去脉以及背景缘由。再次是正面报道所占的比例，与负面报道相同的是，比较偏重于报道与新闻人物相关的正面事件，与负面报道不同的是，对新闻人物的善行义举做了明确的肯定和赞赏。最后是平衡报道所占比例最小，主要是对与目前还存在争议的人物进行的报道，基本上采取了全面的报道方式，吸取各方面的态度，为读者提供全方位的新闻信息。

第二，《环球人物》政治题材中国际人物报道的四种倾向如下表所示：

表2-9 《环球人物》政治题材中国际人物报道的四种倾向

（单位：人次）

倾向 年份	正面	中性	负面	平衡
2006	16	48	24	0
2007	0	105	34	2
2008	8	53	34	7
2009	4	70	46	1
2010	3	77	30	0
2011	2	62	34	1
2012	4	70	21	4
2013	2	74	14	3
合计	39	559	237	18

通过上表可以看出，《环球人物》政治题材国际人物报道中，中性倾向的报道所占比例最大，大多数报道是依据新闻价值作为衡量标准，对国际重大新闻事件或者新闻热点中的人物进行

跟踪报道,篇幅较长,一般在 2000 字以上,注重新闻背景的深度挖掘,同时也重视对新闻人物生活、工作简历的报道,力争比较全面地展示新闻人物的工作情况。其次,负面倾向的报道所占比例比较大,偏重于报道与新闻人物相关的负面事件,涉及到贪污、腐败、性丑闻、恐怖袭击、政治动乱等,比较客观地对新闻事件的始末进行详尽报道。再次是正面倾向的报道所占比例,偏重于报道与新闻人物相关的正面事件,其中注重报道国外治理腐败、注重维护社会稳定、为老百姓办实事、通过改革力主弱势群体受益等内容,这些类似于案例分析或者经验总结,能够取人之长补己之短,为我国社会转型中遇到的类似问题提供一定的参考,从这个意义上看,体现出了我国媒体坚持正确舆论导向。最后平衡倾向的报道所占比例最小,主要针对一些还存有争议的新闻人物。

第三,《环球人物》经济题材中国际人物报道的四种倾向如下表所示:

表 2-10 《环球人物》经济题材中国际人物报道的四种倾向

(单位:人次)

倾向 年份	正面	中性	负面	平衡
2006	2	28	2	0
2007	0	31	3	0
2008	0	18	5	0
2009	1	20	13	0
2010	1	26	5	1

续表

年 份 ＼ 倾 向	正面	中性	负面	平衡
2011	0	39	2	0
2012	0	31	6	0
2013	0	31	0	3
合计	4	224	36	4

从上表可以看出：首先，《环球人物》经济题材中的国际人物报道，中性倾向的报道所占比例最大，这些报道大多聚焦于当前国际经济发展中的重大事件，主要关注于世界顶级经济集团负责人，内容丰富，视角广泛，包括经济策略的实施，集团的发展态势以及负责人的领导理念等，透过国际人物报道，这些经济发展态势得以被全方位立体化地表现。《环球人物》尤其突出的特点是，比较重视对职业经理人的经营理念进行报道，以此来分析企业负责人的经营理念对企业发展产生着怎样的影响。

其次，负面报道所占的比例较大，这些报道主要是与新闻人物相关的负面事件，在报道中包括"落马""免职""下课""贪污""丑闻""闹剧""骗子""诈骗""作秀"等词语，对于经济发展中的乱象进行了详尽报道。2008年全球金融危机之后，负面倾向的新闻所占比例明显上升，尤其是2009年《环球人物》经济题材中国际人物报道中的负面倾向的报道的数量大幅增加，并且主要是围绕我国的经济安全进行的报道。

《环球人物》所涉及的报道主要是关于经济犯罪、经济密谋、唱衰中国经济、经济病、经济安全、商业间谍、职场病、自杀潮等新闻,从报道中反映的这些问题可以明显看出,目前国外存在着一部分人,企图或者已经对中国经济发展做出不利的举动,甚至向中国的一些企业派出商业间谍,打探中国的商业机密。

与此同时,《环球人物》比较突出的特点是对职场中存在的自杀潮等问题进行深度报道,突出经济发展过程中给人们带来的精神领域的困扰以及自杀潮背后存在的复杂原因。

再次是正面倾向的报道所占比例,主要报道了经济领域中的一些成功案例,比如企业如何扭亏为盈,怎样拯救命悬一线的名牌企业,如何创造的商界奇迹等。

最后是平衡倾向的报道所占比例最小,主要报道了经济领域中存在争议的事情,如财经官司、商业争斗、家族恩怨、企业收购等,这些争端尚无定论,《环球人物》广泛收集各方的观点,对其进行了全面报道。

第四,《环球人物》文娱题材中国际人物报道的四种倾向如下表所示:

表 2-11　《环球人物》文娱题材中国际人物报道的四种倾向

(单位:人次)

倾向 年份	正面	中性	负面	平衡
2006	2	8	0	0
2007	2	16	0	0
2008	0	10	1	1
2009	3	14	3	0

续表

年 份 \ 倾 向	正面	中性	负面	平衡
2010	3	14	1	3
2011	5	32	1	3
2012	2	22	4	1
2013	1	26	0	1
合计	18	142	10	9

从上表可以看出：首先，《环球人物》文娱题材国际人物报道中，中性倾向的报道所占比例最大，大多是介绍刚上市的新书以及关注教育问题。具体来说，从人物的选择来看，大多是从事影视、教育、写作等行业，有着较高学历，并且对自己所从事的行业有特殊的建树或者与众不同的理念。从报道方式来看，往往注重新闻根据的运用，大多情况会以新书上市作为报道契机，有时候也会约请国外的文化界人士自叙亲身经历，报道着重于对人物内心与思想的发掘，刻画人物的性格与品性，以此作为观测文化界发展现状的方式与途径。除此之外，《环球人物》对国外的教育现状也非常关注，尤其是偏重报道国外的小学教育以及家庭教育的状况，以案例分析的方式，反思我国教育界存在的发展瓶颈。

其次，正面倾向的报道所占比例较大，从选择的人物来看，主要对文化名人们所具备的自身魅力、创新思维、勤奋敬业、情感专一等方面进行肯定，主要涉及到影视界的演员、摄影师、导演、编辑、作曲以及文学界的著名作家等新闻人物。

再次是负面倾向的报道所占比例，主要反映出文艺界中存在的一些弊病,比如媚俗、吸毒、潜规则、自杀以及剽窃等,并且通过约请一些影星来亲自执笔,道出自己在演艺道路上的艰辛遭遇。透过这些报道,可以看出文娱界明星们星光闪耀背后的辛酸和烦恼,深层剖析他们内心深处的所思所感,所反映出的真情实感,震撼人心。

最后,平衡倾向的报道所占比例最小,主要对文艺界的一些富有神秘色彩的传奇人物进行报道,诸如怪杰、奇才等词语经常使用,其中有的新闻人物已经去世,但是其特立独行的举止,一直碰撞着人们的好奇心,而对于他们的评价,直到今天仍然是众说纷纭,这或许也正是他们的价值所在。

第五,《环球人物》社会题材中国际人物报道的四种倾向如下表所示:

表2-12 《环球人物》社会题材中国际人物报道的四种倾向

(单位:人次)

倾向 年份	正面	中性	负面	平衡
2006	6	15	5	1
2007	5	18	13	5
2008	3	31	5	1
2009	0	33	10	1
2010	8	47	9	1
2011	2	42	8	3
2012	3	38	6	6
2013	4	25	8	0
合计	31	249	64	18

从上表可以看出，《环球人物》社会题材国际人物报道中，中性倾向的报道所占比例最大，从报道人物和报道内容来看，不乏奇闻异事，包罗社会万象，比如人妖、狼人等。

其次，负面倾向的报道所占比例比较大，主要定位于犯罪类题材，所出现的词语有：偷猎人、刺客、大盗、黑手党、毒贩、纵火犯、杀人犯、通缉犯等，与此同时，在一定程度上也揭露出社会中存在的一些不良现象，比如婚外情、私生子、包养、色情、黑社会、潜规则等。

再次是正面倾向的报道所占比例，与典型人物报道相似之处是注重对具有某种优良品质的人物进行报道，比如反腐英雄、打拐斗士、反家暴人士、最慷慨的人以及舍己救人的新闻人物。报道中，多数详细描述与新闻人物相关的具体事件，并且注重细节刻画，增强新闻报道的真实性。

最后，平衡倾向的报道数量最少，主要是指以新闻事件为主，对尚存在疑问，还未定论的新闻人物进行的报道。

二、《时代》周刊国际人物报道的倾向

通过对《时代》周刊国际人物报道的分析，发现除了中性报道所占比例最大之外，正面报道所占比例较大，具体从政治、经济、文娱、社会等方面进行分析。

第一，《时代》周刊国际人物报道的四种倾向如下表所示：

表 2 - 13 《时代》周刊国际人物报道的四种倾向

（单位：人次）

倾 向 年 份	正面	中性	负面	平衡
2006	41	49	5	3
2007	23	23	3	1
2008	29	84	2	1
2009	22	58	1	3
2010	33	68	16	2
2011	19	51	19	4
2012	33	86	4	3
2013	23	35	3	1
合计	223	454	53	18

由上表可见，《时代》周刊中的中性报道所占比例最大，可以看出，在对新闻人物进行选择时，比较侧重新闻事件的重要性因素，进一步突出了时事杂志注重报道重大时事新闻的特点。

其次是正面报道所占比例最大，大多数对于新闻人物的所作所为直接给予肯定，并且在正面报道中，常常把"英雄（Hero）、天才（Genius）、先驱（Pioneer）、领袖（Leader）"等作为中心词语予以直接表态，尤其是在"《时代》周刊年度全球最具影响力的 100 人"评选中表现得更加突出。

与此同时，比较值得一提的是《时代》周刊对那些呼吁所谓的"民主"与"人权"的社会活动者们、以及那些宣扬宗教的"精神领袖"给予了十分的关注，并且对他们在进行肯定的基础之上予以支持，类似的报道在正面报道中占据了很大比例，毋庸置疑，这种做法显然受到西方发达国家独有的意识形态以及价值观念的支配。

再次是负面报道所占的比例，与《环球人物》相似的是，比较注重报道与新闻人物相关的负面事件，但是更加喜欢使用疑问句式在增强语气的同时引发读者的关注与思考。

最后的平衡报道所占的比例最小，主要针对目前还存在争议的政治人物，多借助于他人观点来进行间接评价。

第二，《时代》周刊政治题材中国际人物报道的四种倾向如下表所示：

表 2-14　《时代》周刊政治题材中国际人物报道的四种倾向

（单位：人次）

年份 ＼ 倾向	正面	中性	负面	平衡
2006	10	30	5	2
2007	0	12	3	1
2008	9	29	1	0
2009	5	25	1	2
2010	9	29	11	1
2011	9	27	19	2
2012	12	43	3	2
2013	5	12	3	1
合计	59	207	46	11

从上表可见，首先，《时代》周刊政治题材国际人物报道中，中性倾向的报道所占比例最大，作为时事类新闻周刊，注重于国际热点和焦点的报道，篇幅短小，一般在 700 个英语单词左

右,大多数为人物访谈,并且以问答的简单方式进行报道,大多数有十个问题左右,内容比较丰富,其中对与社会治理和政治改革等相关的内容报道较多。其次,正面倾向的报道所占比例较大,大多数报道是针对于欧美发达国家的政治首脑,对他们所推行的发展与美国的友好关系表示肯定和赞赏,一小部分是针对于亚非国家的政治逃亡者,对他们所推行的人权运动表示肯定和支持。再次是负面倾向的报道所占比例,主要关注与国际社会的突发事件,例如恐怖袭击事件、社会骚乱、地方冲突等,在报道中,注重细节描写和个案引用,突出现场感。最后,平衡倾向的报道所占比例最小,主要是针对当前发生政治动乱国家中的一些掌权者,常会综合报道掌权派以及反对派的各种声音,能够使读者对这些国家当前的国内各方力量对比有一个清晰的认识。

第三,《时代》周刊经济题材中国际人物报道的四种倾向如下表所示:

表2-15 《时代》周刊经济题材中国际人物报道的四种倾向

（单位:人次）

倾向 年份	正面	中性	负面	平衡
2006	10	5	0	0
2007	12	3	0	0
2008	4	6	0	0
2009	6	4	0	0
2010	0	6	0	0

续表

倾向 年份	正面	中性	负面	平衡
2011	3	4	0	0
2012	6	6	0	0
2013	5	9	0	0
合计	46	43	0	0

　　从上表可见，《时代》周刊经济题材中国际人物报道中，只有中性倾向和正面倾向的报道。一方面，中性倾向的报道所占比例最大，这些报道中侧重对商界天才的报道，所选择的人物大多是行业中的领军人物，他们都富有创造性和创新力，敢于突破传统，善于发现商机，所做的事情具有开拓意义和首创性质，往往被称为"某某行业第一人"。《时代》周刊尤其注重对经济领域中具有创新思维的人才的报道，他们往往具有高学历，甚至是经济学家，并且有些人还是诺贝尔经济奖得主，通过面对面的访谈形式，来了解他们对当前国际经济发展形势的观点。另一方面，正面倾向的报道所占比例比较大，就其报道的内容来看，主要是企业发展中如何发展清洁能源，减缓全球变暖趋势以及如何使企业向全球化发展，还有对非盈利组织的报道，注重报道企业家在公益和慈善事业中的投入。此外，在经济题材的国际人物报道中，没有找到具有负面倾向和平衡倾向的报道。

　　第四，《时代》周刊文娱题材中国际人物报道的四种倾向如下表所示：

表 2-16   《时代》周刊文娱题材中国际人物报道的四种倾向

（单位：人次）

年份 \ 倾向	正面	中性	负面	平衡
2006	19	6	0	0
2007	11	6	0	0
2008	12	17	0	1
2009	8	21	0	1
2010	15	26	1	1
2011	5	9	0	2
2012	10	21	0	0
2013	10	8	0	0
合计	90	114	1	5

从上表可见，《时代》周刊文娱题材国际人物报道中，中性倾向的报道所占比例最大，从人物的职业特征来看，范围比较广泛，比如有作家、诗人、作词家、翻译家、历史学家、文学批评家、钢琴家、小提琴家、歌唱家、作曲家等。

其次，正面倾向的报道所占比例比较大，报道大多集中在宗教、写作、影视、媒体四个领域，在宗教题材中，侧重对各个宗教的领袖进行报道，尤其是对基督教的报道所占比例最大，通过对这些领袖的经历、宗教理念的报道，对于其对人类所做的贡献给予肯定和赞赏。在文学创作领域，报道则关注于小说家的报道，常用访谈的形式，和他们面对面进行交流，或者向读者推介他们的新作品。关于影视领域，则多关注导演和演员，对于开创性的影视作品进行特别关注。关于媒体方面，多关注对记者的报

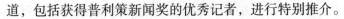

道，包括获得普利策新闻奖的优秀记者，进行特别推介。

再次，平衡倾向的报道所占比例较小，多半对于具有争议性质的文化名人给予关注，在对其进行报道时，往往以文化为背景，来分析个体的性格特征与文化大背景之间的关系。

最后，负面倾向的报道所占比例最小，只有一条，是关于教育领域的，具体来说是非常关注亚洲的教育现状，认为学生的学习压力过重，并且对中国传统的家庭教育方式进行探究，认为家长过于独断专行。

第五，《时代》周刊社会题材中国际人物报道的四种倾向如下表所示：

表 2－17　《时代》周刊社会题材中国际人物报道的四种倾向

（单位：人次）

年 份 ＼ 倾 向	正面	中性	负面	平衡
2006	2	8	0	1
2007	0	2	0	0
2008	4	32	1	0
2009	3	8	0	0
2010	9	7	4	0
2011	2	11	0	0
2012	5	16	1	1
2013	3	6	0	0
合计	28	90	6	2

从上表可见，《时代》周刊社会题材国际人物报道中，中性倾向的报道所占比例最大，从报道内容来看，涉及到教育、环

保、人权、犯罪等各个方面。其次是正面倾向的报道所占比例较大,主要集中于致力于各种社会运动的新闻人物的报道,比如环保人士、慈善人士、志愿者、反艾滋病人士、为女人开车争取权利的人士、为妇女争取受教育权利的人士、比较知名的博主等,归总起来都可以并入到人权问题,由此也可以看出,《时代》周刊比较关注世界一些地区的人权现状,将人权作为一个衡量地区发展的重要标准,并且给这些在人权的旗帜下聚集在一起,掀起了各种社会运动的人以英雄的称号,从而也给这些人物报道清晰地打上了西方意识形态和价值观念的烙印。再次是负面倾向的报道所占比例,对犯罪新闻予以关注,出现的词语有盗贼、绑架、毒枭、遇刺等,尤其重要的是《时代》周刊主要集中于对恐怖分子的报道,并且占据了负面倾向的报道的大部分。最后,平衡倾向的报道的数量最少。

三、《环球人物》与《时代》周刊国际人物报道倾向之对比

通过对比可以看出,《环球人物》和《时代》周刊的大多数报道,侧重点在于和新闻人物相关的新闻事件上面,由此来体现出对新闻人物的褒贬态度,时效性和重要性则是两个关键的衡量标准,透过这些新闻人物报道,我们可以看到深度挖掘新闻事实、理清新闻要素之间的关系、剖析新闻事件的原因背景等才是报道的目的和主旨。从这个角度来看,人物报道不仅是不同人物性格、形象、身份、品性的描述,更是一个时代政治、经济、文

化、社会发展状况的缩影。与此同时，通过《环球人物》负面报道和《时代》周刊正面报道的对比，发现虽然两者所呈现的表达倾向不同，但是所涉及的报道内容却比较类似甚至相同，由此可见，两者对国际事件的评价存有较大差别，但是出发点都是自己的价值标准，从而体现出了明显的自我肯定的表征。

通过《环球人物》和《时代》周刊两份杂志在政治题材中国际人物报道的对比，可以发现明显的相似点，即中性倾向的报道所占比例最大。2006年至今的新闻样本一直都在对各国重要领导人的重要活动进行及时跟踪报道，在这8年的时间轴上，能够看到各个国家政治领导人的更迭以及国际政治舞台上风云人物的活动，从而比较全面地记录下国际政治的发展与变动。与此同时，两份杂志比较关注与国际人物相关的负面事件，除了这些新闻事件具有重大的新闻价值之外，这些负面事件对于国际政治格局的重大影响也是一个关键因素，但是两份杂志对于负面事件的关注重心有所不同，主要是联系到本国的社会现状以及国家利益，《环球人物》所关注的是与政府官员相关的负面事件，如贪污、腐败、渎职、性丑闻等，《时代》周刊关注国际上的突发事件，如政权更迭、社会动荡、局部冲突等。除此之外，两份杂志的报道方式也略有不同，《环球人物》的报道篇幅较长，并且关注新闻人物的背景介绍，知识性和文学性的意味比较浓厚。《时代》周刊的报道篇幅较短，多关注新闻现场的细节描述，注重使用动词，突出现场感，偏重于新闻性和纪实性。在报道方式上，《环球人物》多以时间顺序对新闻事件进行报道，层次分明，条理清晰，《时代》周刊多以问答形式进行人物访谈，层层深入，主题突出。

通过《环球人物》和《时代》周刊两份杂志在经济题材中国际人物报道的对比可以发现:第一,中性倾向的报道所占比例最大,并且从人物选择上来看,二者都存在着明显的相似点,即都是对世界顶级企业的负责人进行报道,并且重视报道他们的创新精神。但是从报道内容上来看,各自的侧重点又明显不同。《环球人物》侧重于宏观的报道视角,对企业家的经营理念和运营策略比较关注,《时代》周刊则多采用微观的报道视角,突出企业家的创新思维和开拓精神。第二,在经济题材的国际人物报道中,《环球人物》的负面倾向的报道所占比例较大,侧重于经济发展中的不良现象,企业发展中存在的问题和困难,以及现阶段如何注重保护我国的经济安全等。《时代》周刊的正面倾向的报道所占比例较大,将重点放在环境保护和公益事业等方面。第三,《环球人物》和《时代》周刊的正面倾向的报道所侧重的报道内容也有所不同。《环球人物》的正面倾向的报道主要以经济效益为衡量标准,以个案分析的方式,归纳总结企业所取得的经验。《时代》周刊的正面倾向的报道则注重企业向全球化方向发展,与此同时,也对企业与非盈利组织的合作进行关注,进一步对于企业家们在公益事业领域中的活动加以报道。第四,《环球人物》有一定比例的负面倾向的报道,《时代》周刊没有负面倾向的报道。《环球人物》在对经济发展乱象给予充分关注的同时,重点放在维护我国经济安全方面,提醒我国企业警惕防范商业间谍,《时代》周刊则没有负面倾向的报道。第五,《环球人物》有一定比例的平衡倾向的报道,并且都是针对目前存在争议

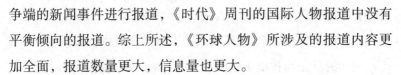

争端的新闻事件进行报道，《时代》周刊的国际人物报道中没有平衡倾向的报道。综上所述，《环球人物》所涉及的报道内容更加全面，报道数量更大，信息量也更大。

通过《环球人物》和《时代》周刊两份杂志在文娱题材中国际人物报道的对比可以发现：第一，《环球人物》和《时代》周刊在文娱题材的国际人物报道中，四种倾向的报道比例中，中性倾向和正面倾向的报道所占比例较大。第二，从选择人物的领域来看，二者都比较集中于写作、影视和教育三个方面，在写作领域，两者都比较关注新书的发行，并且以此作为契机，对于作者进行简要报道。在影视领域，两者的报道思路也较为一致，多半关注具有开创精神的导演以及富有魅力的知名影星，所不同的是，《环球人物》在对影视人物进行报道时，可谓褒贬分明，在对他们所塑造的影视精品进行肯定的同时，也揭露了影视圈中存在的种种恶劣问题，如潜规则、被包养、吸毒等不良现象，报道角度多样。关于教育领域，《环球人物》和《时代》周刊则有着比较密切的结合点，前者是通过报道国外的先进教育理念来对比反思自身教育界存在的问题，后者是选择大量的个案反映亚洲落后的教育观念。第三，《时代》周刊的报道内容比较广泛，除了对写作、影视和教育领域的关注，它还比较注重对宗教和媒体领域新闻人物的报道，并且多半选择宗教界领袖和世界顶级媒体的知名记者作为报道对象，但是其中很少涉及到中国记者。第四，从正面倾向的报道来看，两者的关注点有所不同。《环球人物》关注于影视界和文学家，《时代》周刊则关注与宗教界和新闻媒介，但是两者的表达方式比较一致，即都对这些优秀人士所具备的个人魅力和优良品性进行了肯定和赞赏。第五，从负面倾向的报道来看，两者的报道内容存在着明显的差异。《环球人物》报道多是影视界乱象，《时代》周刊的目光则找准于亚洲教育界存在的问题。最后，从平衡倾向的报道来看，两者所占的比例都是最小的，并且报道对象都具有争议性质，但是报道重点稍有不同，《环球人物》突出了新闻人物的神秘色彩和传奇性质方面，《时代》周刊则比较注重文化大背景的剖析，将人物放置于其生活的社会文化大背景下，进一步帮助读者分析其性格产生的深层次原因。

通过《环球人物》和《时代》周刊两份杂志在社会题材中国际人物报道的对比可以发现：第一，《环球人物》和《时代》周刊的中性倾向的报道所占比例都是最大，但是从报道的内容上看，《环球人物》注重奇闻异事的报道，突出了新闻的新鲜性。《时代》周刊着重于新闻的时效性。第二，《环球人物》的负面报道所占比例较大，着重点在犯罪类新闻，《时代》周刊的正面报道所占比例比较大，着重点在人权运动方面的报道。第三，《环球人物》和《时代》周刊的负面倾向的报道进行对比，可以看出两者的报道内容存在着较大的差别。《环球人物》主要报道犯罪分子，《时代》周刊主要报道恐怖分子。

综上所述，首先，《环球人物》和《时代》周刊的国际人物报道在倾向方面存在着明显差别。《环球人物》和《时代》周刊的中性倾向的报道所占比例都是最大的，但是从政治、经济、文娱和社会等方面来看，两者报道的内容侧重点存在着明显的差别。《环球人物》在政治题材上比较注重对新闻人物的生平简历进行介绍，《时代》周刊则突出报道与新闻人物相关的具体新闻事件。《环球人物》在经济题材上比较注重新闻人物的经营理念对企业发展的影响以及他们的创新精神，《时代》周刊则主要关注于新闻人物的创新思维或者创新举措。《环球人物》在文娱题材上比较注重写作、教育和影视等行业的新闻人物的报道，《时代》周刊除此之外，还比较注重宗教和新闻媒体领域的人物报道。《环球人物》在社会题材上注重犯罪类新闻人物的报道，《时代》周刊则重视与恐怖袭击事件相关的新闻人物的报道。其次，从报道方式上来看，两者也存在明显的差别。《环球人物》人物报道的篇幅比较长，突出知识性，《时代》周刊的篇幅相对较短，突出时效性。《环球人物》人物报道的角度比较多样，《时代》周刊则突出人物访谈或者问答的形式，形式比较单一固定。再次，《环球人物》的负面倾向的报道与《时代》周刊的正面倾向的报道存在着交集，比如对于一些叛逃者的报道，《环球人物》从政治角度出发认为这是分裂行径，《时代》周刊则从维护人权的角度出发将这些人们归入英雄的名下。最后，透过《环球人物》和《时代》周刊的国际人物报道，可以看出中西方意识形态、价值观念和文化积淀方面存在着明显差异，关于这一点，将在第三章进行详细分析。

第三节　国际人物报道中的七种叙事视角

所谓叙事视角（Narrative perspective），就是叙述者在叙述故事的时候所选择的观察角度，"事件无论何时被描述，总是要从一定的'视觉'范围内描述出来。要挑选一个观察点，即看事情的一定方式、一定角度，无论所涉及的是'真实'的历史真实，还是虚构的事件。"① 叙事视角不同，事实判断和情感倾向则不同。一般来说，新闻话语所采用的叙事视角有 7 种②：编辑性的全知叙事视角，中性的全知叙事视角，"戏剧方式"叙事视角，第一人称见证人叙事视角，第三人称见证人的叙事视角，不定式当事人的叙事视角，多重式当事人的叙事视角。但是无论是哪种叙事视角，总体来看，是台前与幕后的关系，呈现的是显性与隐性的结合。具体如下：

一、编辑性的全知叙事视角

编辑性的全知叙事视角的特点是全知，即编辑所充当的角色是无所不知、无所不晓的，他不仅知道新闻人物的行为举止，还知道新闻人物的所思所想所感，除此之外，还对新闻人物进行主观评价。比如《环球人物》2006 年 5 月（下）对菲德尔·卡斯特罗（Fidel Alejandro Castro Ruz）的报道（节选）：

我到了他办公室的侯见厅。尚未坐定，卡斯特罗的高大身影便出现在面前。他热情地和我拥抱，接着，拉开了话题。没有客

---

① ［荷］米克·巴尔：《叙事学——叙事理论导论》，谭君强译，中国社会科学出版社1995年版，第113—114页。

② 曾庆香：《试论新闻话语》，中国社会科学院博士学位论文，2003年。

套话，就像老朋友见面。这让我安心了许多，没有了刚才的紧张和局促。……卡斯特罗领导着古巴与"超级邻居"美国长期抗衡，他很喜欢"大雪压青松，青松挺且直"这首诗的意境。他说："这些年，我一直面对死亡的危险。敌人尊敬那些不惧怕他们的人，那些敢于挑战他们的人。"

　　中国读者对卡斯特罗的印象是，穿着一身橄榄绿军装，是一位非常强硬的"铁汉"，除此以外，对他知之甚少。2006 年 8 月，卡斯特罗将要迎来 80 岁生日，这篇文章是作者对卡斯特罗的专访，与此同时，本文作者还是人民日报社驻古巴记者，曾多次接触过卡斯特罗。文章从与卡斯特罗的第一次见面入手，通过作者的所见所感让读者了解到卡斯特罗的平易近人，接着对卡斯特罗的个人魅力进行展现，包括古巴老百姓都喜欢对他直呼其名，对卡斯特罗来说，即兴演讲几个小时是家常便饭，他的记忆力非常好，还喜欢吃中国菜以及会用中文唱《东方红》等，以不同角度细致地展现了卡斯特罗柔情的一面，从而丰富了卡斯特罗的形象。

　　《时代》周刊也常常采用这样的叙事视角，但是与《环球人物》所不同的是，虽然都是以时间为轴，对新闻人物的一生加以展现，但是对新闻人物的刻画较为精细，在写作上，抛开了平铺直叙的语言，把重点放在对细节表述的处理上，因此加深了读者对新闻人物的印象。比如 2006 年 4 月 17 日《时代》周刊关于封面人物英国女王伊丽莎白二世（Elizabeth II）的特别报道（节选）：

She takes a keen interest in horses and racing. Her first pony was given to her by her grandfather, King George V, when she was four years old. This was a Shetland pony called Peggy. Elizabeth continues to ride at Sandringham, Balmoral and Windsor. The Queen also takes a keen interest in horse breeding. Horses bred at the Royal studs over the last 200 years have won virtually every major race in Britain. Elizabeth has about 25 horses in training each season. Her racing colours are: purple body with gold braid, scarlet sleeves and black velvet cap with gold fringe.

自译：她非常热衷于骑马和赛马。她的第一匹小马是她的祖父，国王乔治五世，在她四岁的时候给她的。这是一匹叫做佩吉的设特兰岛小马。伊丽莎白骑着它相继到过桑德林汉姆庄园，巴尔莫勒尔庄园和温莎庄园。女王还很热衷于养马。皇家的种马所繁殖的马匹们在英国过去的 200 年间几乎赢得了每一场主要的比赛。伊丽莎白在每个季节大约训练 25 匹马。她的赛马服的风格是：镶有金边的紫色服装，朱红色的袖子和嵌着金边的黑天鹅绒帽子。

2006 年 4 月 21 日，英国女王伊莉莎白二世即将迎来她 80 岁生日，《时代》周刊抓住这个时机对这位女王的传奇一生进行了详细报道，文章主要采取的是细节描写，比如上文所节选的是对女王童年的骑马经历以及女王对于养马的特殊偏爱的描述，其中还有对女王骑马服饰的细节关注，比如"朱红色的袖子""镶有金边的黑天鹅绒帽子"等，从这些描述来看，可以说涵盖了各个细节，而且刻画得惟妙惟肖，从而事无巨细地向读者展示了女王的生活情景。

二、中性的全知叙事视角

中性的全知叙事视角的特点是中性和全知，这种叙事视角与编辑性的全知叙事视角所不同的是，编辑虽然也对新闻人物的各个方面了如指掌，但是却不经常对新闻人物进行评价，也不会直接地表达自己的观点和意见，但是在个别情况下，如果出于报道的需要，作者则会借助其他新闻源来进行间接表态。因此，这种叙事视角深得深度报道的青睐。比如《环球人物》杂志2011年3月16日的对卡扎菲（Omar Mouammeral Gaddafi）的报道（节选）：

卡塔尔半岛电视台认为，目前，卡扎菲父子把"最后的希望"都寄托在军队身上。

欧美媒体认为，直到现在，也没有哪个国家真正想把卡扎菲逼上绝路。

阿拉伯媒体分析称，欧美国家之所以要介入利比亚内战，既是意识形态和价值观使然，也受到了利益的驱使——争夺利比亚富饶的石油资源。

分析人士认为，不管怎样，卡扎菲的结局无外乎以下5种：打败反对派继续掌权；以某种形式"体面"下台；像伊拉克前总统萨达姆那样窝窝囊囊地丢了性命；无论如何也要"战斗到最后一滴血"；像拉登那样去向不知，生死不明。

卡扎菲当时面对欧美国家和国内反对派的军事压力，已经到了背水一战的关键时刻，他究竟何去何从成为全世界关注的焦点。在这篇报道中，记者首先对卡扎菲的人生经历进行了详细介绍，与此同时，文章借助多个消息源对卡扎菲的当前处境进行了评析，并且对他的选择进行了预测。这样做的主要原因是由于"真实是新闻的生命"，因此新闻话语必须客观、公正、全面。这就决定了记者在运用全知叙事视角的同时，往往不会直接对新闻人物进行评价，而是借助其他新闻源来对新闻人物进行间接评价，从而为读者提供全息式的资料参考。

当然，作者在表态的过程中，有时候也会流露出自身的判断标准和价值观念，而这主要取决于对新闻源的择取，在这个方面，《时代》周刊表现得尤为突出。它在人物报道中，不只是简要叙述与人物相关的新闻事件，更重要的是常常将人物置身于大的社会文化背景下进行审视，从而发掘影响人物行为举止的深层动因，因此能够引发读者更加深入地思考。比如《时代》周刊2013 年 3 月 11 日对封面人物皮斯托瑞斯（Oscar Pistorius）杀害女友史蒂恩卡姆帕（Reeva Steenkamp）案件的报道（节选）：

Why is gun violence so prevalent in South Africa? Why is violence against women so common? Was this homicide? Why did Oscar kill Reeva?

To understand Pistorius and Steenkamp, to understand South Africa. South Africa is the most inequitable country on earth. This stark gradation helps explain South Africa's raging violent crime (and why, contrary to legend, Cape Town actually has a higher murder rate than Johannesburg). In 2011 the U. N. Office for Drugs and Crime found that South Africa had the 10th highest murder rate in the world.

自译：为什么在南非枪支暴力如此普遍？为什么针对妇女的暴力行为如此普遍？这是谋杀吗？为什么奥斯卡杀害了瑞瓦？

要了解皮斯托瑞斯和史蒂恩卡姆帕，就要了解南非。南非是地球上最不公平的国家。这种鲜明的等级有助于解释南非肆虐的暴力犯罪（以及为什么，与传说相反的是，开普敦的谋杀率实际上高于约翰内斯堡）。2011 年联合国毒品和犯罪办公室发现在世界上谋杀率最高的国家中南非位列第十。

南非残疾运动员皮斯托瑞斯在 2012 年伦敦奥运会上的杰出表现而成为世界焦点，媒体称他为"残奥会上的博尔特"，现实版"阿甘""刀锋战士"，在南非他甚至还被当做民族英雄。他枪杀女友事件发生不久之后，又使他再度成为媒体争相报道的对象。这篇文章也是以皮斯托瑞斯枪杀女友案为切入点，但是与众不同的是，文章重点放在皮斯托瑞斯的暴力倾向和南非整个国家的暴力文化之间的关系上。通过上文所引述的内容可以看到，记者连发四个问句，将这次枪杀案与南非的文化背景联系了起来，其中文章曾经多次提及南非的暴力问题十分严重，并且引用了来自联合国等权威机构的大量数据对此进行举证，力图从文化层面对这起枪杀案提供参考。由此可见，这样的报道视角比较独特，视野也比较开阔，属于由点及面地写作方式，从而将具体新闻事例放置在大的文化背景中加以探讨。

三、"戏剧方式"叙事视角

"戏剧方式"叙事视角的特点是突出"戏剧化",即"作者只对自身所看到的新闻人物的外部言行进行叙述,换个角度说,受众就像观看戏剧一样仅看到人物的外在言行,并通过人物的外部言行来了解人物内心的思想活动。"①

与《环球人物》相映成趣的是,《时代》周刊在 2011 年 3 月 7 日也对卡扎菲进行了特别报道,但是它所采取的是截然不同的叙事视角,即"戏剧方式"叙事视角。节选如下:

On Feb. 22, when the first foreign journalists arrived in Midan al-Melek, a square in the center of town, men were still joyous, chanting, milling about and firing off celebratory gunshots. "From Tobruk to Benghazi, it is all out of Gaddafi's control." said one man in the crowd.

Leave it to Libya's Muammar Gaddafi to show the world how a tyrant goes down. Gaddafi gave notice that the region's longest-surviving dictatorship would not succumb to revolutionary rap songs, Facebook pages and nonviolent demonstrations.

He dispatched tanks and jet fighters to pound and strafe protesters. Hundreds were killed — the exact toll is impossible to know, since the

---

① 曾庆香:《新闻叙事学》,中国广播电视出版社 2005 年版,第134 页。

regime shut out the world's media and shut down most communications.

自译：2 月 22 日，当第一批外国记者们抵达 Midan al-Melek，镇中心的一个广场，男人们仍然欢庆着，高喊着，狂舞着并开响了庆祝的枪声。"从托布鲁克到班加西，已经全部摆脱了卡扎菲的控制。"人群中的一个人说。

利比亚的穆阿迈尔·卡扎菲向世界展示了一个暴君如何没落。卡扎菲做出指示，该地区经久不衰的独裁政权不会屈从于革命性的说唱歌曲，脸书网的页面和非暴力的示威。

他派出坦克和喷气式飞机猛击和扫射抗议者。死亡数百人——具体的死亡人数已经无从得知，因为政府已经拒绝世界的媒体进入并且关闭了绝大多数通讯系统。

与《环球人物》对卡扎菲的报道相比，读者从《时代》周刊的新闻话语中所能获得的关于卡扎菲的个人信息就比较少了。记者只是在对利比亚二月革命中的一些片段场景进行描述后，对卡扎菲的一系列反映进行了跟踪报道，然后是直接对卡扎菲进行了评价。通过上文的节选内容可以看到，记者对于卡扎菲持有十分明确的否定态度，并且明确指出卡扎菲是一个暴君，一个独裁者，他排斥媒体，排斥一切传播方式，但是他的坦克和喷气式飞机却抵不过在民众间流行的革命说唱歌曲、脸谱网上的言论以及非暴力游行等，从而将卡扎菲塑造成了一个处于穷途末路又众叛亲离的暴君形象。这种报道形式也如同戏剧一般，会有一定的情绪化的宣泄，也会直接地表达作者的观点，具有很强的倾向性。与此同时，这种戏剧化的叙事视角还能够使得报道更加生动形象，因此被媒体广泛使用。

与《时代》周刊比较类似的是，《环球人物》在选取戏剧式叙事视角报道新闻人物时，会在文章的开头就把受访者放在特定的场景之中，让人物与所处的场景一同出场，仿佛演员在舞台背景的衬托下缓缓出场，增加了受访者的质感，此外，为读者留下的印象也格外立体鲜明。比如 2012 年 2 月 16 日对布林克尔（Nancy Brinker）的报道（文章开头节选）：

这里是医院的病房，四周寂静得可怕。南希·布林克尔静静地坐在病床旁边的椅子上，那张病床，就是姐姐苏珊患上乳腺癌每天躺着的地方，南希就那样坐着……1982 年，南希用 200 美元、一台打字机以及一份名单，在自己的厨房里成立了一个基金会。

布林克尔女士曾经担任过美国驻匈牙利大使以及美国首席礼宾官等职务，但是她一直把传播、治愈乳腺癌作为生命中重要的一部分。三十多年来，她所创建的"苏珊·G·科曼乳腺癌治疗基金会"在五十个国家动因全世界逾一百万人从事乳腺癌的研究，从而使乳腺癌的死亡率大大降低。文章一开头就是从布林克尔立志创建基金会的场景入手的，可以看到，她对姐姐苏珊因乳腺癌而离世感到万分痛心并且依依不舍，从而让读者了解到她一直以来坚守着对姐姐的承诺，感人肺腑，如此一来，不仅突出了采访价值，还引发了读者的阅读兴趣。接下来，布林克尔的家庭背景、成长历程、经历的坎坷与挫折等都一一呈现在读者面前。

四、第一人称见证人叙事视角

在这一类新闻人物报道中，记者通过访谈的方式，使得被采访者通过第一人称见证人的方式来向受众进行叙述，主要包括新闻人物以及见证人的内心感受以及外在情感。

人物访问稿主要有三种基本形式：一问一答式，散文式和自叙式。散文式又叫做"叙话兼用式"，顾名思义，文章中不是很明显地把作者提出的问题陈列出来，而只是重点突出受访者所做出的回答，为了文章的连贯性，作者还不时地为读者穿针引线，其参与程度根据文章的需要有所不同。这种形式可以广泛地借助文学笔法，将作者搜集到的资料，通过修辞手法加以润色，从而化成趣味十足的人物故事，因此得到中外记者的青睐。比如《环球人物》2008 年 6 月（下）对封面人物奥巴马（Barack Hussein Obama）的报道（节选）：

奥巴马向记者讲述了他鲜为人知的"中国缘"。奥巴马说，他"从小就浸泡在亚洲文化之中，深受中国思维方式和文化的影响"，因为他出生在华裔聚居的夏威夷。"那时候，我的左邻右舍中有许多华裔，他们的勤奋和努力给我留下很深的印象。""6 岁到 10 岁时，我曾跟母亲和继父在印尼首都雅加达生活，当时有不少同学是华裔。课间休息时，我们会一起打球，常常玩得满身大汗。放学后，我也常常到他们的家里玩。尽管这些华裔同学的家里都很有钱，但他们对我非常好，这给我留下很

深的印象,也让我学到中国人的礼节。我甚至跟他们学过简单
的中文对话。"

　　作者通过对奥巴马的专访以及他给作者的信件,就奥巴马
与中国文化之间的关系进行了采访。从写作风格上来看,这种
散文式的访问稿件容易突出主题和人物形象,其笔法也进行了
软性处理,时而直接引述,时而插叙,时而撮述,作者的所有
观察、联想、评论等都穿插其中,从而使受访者的形象更加鲜
明立体。

　　当然,散文式由于涉及到作者的主观判断,有时对于一些比
较敏感或者存有争议的人物来说比较不便,于是一问一答式则成
为报道方式的首选,它与散文式相比,剔除了附加的装饰话语,
而原原本本地把采访者与受访者的谈话逐字逐句地记录下来,用
原汁原味的访谈记录来反映访问者与受访者的对话和互动过程。
比如《时代》周刊 2010 年 6 月 14 日对达赖喇嘛的访问,专门为
他提出了十个问题,分别是:

1. Do you ever feel angry or outraged?

2. How do you stay so optimistic and faithful when there is so
   much hate in the world?

3. How has the role set out for you changed since you first came
   to be the Dalai Lama?

4. Do you see any possibility of reconciliation with the Chinese
   government in your lifetime?

5. How can we teach our children not to be angry?

6. Have you ever thought about being a normal person instead of being the Dalai Lama?

7. Do you miss Tibet?

8. What do you say to people who use religion as a pretext to violence or killing?

9. Have you ever tried on a pair of trousers?

10. Do you believe your time here on earth has been a success?

自译：

1. 你曾经感到生气或愤怒吗？

2. 当世界上有如此多的仇恨时你是怎么保持乐观和忠诚的呢？

3. 在你成为达赖喇嘛之初你是如何完成角色转变的呢？

4. 在你的有生之年你看到任何与中国政府达成和解的可能性了吗？

5. 我们怎样教我们的孩子不生气？

6. 你曾经想过要做一个平常人，而不是达赖喇嘛吗？

7. 你想念西藏吗？

8. 你想对那些用宗教做借口行暴力和杀戮的人们说些什么？

9. 你尝试过穿裤子吗？

10. 你相信你在这世上的时间已经取得成功了吗？

在这篇访谈中，《时代》周刊搜集了来自世界各地的读者对达赖喇嘛的提问，并从中选出 10 个问题对他提问，其中有 3 个问题是问他如何避免生气和保持乐观的，有 4 个问题涉及到他如何看待中国政府与西藏的关系，并且问他宗教是否可以被作为暴力或者杀戮的借口。此外，有 2 个问题是问他如何看待普通人与达赖喇嘛这个特殊角色之间的区别，1 个问题是问他是否尝试过穿裤子等。这些问题涉及到宗教、政治、个人等方方面面，通过碎片化的只字片语塑造出一个达赖喇嘛的形象。虽然没有直接表现编辑的意图，而是通过向全世界读者征集问题的方式对其意图进行了弱化，但是从编辑对问题的筛选来看，也体现出了一定的倾向。

五、第三人称见证人叙事视角

记者对于新闻人物报道过程中，通过采访与他熟识的人，比如亲朋好友，同事领导等，以便从不同人的角度来对他进行观察和透视，所以，从这个角度来看，新闻人物报道本身是一个借助不同消息源进行求证的过程，这种叙事视角属于多元的内视角。如：《时代》周刊 2008 年 1 月 14 日关于巴基斯坦前总理贝布托（Benazir Bhutto）的报道（节选）：

As the new self-appointed standard bearers of Pakistani democracy, Asif Ali Zardari and Bilawal Bhutto Zardari don't inspire much confidence. One is a feudal aristocrat widely reviled as corrupt and blamed for his wife's undoing when she was the country's Prime Minister in the 1990s. The other, their son, is a bookish Oxford undergraduate who talks of democracy but whose political clout derives entirely from his middle name. Yet there they were, three days after the assassination of Benazir Bhutto, their beloved wife and mother, proclaiming themselves inheritors of her political fief, the Pakistan People's Party (PPP), and assuring Pakistan that they were the answer to all its problems. "My mother always said democracy is the best revenge," the younger man intoned.

自译：作为巴基斯坦民主新的自封的旗手，阿西夫·阿里·扎尔达里和比拉瓦尔·布托·扎尔达里没有多少信心。一个是封建贵族，由于腐败而广受诟病并且因为他的妻子在 20 世纪 90 年代担任国家总理时的失败而广受责备。另一个，他们的儿子，是一个书生气十足的牛津大学毕业生，他谈论民主但是他的政治影响力完全来自他名字的中间名。然而，他们爱戴的妻子和母亲贝娜齐尔·布托遇刺的三天后，他们在此宣称自己是她的政治封地巴基斯坦人民党的继承者，并且让巴基斯坦相信他们是所有问题的答案。"我妈妈总是说民主是最好的报复，"这位年轻男孩吟诵说。

2007 年 12 月 27 日，巴基斯坦女总理贝布托在伊斯兰堡邻近的拉瓦尔品第市举行的竞选集会上遭遇自杀式袭击受伤，最终不治身亡。众所周知，贝布托家族在巴基斯坦政坛上久负盛名，贝布托死后，其家族是如何回应的，这在当时备受世人瞩目。对此，《时代》周刊记者采访了贝布托的丈夫、儿子等家人，虽然属于"第三人称见证人"的采访，但在字里行间却掺入了记者的个人观点，比如对贝布托的丈夫和儿子的评价，进而从贝布托家族的视角来展现了布托家族的政治理念与巴基斯坦民主之间的关系。

在报道中，除了对受访者的家属亲人进行采访之外，记者还可以对相关的事件中的关键人物进行采访，他们不一定是杰出人士或者风云人物，也许只是普通平凡的市民，但他们是事件中的当事人、受害者、知情人、目击者等，由此而使他们引起记者的注意，比如《环球人物》2010年9月6日对菲律宾绑架人质案的主犯门多萨的报道（节选）：

门多萨曾是菲律宾警方的高级督察，多次因公受奖。在亲友眼中，他是"好人"；在同事眼中，他工作努力。然而，这个"好人"却亲手制造了骇人听闻的惨案。门多萨是如何一步步走向深渊的呢？

38岁的司机卢邦回忆说，在最初的几个小时，门多萨彬彬有礼，非常平静。"当时车内并没有紧张气氛。他很平和，没有伤害任何一个乘客，偶尔还开个玩笑。"

当时，菲律宾一电台记者正在连线采访门多萨。记者回忆，门多萨看到弟弟被按倒在地，勃然大怒："他们对待我弟弟就像对待猪一样。他又没犯罪，整件事情与他无关！""我杀了两个中国人。如果他们不改变情况，我会杀了所有人，包括那些孩子。"他最后狂喊："他们应该释放我的弟弟。是我做的事，为什么要那样对待他？我是犯下这个罪的人，为什么他们逮捕他？他们应该逮捕我。"随后通话中断，惨剧发生。

菲律宾人质惨案可以说惨不忍睹、震惊全球，其主犯门多萨也因此成为了读者关注的焦点。记者对门多萨的亲人、朋友、以及人质惨案中的幸存者和相关知情人进行了采访，力图对菲律宾人质惨案的事发情况以及具体细节等进行复原。这些相关的知情人和目击者是菲律宾人质惨案的关键人物，对于解开一些疑团具有至关重要的作用，比如门多萨在亲人朋友眼中是一个好人，但是为何会制造这起惨案，成为杀人犯，其中的复杂原因只有通过对这些人们的深入采访才能够知道事件真相。

六、不定式当事人的叙事视角

当记者对新闻人物进行报道时，由于条件限制无法对新闻人物进行直接采访或者被采访者已经过世的情况下，可以借助不同当事人对他的了解进行叙述，这些当事人不需要与被采访者相识，即采用几个不同当事人的眼光来描述或评价新闻人物所做的事情，来完善对人物报道，以便形成一篇比较完整的报道。比如《时代》周刊 2009 年 11 月 9 日的对印度特里萨修女（Mother Teresa）进行的报道（节选）：

At the Mother House, Sabrina David, a 39-year-old Anglo-Indian woman, had stopped by for morning prayers with her 9-year-old daughter. "I come here everyday," she says. She recalls an incident many years back when Mother Teresa was sitting on the doorstep of the house, and David approached her for some help, as she had no warm clothes to cover her 2-year-old son. "She took off the blanket that was around her and put it around my son." she says.

自译: 在印度的垂死之家, 塞布丽娜·大卫, 一位 39 岁的英国裔印度籍女人, 和她 9 岁的女儿在做早晨祈祷, 停了下来。"我每天都来这儿," 她说。她回忆起一件事情, 很多年前当特里萨修女坐在房子门前, 塞布丽娜向她寻求帮助, 因为她没有暖和的衣服给她两岁的儿子盖。"她脱下她围着的毛毯并且用它裹好我的儿子。"她说。

特里萨修女是世界著名的天主教慈善家, 生前主要致力于消除印度的贫困, 并且热忱帮助穷人们。她虽然在 1997 年已经去世了, 但是她对人们所产生的影响至今依然还在。为了能够探求特里萨修女的踪迹, 记者来到特里萨修女生前所建立的"仁爱传教修女会", 对那里的一些无家可归者或者虔诚信教者进行了采访, 通过他们的讲述, 不仅真实记录和剖析了这些人们的内心感受, 还让读者感受到了特里萨修女坚毅的信仰和持恒的爱心带给人们的感动。

《环球人物》也常常采用这种叙事视角, 但是在铺排人物故事时所采取的具体结构则有所不同。在铺陈人物故事时常采用的结构方式有三种: 倒叙式、对比式和平衡式, 这些方式避免了流水账式的平铺直叙, 从而使得人物报道更加富有吸引力。从上面的这个例子可以看出,《时代》常采用的是对比式的结构方式, 即先写受访者为人所熟知的情况, 再写他鲜为人知或者不为人知的方面, 如此一来, 通过对比和反差, 为读者带来意外的收获,与此同时，更加突出主题所在。《环球人物》常使用平衡式的结构方式，即把故事分成几个部分，比如事业成就、感情经历、人生抱负等，以便涵盖受访者几个重要的人生层面，按照重要性、趣味性和价值大小，把故事铺陈出来。比如《环球人物》2007年4月（上）对封面人物法国前总统希拉克（Jacques Chirac）的报道（节选）：

疯狂的享乐派

记者经常看到法国媒体批评希拉克的报道，说他"喜欢吃喝玩乐，是最会享受的一位总统"。《世界报》《鸭鸣报》和CANAL有线电视台，都大篇幅报道过希拉克的年薪问题：希拉克给自己定的工资待遇，是年薪7.9万欧元（约合79万元人民币）。这与奥地利总统1.8万欧元的年薪相比，绝对算是高薪了。而且，总统工资是终身制的，即使他以后退休了，仍然可以享受很丰厚的退休金。

出色的外交家

希拉克确实赢得了很多国家的尊重。法国媒体有的赞扬他是"法国在世界舞台上的杰出代表"，有的说他是个出色的外交官。他在国际问题上的坚定与睿智，以及处理国际问题的经验、对法国文化思想的传播和推广，使法国的"大国"形象得到了加强。他反对伊拉克战争的坚定态度、长期致力于构建法德轴心的战略眼光、强调多极世界和多元文化，都体现了法兰西民族的价值观。

"桃色威胁"下的恩爱夫妻

在很多法国人眼中，希拉克和贝尔娜黛特是一对恩爱夫妻。希拉克每天都会给夫人打五六个电话。他工作一闲下来，第一句话就是问身边的人"我夫人在哪儿？"如果听不到贝尔娜黛特的消息，希拉克便会心神不宁，就会在爱丽舍宫大喊妻子的名字。如果还是得不到贝尔娜黛特的回音，他会马上让秘书、司机和当班警官到处寻找。

本文节选了文章的三个部分，每个部分都有一个小标题，这些小标题将文章分成若干个独立部分，与此同时也充当了文章的关键词，将文章简单地串联起来，不仅方便了读者阅读，还使读者对这位法国总统有了一个初步印象，似乎他是一个矛盾的结合体，既崇尚奢华享受，但又能够出色完成国家赋予的外交使命；既喜欢风流，但是对于妻子儿女却又关怀备至。但是这样的报道却是真实可信的，也比较能够为读者所接受。

七、多重式当事人的叙事视角

多重式当事人的叙事视角的主要特点就是多重式，关于新闻人物所做的事情，采用几个不同当事人的眼光来描述，与不定式当事人的叙事视角不同的是即他们所描述或评价的是新闻人物所做的同一件事情，这种叙事视角也属于多元的内视角，尤其是对于存有争议的新闻人物比较适用。比如《时代》周刊 2007 年 1

月 15 日对伊拉克前总统萨达姆（Saddam Hussein）的报道（节选）：

Saddam once told a biographer he didn't care what anybody said of him today; he was more interested in what people would think of him in 500 years. Like so many tyrants, he was obsessed with his place in history.

In February 2003, on the eve of the U. S. invasion, I visited a small village on the border with Kuwait. The local elder, known as Abu Mohammed, knew that when the fighting began, his tiny watermelon farm would be trampled by American tanks. I asked him if he was frightened. "Not of the Americans, but of Saddam," he said. "If I don't stand and fight, my entire family will have to answer to him."

One afternoon last October, I watched the televised Saddam trial in the company of Abu Hamza, a former senior officer in the Republican Guard. In a cool, matter-of-fact tone, he began to talk of Saddam's death. "They will just hang him one night and announce it the next day," he said. "They will bury him quietly and forbid his family from building a mausoleum. After that, they will try to make Iraqis believe Saddam never existed." Abu Hamza, however, believed that in death Saddam would become an immortal martyr in the eyes of Sunnis. "When they hang Saddam, they will make him once again powerful," he said.

自译:萨达姆曾告诉一个传记作家,他不关心今天任何人说他;他对 500 年内人们如何评价他更感兴趣。像许多暴君一样,他痴迷于他的历史地位。

2003 年 2 月,在美国入侵前期,我参观了一个位于科威特边境的小村庄。当地的老人,被称为阿布穆罕默德,知道在战争开始时,他的小西瓜农场将会被美国的坦克所践踏。我问他是否害怕。"不怕美国人,但是怕萨达姆,"他说。"如果我不起来战斗,我的全家不得不给他个解释。"

去年十月的一天下午,我在共和国卫队的一名前高级官员阿布哈斯的公司里,看了电视播放的对萨达姆的审判。他用冷静,平淡的语气,开始谈论萨达姆之死。"他们将只是在一个晚上把他绞死然后第二天宣布,"他说。"他们会悄悄地把他埋起来并且禁止他的家人为他修建陵墓。之后,他们将试图让伊拉克人相信萨达姆从未存在过。"然而,阿布哈兹相信死去的萨达姆在逊尼派的眼中将成为不朽的烈士。"当他们绞死了萨达姆,他们将让他再一次强大起来。"他说。

2006 年 12 月 30 日,伊拉克前总统萨达姆被处以绞刑,萨达姆的一生一直是颇受争议的,从这篇报道中也可以看出这种争议。记者分别采访了一位伊拉克农民和一位萨达姆生前的下属,前者认为萨达姆比较暴力,后者则认为萨达姆是一种精神力量,两人对萨达姆的看法明显不同,虽然从比例上来看是 1 比 1,但是萨达姆这位下属的话还是为美国人带来了不安,记者将此理解为萨达姆虽然被处以了绞刑,但是在伊拉克将再度拥有力量。

此外，面对这些颇受争议的新闻人物，作者也可以把积聚在他们身上的矛盾情况放在文章的开头，比如超出常理、出人意料、违反常规等，以便突出矛盾、冲突和反差，这些都能够带来动人心魄的张力，营造出打动人心的戏剧感，具有感人肺腑的力量，进而引起读者关注，激发他们的好奇心，产生阅读兴趣。比如《环球人物》2009 年 1 月（上）对伊拉克电视台记者扎伊迪（Muntadhar al-Zaidi）的报道（节选）：

伊拉克司法最高委员会发言人日前透露，扎伊迪可能会被判处 15 年的徒刑。

与伊拉克官方的态度相比，老百姓声援扎伊迪的声浪日益高涨。在纳杰夫，伊拉克人向美军巡逻队抛鞋子，表示抗议和对扎伊迪的声援；在利比亚，卡扎菲的女儿埃伊莎宣布，她的慈善机构决定给民族英雄扎伊迪颁布"勇士奖"。

在伦敦出版的阿拉伯语《生活报》建议将 12 月 14 日定为"世界鞋日"，以纪念扎伊迪扔鞋事件；"中东在线"的文章则说，"如果阿拉伯统治者的良心死了，那么人民的鞋子将一直活着"的标题。阿拉伯网友提议，拍卖扎伊迪的那双鞋子。一位沙特大财经人物闻讯后说："不要拍卖了，我愿意出 1000 万美元买其中的一只，这是对民族英雄的最好表示。"

埃及一位名叫萨阿德·古玛的男子也表示，他愿意将正在上大学的女儿嫁给扎伊迪。古玛的女儿阿玛尔是埃及明亚大学新闻系学生，年方二十，是个如花似玉的姑娘。她完全赞同父亲的做法，"我愿意住在伊拉克，尤其是如果我能追随这位英雄的话。"古玛透露，他已经正式向扎伊迪家提亲。

2008年12月14日，时任美国总统布什在即将卸任之时对伊拉克进行了访问。在当天举行的新闻发布会上，扎伊迪脱下鞋子奋力砸向布什并且险些命中，以此表达他对美国的不满。这在伊拉克官方看来，扎伊迪由于飞鞋砸布什而成为了阶下囚，但是在伊拉克的老百姓们看来，他却是地地道道的民族英雄，并且已经有上千名律师表示打算替扎伊迪进行无偿辩护，因为"救出英雄、捍卫英雄的尊严、让英雄少受罪是我们的共同责任和心愿"。最终，扎伊迪在2009年9月14日获释。

对此，扎伊迪曾经在英国《卫报》上发表了"自述稿"，他说："很多人都在谈论那件事和做了事的那个人，英雄和他的英雄壮举，标志和那个标志性的事件。但我只回答说：促使我行动的是我的人民遭遇的不公，是因为占领军要将我的家乡踏于脚下，任其凌辱。过去几年中，超过一百万殉道者倒在占领军的子弹之下，而在伊拉克全境，现在有超过五百万孤儿嗷嗷待哺，一百万寡妇无依无靠，还有几十万伤残者在忍受病痛的折磨，数百万伊拉克人或无家可归，或流亡海外。"[①] 可见，伊拉克的官方话语和民间话语的直接冲突致使扎伊迪成为了颇具争议性的人物，记者通过对双方观点的报道，向读者展示了一个立体全面的

① ［伊拉克］扎伊迪：《在〈卫报〉的自述》，转引自天涯网，"http：//bbs. tianya. cn/post – worldlook – 232509 – 1. shtml，2009—9—20"，2009年9月20日。

新闻人物形象。

　　综上所述，国际人物报道中的 7 种叙事视角丰富了报道形式，增添了可读性与趣味性。叙事视角是叙事者的一种主观选择，对于事实意义的诠释以及事实性质的界定等事实判断能够产生重要影响，表现出不同的情感倾向。从这个角度上看，叙事视角与事实判断是台前与幕后的关系，所呈现的是显性与隐性的结合。譬如《环球人物》和《时代》周刊对卡扎菲的报道中分别选取了"中性的全知叙事视角"与"戏剧方式叙事视角"。《环球人物》引用多个消息源对卡扎菲当时的处境进行了分析，并对他的未来进行了预测，体现出新闻报道的客观性与全面性。《时代》周刊对利比亚二月革命中的一些片段场景进行了详细描述后写道："Leave it to Libya's Muammar Gaddafi to show the world how a tyrant goes down."（自译：利比亚的穆阿迈尔·卡扎菲向世界展示了一个暴君如何没落。）两相对比之下，体现出叙事视角研究的主要内涵与重要意义，并且能够对国际人物报道的情感倾向产生重要影响。

第三章　国际人物报道与叙事话语

　　与第二章的宏观叙事建构所不同的是，本章是从微观的视角对国际人物报道的叙事建构进行分析。主要是通过范·戴克的新闻话语分析理论，对《环球人物》和《时代》周刊的国际人物报道进行分析，通过对比发现两者存在着明显的差异。首先，在人物的刻画与言语再现方面，《环球人物》比较倾向于对人物性格中的某个特点进行直接而明确地说明，来达到清晰明确的效果，相比之下，《时代》周刊则对间接话语情有独钟，尤其是大幅度使用自由间接话语，在动词使用、指示词和时态方面都比较丰富。其次，在语义结构上也存在明显差异。《环球人物》比较注重新闻背景的运用，例如背景命题组占命题组总数的36%，并且背景的内容十分丰富，突出的是知识性和趣味性。《时代》周刊则比较注重报道细节，例如细节命题组占命题组总数的23%，突出的是现场感和纪实性。再次，在措辞风格上也存在差异。比如在对中东革命中的各国领导人的报道中，从中可以看出，美国主流媒体的报道基调与美国政府的政治策略具有高度的一致性，并不像美国媒体自我宣扬的是"第四种势力"。最后，以财经人物形象的塑造为例，从人物称谓、新闻主题和叙事模式三个方面对《环球人物》和《时代》周刊的财经人物报道进行了分析，可以看出他们对于商界精英人士的报道比较一致。

第一节　国际人物报道中的新闻话语与修辞分析

范·戴克提出话语分析的主要目的是对通过文本视角和语境视角对话语运用单位进行系统而清晰的描写。他在此基础上，还从微观层面进一步提出了新闻话语分析的基本框架，基本包括两个层面：一个是新闻话语风格和修辞分析，另一个是命题群组、局部一致性、新闻隐含含义的分析，其基本范畴包括：概述，即包括标题和导语；情节，即包括主要事件以及场景、个案、细节和后果；背景，即包括以前事件、境况和历史背景；评价，即包括言语反应和评论。在本节中，主要分为三个部分：人物性格塑造与"命题函项"的关系，人物形象与修辞分析，人物刻画与言语再现。具体如下：

一、人物性格塑造与"命题函项"的关系

对于人物形象的认知，是读者根据散布在文章中的各种征象拼凑构造而成的。1974 年，法国文学评论家巴特（Roland Barthes）将其称为"命名过程"（Process of nomination），并且举了

一个例子："如果本文告诉我们，莎尔拉辛具有'那种从不知障碍的坚强意志'，那么我们该怎样读解呢？毅力、精力、固执、冥顽，等等？"① 他认为读者在对人物形象进行认知的实质就是在几个名称之间的跳来跳去、无所适从。

1978 年，美国的文学批评家查特曼（Symour Chatman）在此基础上，做了进一步研究，他认为读者在命名过程中所寻求的是个性特征，即"人物是一个性格的词形变化表（Paradigm of traits）"。其中，"性格"是指"相对稳定、持久的个人特性"，而"词形变化表"是指不同的性格可以在"隐喻的意义上被看作一个与构成情节的横向事件链交叉的垂直集合体"。② 在实际的人物报道中以及塑造人物性格时，基本上通过重复、相似、对照和暗指的手段进行刻画，主要包括生理特征描述和心理特征描述的不同搭配组合，进而让读者领略到人物的性格特征。这种多元化的方式，最直接的优点就是摆脱了扁平人物的束缚，所谓"扁平人物"，是类似于脸谱、类型，含有二元的意思，从而缺乏深度的生命力，进而展现出多彩的浑圆人物形象，所谓"浑圆人物"，是具备多个特性，并且在人物活动过程中不断变化、发展。

在对人物进行描述时，常会联系到多种多样的事件，可谓千变万化，但是实际上在千千万万的叙事中却存在着一些始终不变

---

① ［以色列］里蒙·凯南：《叙事虚构作品》，姚锦清、黄虹伟、傅浩、于振邦译，生活·读书·新知三联书店 1989 年版，第 66 页。
② ［以色列］里蒙·凯南：《叙事虚构作品》，姚锦清、黄虹伟、傅浩、于振邦译，生活·读书·新知三联书店 1989 年版，第 66 页。

的成分，即叙事命题的共同模式，在叙事学中被称作"命题函项"（Propositional functions）。每一个"命题函项"都是叙事模式的基本单位，通过不同"命题函项"之间的结合，从而形成不同的序列，传递出不同的逻辑思维模式。一般来说，三个"命题函项"就能够组成一个序列，代表三种最基本的逻辑阶段，如下图所示：

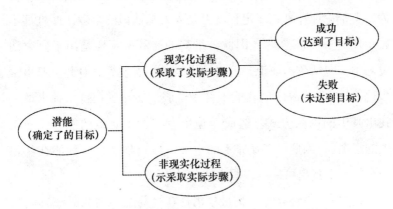

图 3 – 1 "命题函项"与不同逻辑阶段的关系示意图

通过上图可以看出，虽然人物的性格千变万化，但是由于"命题函项"的确定性、稳定性，以及不同"命题函数"间的序列组合，从而使得人物性格能够得以多样化的展现。然而，在实际的人物报道中，往往使用多种手段对人物形象进行刻画，比如常用的刻画方式有直接形容、间接表现、类比等。直接形容就是借助于形容词、抽象名词等进行描述。间接表现则主要是通过行动、言语、外表、环境等进行描述。此外，通过居住环境、周围景物和社会阶层之间的类比来实现强化作用。

二、人物形象与修辞分析

修辞学最初起源于古希腊，亚里士多德称之为"修辞术"（Tekhne rhetorike），意思是指"演说的艺术"。亚里士多德在《修辞学》开篇第一章，就指出"修辞术是论辩术的相对物，因为二者都论证那种在一定程度上是人人都认识的事理，而且都不属于任何一种科学。"[①] 因此，最初的修辞术主要是用于研究演说艺术，包括政治演说、诉讼演说、典礼演说等。对此，亚里士多德曾说："修辞术的功能不在于说服，而在于在每一种事情上找出其中的说服方式。造成'诡辩者'的不是他的能力，而是他的意图。"因此，"修辞术的定义可以这样下：一种能在任何一个问题上找出可能的说服方式的功能。"[②]

在中国，"修辞"一词最早出现在《易经》："修辞立其诚"，意思是修饰文辞，可以说是对修辞学的最早定义。同时，《诗经》等古文中所运用的"赋、比、兴"则是最为常见的修辞手法。除此之外，还有不少著作谈论到修辞，比如刘勰的《文心雕龙》中就谈到了不少修辞手法，而宋代陈骙的《文则》则是我国第一部专门研究修辞学的著作。

进入 20 世纪以后，修辞学逐步发展成为一门独立的学科。

---

① ［古希腊］亚里士多德：《修辞学》，罗念生译，生活·读书·新知三联书店 1991 年版，第 21 页。

② ［古希腊］亚里士多德：《修辞学》，罗念生译，生活·读书·新知三联书店 1991 年版，第 24 页。

在中国，最具有代表性的修辞学家是陈望道，他在 1932 年出版了《修辞学发凡》一书。在国外，最具代表性的是美国修辞学家伯克（Kenneth Burk），他也是新修辞学的创始人。伯克在《当代西方修辞学：演讲与话语批评》一书中重点研究了亚里士多德关于修辞学的相关内容，并且以此为基础侧重于对修辞模式的研究，还探讨了包括戏剧主义修辞批评、社会学修辞批评、批评修辞等在内的几种主要的修辞批评模式。[①]他认为：人是象征性地对环境做出反应，语言不仅导致行动而且建构我们的现实。与亚里士多德所主张的"说服"功能所不同的是，伯克认为修辞学的主要功能应该在于"认同"，并且由此提出了三种认同策略。一是同情认同，并且以"政客亲小孩"的例子来说明演说者如何与听众直接建立一种因同情而产生的亲情关系。二是对立认同，即虽然双方就某个问题处于对立面，但是常常也会因为共同反对的事务而达成一致，形成对立认同。三是无意识认同，即当人们身处在科技发达的现代社会时，常会把科技或者机械的力量误认为是自己的能力，比如说广告认同就属于此类。由此可见，他所提倡的修辞学将研究重点放在了言语研究上。

在人物报道中，对于修辞学的运用主要是辞格。在汉语中，主要的辞格有：明喻、比拟、夸张、双关、对偶、排比、反语、类比等上百种。比如《环球人物》2007 年 09 月 27 日曾使用类比的手法集中报道过"最慷慨与最吝啬的美国女人"，其中写道：

---

① ［美］肯尼斯·伯克：《当代西方修辞学：演讲与话语批评》，常昌福等译，中国社会科学出版社 1998 年版。

北半球阳光灼人的 8 月，两位美利坚的名女人相继去世——105 岁的"慈善女王"布鲁克·阿斯特，以及"吝啬女王"利昂娜·赫姆斯莱利。她们的名望都随金钱而来，与金钱的关系却如硬币的两面，截然相反。"金钱如同肥料，应该播撒四方"，这是阿斯特夫人最著名的一句话；而"女葛朗台"利昂娜，曾因逃税入狱、吝啬成癖登上《时代》周刊封面，闻名世界。

通过美国最慷慨的女人与最吝啬的女人之间的对比，包括她们的理财观念、价值观念以及家庭观念等方面的对比，进而使得两者的形象愈加鲜明，一个是美国人最为尊敬的女慈善家，另一个则被人称为"女葛朗台"。

在英文中，修辞格式主要有：Simile（明喻）、Metaphor（隐喻/暗喻）、Personification（拟人）、Hyperbole（夸张）、Antithesis（对照/对偶）、Parallelism（排比）等。比如《时代》周刊 2013 年 4 月 8 日报道撒切尔夫人（Margaret Thatcher）时使用了排比修辞格。引文如下：

She had arrived in Downing Street in 1979 improbably quoting St. Francis of Assisi. "Where there is discord," she intoned, "may we bring harmony；

where there is error, may we bring truth；

where there is doubt, may we bring faith；

and where there is despair, may we bring hope."

自译：1979 年她来到唐宁街并令人难以置信地引用了亚西西的圣方济各的话。"哪里有不和，"她吟诵说，"我们可以带来和谐；

哪里有错误，我们可以带来真理；

哪里有疑问，我们可以带来信任；

哪里有绝望，我们可以带来希望。"

圣方济各是十二世纪西方的一位著名基督教徒，尤其是他的祷文极富文采，但是艰涩拗口，不容易背诵。撒切尔夫人却能够信手拈来、朗朗上口，让人感到十分佩服，从而也从侧面展示了这位政坛女强人非凡的记忆力和杰出的文采。

三、人物刻画与言语再现

关于人物刻画，主要有直接形容和间接形容两种方式。具体来说，直接形容主要是对人物性格中的某个特点进行直接而明确地说明。间接形容则通过行动、外表、言语、环境等对人物进行间接描述。无论哪种描述方式，都与言语再现程度有着密切的关系。换句话说，在人物形象的刻画过程中，言语再现是非常重要的组成部分。

对此，美国学者麦克黑尔（Brian G. McHale）在 1978 年曾提出一个从"纯"描述到"纯"模仿的渐进等级表，并且把言语再现分为七种程度，包括描述性概括，比较不"纯粹"的描述性概括，间接话语，在一定程度上模仿的间接话语，直接话语，自由间接话语和自由直接话语。① 在人物报道中，对于最后一种的言语再现使用得较少，而对于自由间接话语一般在英文写作中比较常见，因此本书只对前六种言语再现程度进行详细地探讨。

第一种，描述性概括：只是概括性地描述了一种言语行为，而并没有进一步详细说明言语的表达方式。比如：《环球人物》2006 年 11 月 1 日对泰国大公主乌汶叻（Ubolratana Rajakanya）的报道中写道：

她很高调，被称为泰国的"公关公主"。最近，她在泰国电视台的一个谈话节目中，侃侃而谈她失败的婚姻。

再比如：《时代》周刊 2012 年 10 月 11 日在报道诺贝尔文学奖获得者莫言时：

The secretary of the Swedish Academy described Mo's reaction.

自译：瑞典皇家科学院的部长描述了莫言的反应。

第二种，较不"纯粹"的描述性概括：不只是对事件进行概述，而是在一定程度上描述了一种言语行为，或者直接点明了话题。比如《环球人物》2010 年 3 月 16 日报道奥斯卡历史上第一位女导演比奇洛（Kathryn Ann Bigelow）时：

──────────

① ［以色列］里蒙·凯南：《叙事虚构作品》，姚锦清、黄虹伟、傅浩、于振邦译，生活·读书·新知三联书店 1989 年版，第 195—199 页。

比奇洛夺得奥斯卡最佳导演奖，无疑具有历史意义。不过，她一再强调，希望人们只把这看作是一名优秀导演的胜利，而不要总盯着她的性别。

再比如：《时代》周刊 2013 年 3 月 28 日对国际货币基金组织新任主席拉加德（Christine Lagarde）女士进行报道时：

"All men, all men," she says, describing her meetings in Algeria, from where she had just landed when I met with her in Paris.

自译："全是男人，全是男人，"她说，描述着她在阿尔及利亚的会议，当我在巴黎碰到她时，她从那里回来，飞机刚刚降落。

第三种，间接话语：是指抛开原来话语的表达形式，对某一言语事件的内容进行转述。例如：《环球人物》2007 年 9 月 16 日在报道著名的意大利男高音歌唱家帕瓦罗蒂（Luciano Pavarotti）时：

帕瓦罗蒂家乡摩德纳的市长皮格埃曾经去探望过他。出来后，皮格埃告诉守候在外的媒体，歌王知道自己的日子已经不长了，但是他并不伤感或是难过，他甚至很期待在另外一个世界与自己的父亲重逢。

再比如：《时代》周刊 2012 年 3 月 19 日在报道英国的凯特王妃（Kate Middleton）时：

Royal patron Middleton said she was "hugely honored" to be in-volved with East Anglia's Children's Hospices（EACH）and found their support and care for families of children with life-threatening con-ditions "inspirational."

自译：米德尔顿皇家赞助人说她是"非常荣幸地"受到东安格利亚的儿童济贫院的邀请并且为他们在岌岌可危的条件下支持和照顾儿童们的家庭感到"鼓舞人心"。

第四种，在一定程度上模仿的间接话语：不只是讲述原来话语的内容，并且创造出"保存"或"再现"原话文体特征之假象的一种间接语形式。比如《环球人物》2008 年 3 月 16 日在报道巴菲特（Warren Edward Buffett）时：

巴菲特的长子霍华德曾对外说过，他迄今为止做得唯一一件让父亲不满意的事就是没有读完大学，而且在即将拿到学位时不顾父亲的坚决反对毅然辍学回家。

再比如《时代》周刊 2007 年 4 月 23 日报道首任俄罗斯总统叶利钦（Boris Yeltsin）时：

Yeltsin recalled that during the bitterly cold winters he and his family in their communal hut used a goat to keep warm.

自译：叶利钦说，在寒冷的冬季他和他的家人在公社小屋里抱着山羊保暖。

第五种，直接话语：独白或对话的直接引语。比如《环球人物》2009 年 10 月 26 日对第一位女诺贝尔经济学奖得主奥斯特罗姆（Elinor Ostrom）报道时：

她用一个简单的例子来阐述"新制度经济学"的深奥理论："上世纪 20 年代，在美国北方的缅因州，有些渔夫对龙虾滥捕滥杀，几乎摧毁了整个龙虾产业。后来，他们聚集在一起，思考如何才能够解决这个问题。随着时间的推移，他们慢慢地发展出了一整套制度来控制龙虾的捕捞，以及监控这种制度的执行办法。后来，就是这套制度使缅因州的龙虾捕捞业，成为世界上最成功的典范之一。"

美国女经济学家奥斯特罗姆研究的是"新制度经济学"，其中提出为了保护共同资源，完全不同的个体能够步调一致地联合起来。为了把这个理论解释得深入浅出，她举了美国缅因州龙虾捕捞业的实例加以说明，通俗易懂。

再比如《时代》周刊 2008 年 7 月 21 日报道被誉为"南非国父"的曼德拉（Nelson Mandela）时：

"It is wise," he said, "to persuade people to do things and make them think it was their own idea."

自译："这是明智的，"他说，"说服人们做事情并且让他们觉得这是他们自己的想法。"

第六种,自由间接话语:语法上和模仿程度上都介于间接与直接话语之间。这种言语再现程度只是运用于英文写作中,具体来说主要包括三个方面,分别是:

(一)"想"或者"说"的报告动词和连词 that

一种是直接话语,报告动词是直接出现的,但是连词 that 不会出现,比如《时代》周刊2007年4月23日报道叶利钦(Boris Yeltsin)时:"'Soldiers, officers, generals,'he boomed,'The clouds of terror and dictatorship are gathering over the whole country. They must not be allowed to bring eternal night.'"(自译:"士兵们、军官们、将军们,"他大喊道,"恐怖和独裁的乌云密布了整个国家。决不允许它们带来永久的黑夜。")

另一种是间接话语,报告动词也会直接出现,并且包括被报告的话语,连词 that 可有可无。比如《时代》周刊2012年10月11日在报道莫言时:"He said he was overjoyed and scared."(自译:他说他是又惊又喜。)

(二)指示词表达法

首先是直接现在(now),比如:《时代》周刊2008年12月8日报道李连杰时:"Philanthropy is my passion and my life now," he says.(自译:"现在慈善事业是我的激情和我的生活,"他说。)以此为例,可以变化为间接那时(now),即 He says philanthropy is his passion and his life now.(自译:他说现在慈善事业是他的激情和他的生活。)同样,也可以变化为自间现在

（now），即 Philanthropy is his passion and his life now.（自译：现在慈善事业是他的激情和他的生活。）其中关于人称代词和物主代词，如果在直接话语中是第一和第二人称，那么在间接话语和自由间接话语中则变成第三人称。

（三）时态格式

在时态格式中比较常见的是直接现在时，比如《时代》周刊 2008 年 12 月 8 日报道李连杰时：He says："I felt like I was representing a billion people and needed to do good."（自译：他说："我觉得我是代表十亿人并且需要好好做。"）由此可以变化成间接过去时，即 He said that he felt like he was representing a billion people and needed to do good.（自译：他说他觉得他是代表十亿人并且需要好好做。）也可以变化成自间过去时，即 He felt like he was representing a billion people and needed to do good.（自译：他觉得他是代表十亿人并且需要好好做。）

第二节　国际人物报道中的语义结构
与措辞风格

在本节中，关于微观叙事结构的分析，主要是借助个案研究的方法，将《环球人物》和《时代》周刊的国际人物报道从语义结构和措辞风格上进行对比和区分。

2011 年 1 月以来，从突尼斯到埃及燃烧的革命烈火，以迅雷不及掩耳之势燃遍了整个中东，原有的国王、首领和统治者或者落荒而逃、或者迎风而倒、或者釜底抽薪，决一死战。《环球人物》和《时代》周刊分别是如何报道这些领袖人物的呢？本文主要以此为例，对两份杂志国际人物报道的微观叙事结构进行分析。

一、样本选取

本文样本的选取遵循典型性和代表性的原则，主要考虑到样本在来源媒体中的重要性和样本本身所反映的事件内容的重大性，在 2011 年 1 月至 2011 年 3 月的《环球人物》和《时代》周刊中分别选取报道突尼斯、埃及和利比亚革命的 3 篇新闻文本作为样本，并且分别命名为环球组、时代组：

样本如下：

（一）环球组

样本一：沈湘：《突尼斯总统躲在沙特不说话》，2011 年 1 月 26 日。

样本二：黄培昭：《穆巴拉克欲哭无泪》，2011 年 2 月 16 日。

样本三：邱永峥，黄培昭等：《卡扎菲的最后一站》，2011 年 3 月 26 日。

（二）时代组

样本四：Rania Abouzeid：Bouazizi：The Man Who Set Himself and Tunisia on Fire（自译：《布瓦吉吉：一个点燃自己和突尼斯的男子》），2011 年 2 月 7 日。

样本五：Bobby Ghosh：The Young Revolutionaries of Egypt（自译：《埃及的年轻革命者们》），2011 年 2 月 14 日。

样本六：Bobby Ghosh：Gaddafi's Last Stand（自译：《卡扎菲的背水一战》），2011 年 3 月 7 日。

二、样本分析

主要采取范·戴克的新闻话语分析法。用 M2. x 表示宏观命题，包括：概述、背景、事件、后果、评论，其中 x 表示宏观命题的编号。用 M1. y 表示微观命题，包括：细节、言语反映、言论、个案、境况、场景，其中 y 表示微观编号。具体如下：

样本一：

标题：《突尼斯总统躲在沙特不说话》

日期：2011 年 1 月 26 日

M2.1 2011 年 1 月 14 日，一条消息震惊世界：突尼斯总统本·阿里签署法令，把总统职权临时移交给总理加努希，随后黯然出走沙特。（概述）

M2.2 2009 年，本·阿里以 89.62% 的支持率再度当选，还

一直担任突尼斯执政党宪法民主联盟主席。（背景1）

M2.3 自 2010 年 12 月 17 日以来，突尼斯全国各地相继发生大规模社会骚乱，并不断引发流血冲突。（背景2）

M1.1 2010 年 12 月，"维基解密"网站公开了美国国务院 2009 年 6 月的机密电报，指责突尼斯"权力核心腐败严重"。（个案1）

M2.4 1 月 10 日，本·阿里为稳定局势向全国民众发表电视讲话。（事件1）

M1.1 谴责"来自国外的黑手"不断在突尼斯制造社会骚乱和流血冲突。（细节1）

M2.5 1 月中旬，首都也开始发生骚乱和示威集会。（事件2）

M1.1 造成数十人死亡。（细节2）

M1.2 本·阿里指示，除少数直接参与严重暴力行为和焚烧国家财产的极端分子外，政府不对普通民众采取措施。（言论1）

M2.6 1 月 14 日，传来本·阿里总统已离开突尼斯的消息。（事件3）

M1.1 突尼斯官方消息称，安全部队、警察、国民卫队和军队当天采取联合行动在一些城市和居民区抓获了一批"暴力犯罪分子"。（言语反应1）

M2.7 1 月 17 日，加努希总理宣布成立了过渡政府。（事件4）

M2.8 1 月 20 日，突尼斯民族团结政府举行首次内阁会议。（事件5）

M1.1 决定没收突尼斯宪法民主联盟的全部动产和不动产。（细节3）

M1.2 通过了在全国实行大赦的法案。（细节4）

M2.9 本·阿里和他的6名家庭成员抵达沙特。（后果1）

M1.1 沙特外交大臣费萨尔亲王在接受沙特卫视专访时说："沙特收留本·阿里是有条件的。他不能在沙特从事跟突尼斯有关的任何活动。"（言语反应2）

样本二：

标题：《穆巴拉克欲哭无泪》

日期：2011年2月16日

M2.1 是谁挑起了埃及动乱？（概述）

M2.2 埃及动乱的内忧与外患。（背景1）

M1.1 穆斯林兄弟会。（个案1）

M1.2 华夫脱党。（个案2）

M1.3 "为了变革运动"组织。（个案3）

M1.4 1月28日，美国国务卿希拉里发表声明："美国支持埃及人的普世人权价值，包括言论和结社集会自由。美国敦促埃及政府允许和平抗议，并恢复被切断的网路和通讯。"（言语反应1）

M1.5 开罗大学阿蒂夫教授指出，美国既想让埃及实现变革，又担心埃及出现一个反美政权。（言论1）

M2.3 1月29日，穆巴拉克任命苏莱曼为副总统。（事件1）

M1.1 有分析称穆巴拉克是想对指责他搞"家族世袭制"的

说法做出回应。(言论 2)

M1.2 苏莱曼威信较高,与美国的关系也不错,容易被西方接受。(境况 1)

M2.4 2 月 1 日,埃及爆发大规模社会骚乱。(事件 2)

M1.3 2 月 6 日,美国总统奥巴马说,眼下埃及具有影响力的反对党非穆斯林兄弟会莫属,"但该党缺乏广泛支持"。(言语反应 2)

M2.5 2 月 8 日,穆巴拉克签署《共和国令》。(后果 1)

M1.1 穆巴拉克表示:"如果我现在就辞职,整个国家将陷入混乱。"(言语反应 3)

M1.2 苏莱曼说,穆巴拉克及其儿子贾迈勒都不会参加今年 9 月举行的埃及总统选举。(言论 3)

M2.6 穆巴拉克生平简介。(背景 2)

M1.1 穆巴拉克 6 岁就能背诵《古兰经》。(个案 4)

M1.2 穆巴拉克打破了以色列"不可战胜"的神话。(个案 5)

M1.3 穆巴拉克在 1981 年 10 月 13 日以 98% 的高票当选总统。(个案 6)

M1.4 穆巴拉克上台之初,埃及国内生产总值约为 206 亿埃镑(约合 230.68 亿元人民币),如今已突破 4000 亿埃镑(约合 4479.2 亿元人民币)。(个案 7)

M1.5 穆巴拉克的一些做法触及了一些伊斯兰极端组织的利益。(个案 8)

M1.6 国际货币基金组织的一位官员说:"穆巴拉克成功地领导、执行了埃及经济改革计划。"(言语反应 4)

M1.7 穆巴拉克的妻子苏珊说："他是我的一切。"（言语反应5）

M2.7 在记者眼中，穆巴拉克是一位态度谦和、平易近人的老人。（评论1）

M2.8 穆巴拉克是追求"在和平、民主、繁荣的基础上，稳中求变、变中求稳"。（评论2）

M2.9 开罗大学教授阿蒂夫直言不讳地对记者说，这场抗议活动的背后，有浓重的西方势力的阴影。（评论3）

M2.10 2月9日，埃及外长阿布·盖特在接受采访时强烈抨击说，美国不顾埃及的国情，将自己的意愿和西方的价值观强加给埃及。（评论4）

M2.11 埃及媒体指出，反政府抗议活动是由反对党挑起的，但局势之所以会迅速恶化，主要原因在于民众对政府的不满。（评论5）

样本三：

标题：《卡扎菲的最后一站》

日期：2011年3月26日

M2.1 随着西方联军的军事打击接踵而至，卡扎菲的境况令人关注。（概述）

M2.2 2月16日，利比亚反对派在东部地区的不少城市发起大规模示威游行并引发冲突。（事件1）

M1.1 卡扎菲异常恼火，先后数次发表讲话，要清除这些反对派。（言论1）

M1.2 利比亚政府军开始进行反攻。(境况1)

M1.3 卡扎菲又一次挥动起双拳愤怒地说："这一'罪恶战争'注定会遭到可耻的失败。"(言语反应1)

M2.3 内战爆发前，利比亚的军事情况。(背景1)

M1.1 在内战爆发前，利比亚三军约有8万兵力、准军事力量"人民武装"约6万人。(境况2)

M1.2 据中东媒体报道，卡扎菲曾收留大量的外国孤儿，进行封闭式集训，打造出一支具有较强战斗力的特殊部队。(言论2)

M1.3 沃法拉、卡达法及马格里哈三个部落联盟，构筑了卡扎菲的治军根基。(个案1)

M2.4 卡扎菲政权面对西方联军的打击，危在旦夕。(后果1)

M1.1 西方媒体评论说，西方领导人犯的一个重大错误是低估了利比亚各部族的忠诚。(言论3)

M2.5 在西方媒体看来，卡扎菲坚持不了多久。(评论1)

M1.1 美国《华尔街日报》报道说："多国部队袭击利比亚是经过精心算计的赌博，迅速而强有力的攻击很可能随时击破卡扎菲支持者对他的支持。"(言论4)

M2.6 有专家分析，如果美英法等国彻底颠覆卡扎菲政权，利比亚可能会陷入长期动乱甚至内战之中。(评论2)

样本四：

标题：Bouazizi：The Man Who Set Himself and Tunisia on Fire

自译:《布瓦吉吉:一个点燃自己和突尼斯的男子》)

日期: 2011 年 2 月 7 日

M2.1 Burned wreckage in the main square of the Tunisian town of Sidi Bouzid, where Mohammed Bouazizi set himself on fire and sparked a revolution. (概述)

自译: 燃烧的残骸在西迪布济德省突尼斯小镇的主要广场上, 在那里穆罕默德·布瓦吉吉自焚了并且引发了一场革命。)

M2.2 Bouazizi was like the hundreds of desperate, downtrodden young men in hardscrabble Sidi Bouzid. Many of them have university degrees but spend their days loitering in the cafes lining the dusty streets of this impoverished town, 190 miles (300 km) south of the capital Tunis. (背景 1)

(自译: 这个贫穷的小镇在贫瘠的西迪布济德省, 位于突尼斯首都南部的 190 英里处, 布瓦吉吉就像数以百计绝望的, 受压迫的年轻人一样。他们中的许多人有大学文凭, 但却日复一日地在林立于满是尘土的街道上的咖啡馆里面游荡。)

M2.3 On Dec. 17 his livelihood was threatened when a policewoman confiscated his unlicensed vegetable cart and its goods. (事件 1)

(自译: 12 月 17 日当警察没收了他的无证蔬菜车和其商品时, 他的生计受到了威胁。)

M1.1 The policewoman allegedly slapped the scrawny young man, spat in his face and insulted his dead father. (细节 1)

(自译: 据称这名女警察打了这个瘦小的年轻人, 在他的脸上吐口水并且侮辱了他死去的父亲。)

M1.2 Humiliated and dejected, Bouazizi, the breadwinner for his family of eight, went to the provincial headquarters, hoping to complain to local municipality officials, but they refused to see him. (细节2)

(自译: 布瓦吉吉, 这位八口之家的养家糊口人, 带着羞辱和沮丧, 去了省总部, 希望向当地官员抱怨, 但是他们拒绝见他。)

M1.3 Bouazizi, 26, didn't have a college degree, having only reached what his mother says was the baccalaureate level, which is roughly equivalent to high school. (境况1)

(自译: 布瓦吉吉, 26 岁, 没有大学文凭, 只有他妈妈所说的是学士学位水平, 大致相当于高中。)

M1.4 He was, however, luckier than most in that he at least earned an income from selling vegetables, work that he'd had for seven years. (境况2)

(自译: 然而, 他是幸运的, 他至少通过卖菜来挣得一份收入, 并且已经卖了七年了。)

M2.4 Set himself on fire (事件2)

(自译: 自焚)

M1.1 Bouazizi returned to the elegant double-storey white building with arched azure shutters, poured fuel over himself and set himself on fire. (细节3)

(自译: 布瓦吉吉回到有拱形天蓝色百叶窗的简装修双层白

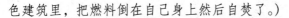

色建筑里，把燃料倒在自己身上然后自焚了。）

M2.5 He did not die right away but lingered in the hospital till Jan. 4. （后果1）

（自译：他没有马上死去而是在医院缓慢挣扎直到1月4日。）

M1.1 There was so much outrage over his ordeal that even President Zine el Abidine Ben Ali, the dictator, visited Bouazizi on Dec. 28 to try to blunt the anger. （细节4）

（自译：对他所遭受的折磨激起了这么多的愤怒，甚至总统本·阿里，这个独裁者，在12月28日前去探望布瓦吉吉以试着疏散愤怒情绪。）

M2.6 On Jan. 14, just 10 days after Bouazizi died, Ben Ali's 23-year rule of Tunisia was over. （后果2）

（自译：1月14日，在布瓦吉吉死后仅10天，本·阿里对突尼斯23年的统治结束了。）

M2.7 Bouazizi has become a popular symbol among Arabs. （评论1）

（自译：布瓦吉吉在阿拉伯世界已经成为了一个受欢迎的象征。）

M1.1 "Mohammed did what he did for the sake of his dignity," "I am proud of my son, although I am in mourning, and I am sad, but thanks to God, Mohammed lives, he didn't die," "He lives on, his name lives on. I am proud of what happened in Tunis, I am proud that he is known throughout the Arab world." says his mother. （言语

反应1)

（自译："穆罕默德为了他的尊严做了他该做的，""我为我的儿子感到自傲，虽然我在哀悼，并且我很悲伤，但是感谢上帝，穆罕默德还活着，他没有死，""他活着，他的名字活着。我为突尼斯所发生的感到自豪，我为他闻名于整个阿拉伯世界而自豪。"他的母亲说。

M1.2 The residents of Sidi Bouzid are all immensely proud of how Bouazizi's actions spurred what many refer to as the "people's revolution" and how it has shaken despotic Arab governments elsewhere. （言论1)

（自译：布瓦吉吉的行动在许多方面促成了"人民革命"，并且在其他地方动摇了专制的阿拉伯政府，西迪布济德省的居民为此感到无比自豪。)

M1.3 "My brother has a Ph. D. , he works in a supermarket. The problem is that qualifications mean nothing." one of Bouazizi's neighbors says. "Now, we expect things to change. I want my freedom and my rights. I want to work. I want a job." （言语反应2)

（自译：我的哥哥有一个博士学位，他在一家超市工作。问题是资格证书毫无意义。"布瓦吉吉的一个邻居说。"现在，我们希望事情出现变化。我想要我的自由和我的权利。我想要去工作。我想要一份工作。"

M1.4 "Not one official has talked to us," says Mohammad Boukhari, 40, an unemployed teacher. "Where are they? Why won't they listen to what we need?" （言语反应3)

（自译："没有一个官员跟我们谈话，"穆罕默德·布哈里说，40岁，一名失业的老师。"他们在哪里？为什么他们不听我们需要什么？"

M1.5 Mohammad Naja, 32, an unemployed agriculturalist. "We are here because we want our dignity. We don't want to have to rely on political favors or bribes to get jobs, we need to clean out the system." （言语反应4）

（自译：穆罕默德·娜迦，32岁，一名失业的农学家。"我们在这里因为我们想要我们的尊严。我们不想依靠政治倾向或贿赂来找到工作，我们需要清理这种制度。"

M1.6 Another young man pushes through the burgeoning crowd. "I'm an IT graduate and I have been unemployed for four years because I don't know anyone in the municipality. What is my future? We are all Bouazizis if our hopes are dashed." （言语反应5）

（自译：另一个年轻人推开迅速聚集的人群。"我是一个信息科技专业的研究生，我已经失业四年了，因为我在城市里不认识任何人。我的未来是什么样子的？如果我们的希望破灭了，我们将都是布瓦吉吉。"）

样本五：

标题：The Young Revolutionaries of Egypt

（自译：《埃及的年轻革命者们》）

日期：2011年2月14日

M2.1 Focus on the people who pulled the revolution off. （1）

The Organizers: Shadi Taha, 32, a Ghad Party member. (2) The Protesters: Ahmed Shahawi, the unemployed engineer. (概述)

(自译:聚焦于革命取得胜利的人们。1. 组织者:沙迪·塔哈,32 岁,一名盖德党员。2. 抗议者:阿哈迈德·沙哈威,一名失业的工程师。)

M2. 2 Egyptians had been drawn to the Jan. 25 demonstration. (事件1)

(自译:埃及人被 1 月 25 日的示威游行吸引了。)

M1. 1 Activists started going door to door, passing out flyers. (细节1)

(自译:积极分子们开始挨家挨户,分发传单。)

M1. 2 They put up Facebook pages and posted on Twitter. (细节2)

(自译:他们发布在脸书网页上并且在推特网上贴出通告。)

M1. 3 Nour spoke out against the regime in a YouTube video. (细节3)

(自译:努尔在一段 YouTube 视频中公然反对政府。)

M1. 4 "Tell your friends," the messages read. "Look at what is happening in Tunisia. This is how people change their country." (细节4)

(自译:"告诉你的朋友们,"消息说。"看看突尼斯正在发生着什么。这就是人们如何改变他们的国家。")

M1. 5 The pro-opposition Al-Masry al-Youm newspaper published tips on staying safe in a demonstration: "Be careful whom you're talk-

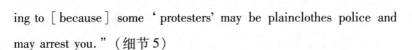

ing to［because］some 'protesters' may be plainclothes police and may arrest you." （细节5）

（自译：支持反对党的《Al-Masry al-Youm 日报》刊登了在示威游行中保障安全的窍门："千万要小心你在跟谁说话，［因为］一些'抗议者'可能是便衣警察并且可能逮捕你。"）

M1.6 Ahmed Shahawi urged his 122 Facebook friends to join him. （个案1）

（自译：阿哈迈德·沙哈威敦促他的122名脸书网友们加他。）

M1.7 Egyptians, long cowed by the heavy hand of Mubarak's police and intelligence forces, needed a crash course in protest. （境况1）

（自译：埃及人，长期被穆巴拉克的警察和情报部队的沉重掌控所恐吓，需要一个速成班以示抗议。）

M1.8 More than 10,000 was in Tahrir Square on Jan. 25. （细节6）

（自译：1月25日在塔里尔广场上有10000多人。）

M1.9 Police were unable to prevent the crowd from gathering and had to fire tear gas to get it to disperse. （细节7）

（自译：警察无法阻止人群聚集，不得不发射催泪弹加以驱散。）

M2.3 Government blocked the Internet on Jan. 27. （事件2）

（自译：1月27日政府封锁了互联网。）

M1.1 "When you block the Internet, you are asking people to

come on the streets," Shahawi says, "and anything can happen." （言语反应1）

（自译:"当你封锁互联网时,你是在要求人们上街,"沙哈威说,"任何事情都有可能发生。"）

M2. 4 On Feb. 1, the day of the million-person march, impostors gathered in Cairo's Tahrir (Liberation) Square to call for the resignation of President Hosni Mubarak. （事件3）

（自译: 2月1日,百万人大游行的日子,冒名顶替者们聚集在开罗的塔里尔(解放)广场呼吁总统穆巴拉克辞职。）

M1. 1 Wild-eyed young men shouted. （细节8）

（自译: 狂热的年轻人喊道。）

M1. 2 They were smiling and laughing, waving witty banners, organizing spontaneous soccer tournaments and thrusting cigarettes and flowers into the hands of Mubarak's soldiers. （细节9）

（自译: 他们微笑着,大笑着,挥舞着诙谐的横幅,自发组织足球比赛并且把香烟和鲜花插到穆巴拉克的士兵们手中。）

M1. 3 Residents formed spontaneous watch groups to guard homes and shops against looters. （细节10）

（自译: 居民们自发组成警戒团来保卫家庭和商店,防备掠夺者。）

M1. 4 Those "who believe in the inevitability of human freedom," Obama said, would be inspired by "the passion and the dignity that has been demonstrated by the people of Egypt." （言语反应2）

（自译: 那些"相信人类自由必然性的人们,"奥巴马说,

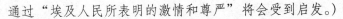

通过"埃及人民所表明的激情和尊严"将会受到启发。)

M1.5 "This is the first time we see all the Egyptian people all together like this," Shahawi said.（言语反应3）

（自译："这是我们第一次看到所有埃及人民一起，"沙哈威说。

M1.6 "march of millions" in Tahrir Square say their participation was spontaneous.（言论1）

（自译：他们是在塔里尔广场自发参与的"百万人游行"。)

M1.7 a young Egyptian allegedly beaten to death by police last summer.（个案2）

（自译：据称在去年夏天一位年轻的埃及人被警察殴打致死。)

M1.8 Shahawi and 50 other men hauled bags of trash from the city center and piled them into a makeshift dump they'd created.（个案3）

（自译：沙哈威和其他50个男人从市中心拖来成袋的垃圾并且把它们堆起来建成了一个临时的垃圾场。)

M2.5 By Egyptian standards, the demonstration was a huge success.（评论1）

（自译：按照埃及人的标准，这次示威游行是一次巨大的成功。)

M1.1 "When the older people saw the younger people go out in the street, they started to come out too," says Amer Ali, a lead organizer in April 6. Spontaneous demonstrations began to break out elsewhere. (言语反应4)

（自译:"当老人看到年轻人走上街,他们也开始出来,"阿米尔·阿里说,在4月6日他是组织者中的一个领导。自发的示威游行开始在别处爆发。）

M2. 6 Tunisian revolution was an education. (背景1)

（自译:突尼斯革命是教育。）

M1. 1 "Tunisians gave us a live example that, yes, you can change the system, and they gave us the courage to do itS" Shahawi says. (言语反应5)

（自译:"突尼斯人给了我们一个活生生的例子,是的,你可以改变制度,并且他们给了我们勇气去这样做。"沙哈威说。）

M2. 7 When the vote was blatantly manipulated to give Mubarak's National Democratic Party over 80% of the seats in the People's Assembly, it left opposition activists bitter — and united in their desire for revenge. (背景2)

（自译:当选票公然被操纵导致人民议会中超过80%的席位给了穆巴拉克的国家民主党,这让反对派活动份子们感到痛苦——并且使他们在复仇的愿望中联合起来。）

M1. 1 That unity helped opposition groups coalesce briefly around Mohamed EI Baradei, the 2005 Nobel Peace Prize winner and former head of the U. K. 's nuclear watchdog group. (细节11)

（自译:那次联合帮助了反对派团体暂时聚结在这位2005年诺贝尔和平奖得主和联合国核监管机构的前首脑穆罕默德?巴拉迪周围。）

M1.2 For Western observers, this allayed concerns that Mubarak's exit would leave Egypt in the hands of the Muslim Brotherhood. （言论 2）

（自译：对西方观察家来说，减轻了对穆巴拉克的离去将使埃及处在穆斯林兄弟会的掌控中的担心。）

M1.3 Abdel Mineem Abu al-Fotouh, a member of the Brotherhood's powerful political bureau, told Time："［We］will not have a candidate after Mubarak, and we don't want to replace the regime. This is not our agenda."（言论反应 6）

（自译：Abdel Mineem Abu al-Fotouh, 兄弟会强大的政治局的一位成员，告诉《时代》周刊："穆巴拉克之后［我们］将不会有候选人，并且我们不想更换政权。这不是我们的议程。"）

M2.8 Mubarak will go is no longer in doubt. （后果 1）

（自译：穆巴拉克将要离开已经不再受到怀疑。）

M1.1 Mostafa Higazy, an engineering professor says："This is an uprising for the freedom and dignity and justice that he（Mubarak）took away from us."（言语反应 7）

（自译：Mostafa Higazy, 一位工程学教授说："这是一次为了他（穆巴拉克）从我们这里夺走的自由，尊严和正义的起义。"）

样本六：

标题：Gaddafi's Last Stand

（自译：《卡扎菲的背水一战》）

日期：2011 年 3 月 7 日

M2. 1 Leave it to Libya's Muammar Gaddafi to show the world how a tyrant goes down：with bluster, belligerence and blood.（概述）

（自译：让利比亚的穆阿迈尔·卡扎菲向世界展示一个暴君伴随着恐吓，战争和流血是如何垮台的！）

M2. 2 Gaddafi had that dubious title bestowed on him by President Ronald Reagan in 1986.（背景1）

（自译：里根总统在 1986 年曾授予卡扎菲一个很可疑的头衔。）

M2. 3 The nation's oil riches and tiny population.（背景2）

（自译：这个国家有丰富的石油和稀少的人口。）

M1. 1 "He was able to buy influence, but there's not many African countries that actively support him," says Adekeye Adebajo, director of the Center for Conflict Resolution in Cape Town.（言语反应1）

（自译："他可以买到影响力，但是没有几个非洲国家真正支持他。"开普敦冲突解决中心的主任 Adekeye Adebajo 说。）

M1. 2 On his foreign travels, he usually lived in a luxury tent — he has a phobia about multistory buildings — and his bodyguards are all women.（境况1）

（自译：出国旅行，他都会住在一个豪华的帐篷里——因为他有多层建筑物恐惧症——他所有的保镖都是女性。）

M2. 4 Gaddafi also admitted to having a nuclear-weapons pro-

gram. （背景3）

（自译：卡扎菲还承认拥有核武器计划。）

M2.5 On Feb. 15, a chorus of voices calling for the dictator's end. （事件1）

（自译：2月15日，异口同声呼吁独裁者的结束。）

M1.1 Several military units mutinied and joined forces with protesters. （细节1）

（自译：军队发动兵变并且跟抗议者站到了同一战壕。）

M1.2 two jet pilots flew to Malta rather than obey orders. （细节2）

（自译：两架喷气式飞机的飞行员们拒绝执行命令，飞往了马耳他。）

M1.3 a string of top officials, especially diplomats, quit their jobs. （细节3）

（自译：一连串的高级官员，尤其是外交官们，辞职。）

M2.6 On Feb. 22, a square in the center of town, men were still joyous, chanting, milling about and firing off celebratory gunshots. （事件2）

（自译：2月22日，小镇中心的广场上，男人们仍然欢庆着，高喊着，狂舞着并开响了庆祝的枪声。）

M1.1 "The protesters finished a few days ago, and now we are just celebrating," said one man in the crowd. （言语反应2）

（自译："几天前抗议者们就结束了，现在我们只是在庆祝，"人群中的一个男子说。）

M2. 7 On the evening of Feb. 22, Gaddafi delivered one of his characteristic televised rants, this one aimed at his countrymen. (事件3)

(自译：2月22日晚，卡扎菲为他的同胞们发布了一个具有他自己特色的电视演说。)

M1. 1 "I am a warrior," he said. "I am not going to leave this land, and I will die here as a martyr." (言语反应3)

(自译："我是一个战士，"他说。"我不会离开这片土地，我将作为一个烈士死在这里。")

M2. 8 Saif al-Islam, had delivered a similar diatribe 48 hours before, promising the regime would fight to the last man. (事件4)

(自译：赛义夫·伊斯兰，在48小时之前也发表了相似的谩骂，称政府会战斗到最后一人。)

M1. 1 Oliver Miles, a former British ambassador to Tripoli, says tribalism won't necessarily lead to conflict but notes that the country faces a larger problem: a scarcity of durable institutions. (言论1)

(自译：奥利弗·迈尔斯，英国前驻的黎波里大使，说部落主义并不一定会导致冲突，但是指出这个国家面临着一个更大的问题：缺乏持久的政府机构。)

M1. 2 "We're not the medieval society Saif described," Says Abdelnabi Yasin, an exiled writer and political activist based in Athens. (言语反应4)

(自译："我们不是赛义夫所描述的那种中世纪社会，"住在雅典的流亡作家和政治活动家 Abdelnabi Yasin 说。)

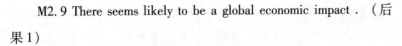

M2.9 There seems likely to be a global economic impact . （后果1）

（自译：似乎有一个全球性的经济影响。）

M2.10 Libya's neighbors have already had their regimes changed.（后果2）

（自译：利比亚的邻国们已经更换了他们的政权。）

M2.11 Gaddafi, rich in oil and poor in friends, has rarely conformed to the rules by which other autocrats govern.（评论1）

（自译：卡扎菲，富有石油却缺少朋友，和其他独裁者们的统治规则不相符。）

M1.1 Hisham Matar, a Libyan novelist based in London, says new leaders are emerging from the youth movement.（言论2）

（自译：Hisham Matar，一位住在伦敦的利比亚小说家，说新领袖开始在青年运动中出现。）

M2.12 A Libyan civil war would mean a humanitarian disaster — Egypt and Tunisia, like Italy, are bracing for refugees from the fighting.（评论2）

（自译：利比亚内战意味着一场人道主义灾难——埃及，突尼斯甚至意大利已经做好了接收难民的准备。）

M1.1 Political-science professor Fathi Baja says："［This］revolution is going towards the creation of modern Libya, freedom and democracy based on a pluralistic society, based on human rights, participation of all parts of Libya in creating their government and their institutions."（言语反应5）

（自译：政治学教授 Fathi Baja 说："［这个］革命是要建立一个立足于多元化社会，立足于人权，自由民主的现代化的利比亚，利比亚的所有人都将参与组建他们自己的政府及其机构。"）

三、《环球人物》和《时代》周刊新闻话语语义结构与措辞风格的差异

（一）宏观层面上的语义结构差异

通过这 6 篇样本的对比，可以发现两个组的国际人物报道新闻话语在语义结构方面存在明显差异。环球组注重对背景、言论和个案的运用，增强了文章的知识性和趣味性，时代组注重对事件、言语反应和细节的运用，突出了文章的新闻性和纪实性。具体如下：

1. 从总体结构上来看，环球组和时代组的各篇文本结构都有一种共同的结构关系："概述——背景——事件——后果——评论"。样本虽然在"事件"中会有一些个案、境况等，但是总体来看，全文仍然遵循三段论式的结构模式，即"总——分——总"的结构类型。因此，从两组样本来看，语义结构十分明显，新闻图示呈现出模式化的特点。此外，两组样本的超结构都比较复杂，在宏观命题中，都包括了境况、细节、个案、言论、言语反应等不同的语义范畴，因此也体现出不同的语法功能。

但是从文章的开始部分来看，环球组基本上先从背景开始切入进行介绍，而时代组则多半关注于事件，或者把某个场景作为开始，把背景穿插于文中，进而使其结构较为复杂。从文章的结束部分来看，环球组和时代组虽然多半以评论结尾，但是环球组

倾向于言论评价，而时代组则倾向于语言反应。

2. 从背景的运用来看，环球组话语样本比时代组话语样本更多地使用了背景。在环球组话语样本共有 59 个命题，有 21 个命题与背景相关，占命题总数的 36%。在时代组话语样本共有 74 个命题，有 12 个命题与背景相关，占命题总数的 16%。

由此可见，环球组话语样本大量使用背景来构成话语，甚至于在文章中分出独立部分对背景进行阐述，这些内容十分丰富，有人物背景、事件背景、历史背景、社会背景等，通过解释说明，使得新闻通俗易懂，加深了读者对新闻人物的认识和理解，在深化新闻主题的同时，使得文章内容更加丰富，并且增加了知识性和趣味性。

从背景的位置来看，环球组常把背景放在文章的开始部分，而时代组则没有固定的位置，较为灵活，一般是根据文章的需要，将背景零散地穿插在文章当中。

3. 从评论、言论和言语反应来看，两组话语样本比较一致。评论、言论和言语反应等，对文章内容所起的是评价功能。在环球组话语样本中，有 22 个命题与这些内容相关，占命题总数的 37%。在时代组话语样本中，有 25 个命题这些内容相关，占命题总数的 34%。但是二者也有所不同，即环球组多使用言论，或者是其他媒体的言论，或者是相关当事人的言论。时代组则多使用言语反应，即某人的直接引语，以及来自匿名信息源的"据报道""据称"等言论。方法虽然存在着差异，但是结果都是加重了报道的主观色彩。

4. 从事件和个案来看，环球组和时代组都侧重于使用事件，环球组较多使用个案。在环球组话语样本中，有 9 个命题与个案相关，占命题总数的 15%；有 19 个命题与事件相关，占命题总数的 32%。在时代组话语样本中，有 3 个命题与个案相关，占命题总数不到 1%；有 39 个命题与事件相关，占命题总数的 53%。

事件是与新闻人物直接相关的，多个事件的相继出现，表现出了事件的多变性和复杂性。多采用事件命题，可以使读者对事件有一个完整而细致的认识，在一定程度上，也增加了新闻的可信度。与事件所不同的是，个案不一定与新闻人物直接相关，也可能是间接相关的，或者对事件起到辅助求证的作用，或者对新闻人物的性格、形象等起到烘托渲染的作用。由于个案的运用可以突破时间、空间的束缚，因此具有更加广泛的意义，从而很好地拓展了报道视野。

5. 从报道细节来看，两者存在较大的偏差。在环球组话语样本中，有 4 个命题与细节相关，占命题总数的 24%。在时代组话语样本中，有 18 个命题与细节相关，占命题总数的 24%。细节描写对表现人物、描述事件、再现场景等都起着至关重要的作用，其目的是写人则如当面见人、写景则如身临其境。尤其是在人物报道中，细节描写则有利于表现人物细腻丰富的情感，不仅可以点化人物之间的复杂关系，还可以暗示出人物的身份、处境，甚至于侧面展现人物的所思所想。

（二）微观层面上的语义结构差异

从微观来看，环球组和时代组之间也存在明显的语义差异。

一方面从局部语义结构来看，即便是对同一事件在进行报道

的同时也呈现出明显差异。比如两组对卡扎菲的报道中：

M2.2 2月16日，利比亚反对派在东部地区的不少城市发起大规模示威游行并引发冲突。（事件）

M1.1 卡扎菲异常恼火，先后数次发表讲话，要清除这些反对派。（言论）

M1.2 利比亚政府军开始进行反攻。（境况）

M1.3 卡扎菲又一次挥动起双拳愤怒地说："这一'罪恶战争'注定会遭到可耻的失败。"（言语反应）

M2.5 On Feb. 15, a chorus of voices calling for the dictator's end. （事件）

（自译：2月15日，异口同声呼吁独裁者的结束。）

M1.1 Several military units mutinied and joined forces with protesters. （细节）

（自译：军队发动兵变并且跟抗议者站到了同一战壕。）

M1.2 Two jet pilots flew to Malta rather than obey orders. （细节）

（自译：两架喷气式飞机的飞行员们拒绝执行命令，飞往了马耳他。）

M1.3 A string of top officials, especially diplomats, quit their jobs. （细节）

（自译：一连串的高级官员，尤其是外交官们，辞职。）

时代组的局部语义结构表现为较为明显的"并列"模式，即侧重于对某一种语义范畴的使用，并且使其相互之间呈现出并列平行的关系。在对2月15日的利比亚革命进行报道时，时代组使用了 3 个细节描写，从而再现了当时的场景。

环球组的局部语义结构则表现为穿插灵活、自由跳跃等特点，彼此之间互不束缚，而是借助于多种语义范畴的相互穿插，进而体现对某个主题的反映，并且使语义之间呈现出因果、对比、并列等关系。在对 2 月 16 日的利比亚革命进行报道时，分别采用了三种语义范畴：言论、境况和言语反应，从而展现的卡扎菲本人对此次革命的态度，彼此之间呈现出的因果关系。

由此可见，两组所关注的重点有所区别，时代组突出的是直接的现场感，而环球组侧重的则是间接的时空跨度。

另一方面，从局部语义结构的相同点来看，两组更多地使用时间逻辑和并列逻辑。一方面从时间逻辑上来看，两组对某事件进行报道时，按照事件发生的前后时间顺序，有条不紊地进行报道，从而条理清晰，脉络分明。

比如环球组在对突尼斯革命进行报道时：

M2.4 1 月 10 日，为稳定局势，本·阿里向全国民众发表电视讲话。（事件）

M2.5 1 月中旬，首都所在的大突尼斯地区也开始发生骚乱和示威集会。（事件）

M2.6 1 月 14 日，传来本·阿里总统已离开突尼斯的消息。（事件）

M2.7 1 月 17 日，加努希总理宣布成立了过渡政府。（事件）

M2.8 1 月 20 日，突尼斯民族团结政府举行首次内阁会议。（事件）

再比如：时代组对埃及革命进行报道时：

M2.2 Egyptians had been drawn to the Jan. 25 demonstration. （事件）

（自译：埃及人被 1 月 25 日的示威游行吸引了。）

M2.3 Government blocked the Internet on Jan. 27. （事件）

（自译：1 月 27 日政府封锁了互联网。）

M2.4 On Feb. 1, the day of the million-person march, impostors gathered in Cairo's Tahrir (Liberation) Square to call for the resignation of President Hosni Mubarak. （事件）

（自译：2 月 1 日，百万人大游行的日子，冒名顶替者们聚集在开罗的塔里尔（解放）广场呼吁总统穆巴拉克辞职。）

另一方面，从并列逻辑来看也是如此。比如时代组在对埃及 1 月 25 日的革命进行报道时，采取了 5 个细节描写，从而展现了革命当天的情况。如下：

M2.2 Egyptians had been drawn to the Jan. 25 demonstration. （事件）

（自译：埃及人被 1 月 25 日的示威游行吸引了。）

M1.1 Activists started going door to door, passing out flyers. （细节）

（自译：积极分子们开始挨家挨户，分发传单。）

M1.2 They put up Facebook pages and posted on Twitter. （细节）

（自译：他们发布在脸书网页上并且在推特网上贴出通告。）

M1.3 Nour spoke out against the regime in a YouTube video. （细节）

153

（自译：努尔在一段 YouTube 视频中公然反对政府。）

M1.4 "Tell your friends," the messages read. "Look at what is happening in Tunisia. This is how people change their country."（细节）

（自译："告诉你的朋友们，"消息说。"看看突尼斯正在发生着什么。这就是人们如何改变他们的国家。"）

M1.5 The pro-opposition Al-Masry al-Youm newspaper published tips on staying safe in a demonstration: "Be careful whom you're talking to [because] some 'protesters' may be plainclothes police and may arrest you."（细节）

（自译：支持反对党的《Al-Masry al-Youm 日报》刊登了在示威游行中保障安全的窍门："千万要小心你在跟谁说话，[因为] 一些'抗议者'可能是便衣警察并且可能逮捕你。"）

再比如：环球组在对穆巴拉克进行介绍时，采用了 5 个个案，从而使读者对穆巴拉克的一生有了简洁明了的认识。如下：

M2.6 穆巴拉克生平简介。（背景）

M1.1 穆巴拉克 6 岁就能背诵《古兰经》。（个案）

M1.2 穆巴拉克打破了以色列"不可战胜"的神话。（个案）

M1.3 穆巴拉克在 1981 年 10 月 13 日以 98% 的高票当选总统。（个案）

M1.4 穆巴拉克上台之初，埃及国内生产总值约为 206 亿埃镑（约合 230.68 亿元人民币），如今已突破 4000 亿埃镑（约合 4479.2 亿元人民币）。（个案）

M1.5 穆巴拉克的一些做法触及了一些伊斯兰极端组织的利益。（个案）

（三）措辞风格的差异

关于措辞风格，范·戴克曾说："（措辞风格）不仅是风格分析的中心问题，而且还是风格和语义内容分析之间的联接点。"[1]

从措辞风格来看，主要表现在形容词的使用。环球组和时代组两组话语样本在形容词的使用频数较为相似，环球组共使用23次，时代组使用24次。但是在形容词的感情色彩方面差异较大，环球组使用褒义的形容词有10次，占其使用形容词总数的43%。时代组使用贬义的形容词有12次，占其使用形容词总数的50%。

在对中东革命中的总统以及领导人这些领袖人物进行报道时，环球组所使用的形容词有："态度谦和的、平易近人的、聪慧的"来对领袖的个人性格、外在形象等行描述。时代组所使用的形容词有"Brutal（残忍的）"、"Autocratic（独裁的）"、"Luxury（奢侈的）"等，描述这些领导人的独裁政治与奢侈生活。

在关于中东国家的国民生活状况报道中，环球组报道的是对国民生产概括的介绍，时代组是对中东国家的落后地区进行详细描述，譬如在报道突尼斯革命时，选取的地区是"突尼斯首都南部190英里处西迪布济德省的突尼斯小镇"，使用的形容词有"Old-fashioned（守旧的）"、"Downtrodden（被践踏的）"、"Hardscrabble（贫困的）"、"Dusty（落满尘土的）"、"Impover-

---

[1] ［荷］范·戴克：《作为话语的新闻》，曾庆香译，华夏出版社2003年版，第84页。

ished（贫穷的）"等，侧重描述当地的贫困状况。

时代组的报道所使用的是一种典型的"二元对立"的语言系统。所谓"二元对立"，是说在一个语言系统中，只有 A 和 B 两个子系统，因此就成为了由 A 到 B；或者由 B 到 A；非 A 即 B；或者非 B 即 A 等情况。总之，读者的视野在无形之中就被作者圈框在这样的狭小空间内。如下图所示：

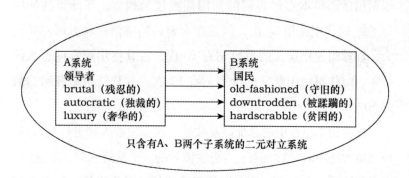

A系统
领导者
brutal（残忍的）
autocratic（独裁的）
luxury（奢华的）

B系统
国民
old-fashioned（守旧的）
downtrodden（被践踏的）
hardscrabble（贫困的）

只含有A、B两个子系统的二元对立系统

图 3 - 2　《时代》周刊关于中东革命报道的"二元对立"语言系统示意图

从上图可以看出，《时代》周刊通过这个"二元对立"的语言系统，十分明显地向读者传递出记者想要表达的倾向：突尼斯、埃及和利比亚的领导者们是独裁者和暴君，那里的国民不仅积弱贫困，还备受压迫和折磨。

在写作手法上主要表现在引用方式方面。环球组多使用言论，包括其他媒体的言论以及相关当事人的言论等，这些属于间接引语。时代组多使用言语反应，并且喜欢使用匿名消息源提供的"据称""据报道"（allegedly）的新闻信息作为主要例证。

譬如时代组在报道突尼斯革命时，记者在报道中写道：

"President Zine el Abidine Ben Ali, the dictator, visited Bouazizi on Dec. 28 to try to blunt the anger."（自译：总统本·阿里，这个独裁者，在12月28日前去探望布瓦吉吉以试着疏散愤怒情绪。）与此同时，记者在报道布瓦吉吉自焚的原因时，写道："The policewoman allegedly slapped the scrawny young man, spat in his face and insulted his dead father."（自译：据说这名女警察打了这个瘦小的年轻人，在他的脸上吐口水并且侮辱了他死去的父亲。）其中的"allegedly"是据说、据称的意思，但是没有交代具体的信息来源。再譬如时代组在报道埃及革命时，记者同样使用了"allegedly"，写道："A young Egyptian allegedly beaten to death by police last summer.（自译：据说在去年夏天一位年轻的埃及人被警察殴打致死。）"

在以上的这两个例证中，记者都没有提到具体的信息来源，所以信息的真伪无从鉴定。记者在新闻报道中使用这些匿名信息源作为主要例证，使它们在新闻报道中能够起到十分重要的作用，并且对读者的认知倾向产生一定的影响。

第三节 国际人物报道中的人物称谓、新闻主题与叙事模式

根据本章第一节所述范·戴克的话语架构理论，对人物的分析可以从人物称谓、新闻主题和叙事模式三个方面入手进行分析，这也是本节的研究重点。

一、人物称谓与财经人物形象塑造

在本书中，为了研究的便宜，在大多数情况下将不同人物一概模糊为人物进行处理。实际上，在人物报道中，不同的人物是有着不同的称谓的。人物的称谓能够显示出一个人的职业特征、社会性质，甚至是道德水准等多个方面，同时也是在语言交往中使用非常普遍的词语，往往带有时代的烙痕，而随着社会价值观念的变迁，称谓的所指以及含义等都会随之发生变化。比如关于财经人物这一称谓，在我国古代有商人、商贩、商贾、牙人、捐客、买卖人等称呼，现在更是多种多样。通过人物称谓的研究，不仅能够看到当今国际社会中人们的经济关系，而且还能够看到目前国际社会语言交往的发展现状。因此，从这个意义上来看，由于社会和语言都是不断发展的，人物称谓的变化在某种程度上体现出了社会的变化情况。

在本节中，首先对 2006 年 3 月 1 日至 2013 年 12 月 31 日《环球人物》的已有样本中进行再次筛选，主要围绕与财经人物相关的新闻报道，对其眉题、主标题和副标题进行筛选，选取符合条件的样本共计 249 篇，并且对财经人物的称谓进行归类，基本分为褒义类称谓、普通类称谓、其他类称谓三种形式。

（一）商界精英的"传奇"和"神话"：褒义类称谓

这里所说的"褒义类称谓"主要是指感情色彩而言，具有褒义评价的因素。主要包括：创始人、创业家、鼻祖、行业之父、教父、顶级、第一、大王、掌门、大亨、大师、传奇、奇才、神话缔造者、魔术师、女强人、首富等称谓。在《环球人物》财经人物报道样本中进行筛选，符合条件的有 122 篇。

参见下图：

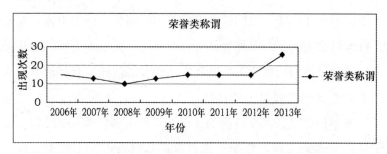

图 3-3 《环球人物》财经人物报道褒义类称谓的出现频率

从上图可以看出，在褒义称谓中，使用传奇、神话等称谓的频率最高，有 29 篇；其次是大王、大亨等称谓，有 21 篇；第三是创始人、首富等称谓，分别有 18 篇。为了使其得以直观展现，以年为阶段分别选择一条新闻标题。8 篇人物报道的主标题具体如下：

少年富豪传奇（2006 年 8 月 26 日）

"黑莓"神话缔造者（2007 年 4 月 6 日）

股神百亿美金考验接班人（2008 年 3 月 26 日）

经营奇才穆拉利救了波音救福特（2009 年 5 月 26 日）

世界卖车王有 12 个诀窍（2010 年 3 月中）

软件神童的致富之路（2011 年 10 月 26 日）

时尚帝国掌门人的营销术（2012 年 7 月 26 日）

女魔术师的起死回生术（2013 年 7 月 26 日）

从上可以看出，在这 8 篇财经人物报道的标题中，都表现出了编者对人物的褒义评价，把他们比喻成"神""魔术师"等，对其创业经历赋予了浓厚的传奇和神话色彩，更加突显了他们优秀杰出的商业才华。他们是商界精英中的精英，其中很多人是某个行业的创始人，被堪称为某某行业之父，是财经人物的榜样模范，通过对他们的创业历程以及成功经验的报道，对其他财经人物来说能够起到教科书的作用。此外，与过去的"行家""能手"所不同的是，如今被称为"大王""大师""大亨"等，除了具备足够的"行业技能"之外，还是该行业的垄断者，从生产到经营再到销售成为这个产业链上的强者，从而也突出了目前经济的发展变化，生产的决定作用已经被弱化了，同时与之相抗衡的还有经营、营销等方面。

（二）在明星光环照耀下：普通类称谓

随着世界经济的日益发展，新产业层出不穷，对于财经人物的称谓也是多种多样，就普通类称谓来说，主要有：老板、董事、老总、总裁、总经理、CEO。

具体请看下图：

从上图可以看出，在普通类称谓中，出现次数最多的是总裁和 CEO，分别有 28 篇和 49 篇，占所选样本总量的 30.92%，几近三分之一。

CEO 是英文 Chief Executive Officer 的缩写，是指首席执行官。在现代企业制度中，CEO 是一个集团或公司的首要负责人，

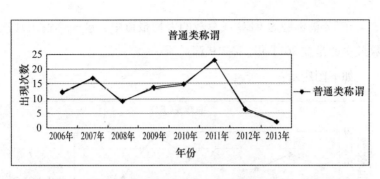

图 3 - 4　《环球人物》财经人物报道普通类称谓的出现频率

一般具有硕士以上学历。总裁则是集团或公司中仅次于 CEO 的第二负责人，但是往往由 CEO 兼任。这两个称谓都是从西方引进的，近年来尤为火爆，并且特指杰出、智慧、高学历并且具有明星范儿的商界精英。

美国记者布莱恩特（Bryant A.）曾经在《纽约时报》工作过 20 多年，期间采访了 70 多位美国顶尖公司的 CEO，他借助列夫·托尔斯泰在《安娜·卡列尼娜》中的名言："所有幸福的家庭都是相似的，而不幸的家庭则各有各的不幸。"概括归总了这些 CEO 在管理方式上的相似之处："他们用心聆听，虚心学习，用心考察哪种方法可行，而哪种方法不可行，以及其中的原因，然后再去做出相应的调整。他们是头脑敏捷的学生，但也是称职的老师，因为他们懂得学习的过程，并且能够把他们学到的内容解释给别人听。他们非常渴望与他人分享那些来之不易的真知灼见，而不是将其当做'版权软件'深藏起来。"①

_____

① ［美］布莱恩特：《高管之路：成功·管理·领导力》，叶硕、谭静译，译林出版社 2013 年版，第 5—6 页。

在 77 篇标题为 CEO 或总裁的人物报道中，这一称谓出现次数最多的是在 2011 年，有 19 篇。

如下图所示：

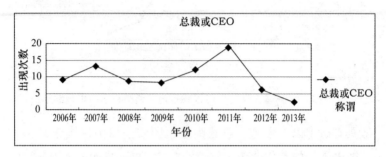

图 3－5　《环球人物》财经人物报道总裁或 CEO 称谓的出现频率

与传统的"企业家"称谓相比，"CEO"或"总裁"已经不仅仅是财经人物身份的象征，而且追求美誉度，更加体会出智慧、学识，有时还突显其靓丽外表等，越来越向明星路线发展、头顶光环、受人追捧，时时刻刻都是人们关注的焦点和热点。

通过对这 77 篇 CEO 或总裁的人物报道进行分析，可以发现他们的共同之处：首先，他们大多数有海外求学的经历，并且绝大多数接受的是英美教育。其次，他们大多数在自己的领域中开拓创新，为人之先，不畏惧困难，持之以恒，敢想敢干，属于励志型的模仿榜样。最后，从个性来看，他们大多都是志向远大、智慧勤勉，并且善于把握商机，具备一定的才学和能力，创造出巨大的财富。他们的创业历程带给了他们物质和精神的双重荣耀，使他们成为商业的传奇英雄和时代的标记。

对此，美国心理学家丹尼尔·戈曼（Daniel Goleman）发现：有效率的 CEO 们都具备一个非常重要的特征：情商较高。具体请见下表：

表3-1 情商在工作中表现出来的五项内容①

内容	定义	特征
自我意识	对自己的心境、情感、动机以及它们对别人产生的影响所具有的一种认识和理解的能力。	自信；真实的自我评估；充满幽默感的自嘲。
自我控制	对那些具有破坏性的感情冲动进行控制或纠正的能力。	值得信任，光明正大；对一些具有不确定性的事情能够泰然处之，能开放地面对变化。
自我激励	对工作的热情源于一种超越金钱和社会地位的动机。	具有很强的成就动机，非常乐观，即使在面对失败的情况下也如此。
移情能力	能够根据人们的情感反应来待人接物的一种技能。	对多样性文化具有很强的敏感性，能为其委托人和顾客提供恰当的服务。
社交能力	精通于建立人际关系和管理社会关系。	能有效地领导组织的变革；有游说能力；具有建立和领导团队的特长。

（三）风云突变的现代商业：其他类称谓

其他类称谓主要包括房地产商、广告商、国际贸易商、银行家、金融家、清盘师、投资家、分析师、风投师、首席财务官等，共有30篇，这些都是现代商业中的活跃人物，他们从事的

---

① 参见《什么造就了领导者》，载《哈佛商业评论》精粹译丛，曾贤刚、宋程锦译，中国人民大学出版社2004年版，第2页。

行业都具有较高的风险性，也有较大的起伏性，并且对市场具有一定的影响，他们的一举一动都为世人所瞩目。

如下图所示：

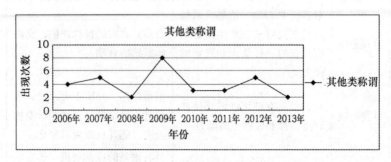

图3-6　《环球人物》财经人物报道其他类称谓的出现频率

其他类称谓是介于褒义类称谓和普通类称谓之间的，主要是对人物的职业进行介绍，从这些职业可以看出都是近些年以来非常热门的金融业、房地产业以及文化信息业，并且在2009年出现一次谷峰。在这些领域当中，高回报、高利润也往往伴随着高风险，波动较大、引人注目。在这30篇报道中，最具有代表性的一篇人物报道是《环球人物》2013年12月6日的《巴西首富巴蒂斯塔快成穷光蛋 财富一年多缩水99%》。巴西的石油大亨巴蒂斯塔在2012年3月，还以345亿美元的身价位列美国《福布斯》杂志全球富豪榜第七位，在巴西排名榜首。到2013年7月，他的资产就暴跌到2亿美元左右，堪称财富缩水最快的富豪。据分析人士称，巴蒂斯塔财富快速缩水的原因是遭遇了贵金属行业不景气、拉美经济疲软等问题，再加上管理不善等原因，矛盾集中爆发，导致了公司的灾难性崩溃。

当今社会，穷人一夜暴富或者富人一夜变成穷光蛋的新闻屡见不鲜，极其具有戏剧化，犹如梦幻一般，使得泡沫经济的弊端不断暴露出来，成为影响全球经济稳定发展的重要障碍。自21世纪股票市场和房地产市场的泡沫化之后，随之而来的便是2008年的全球金融危机，接下来的便是持续至今的经济萧条期，各国经济都处于缓慢复苏阶段，经济发展缓慢，问题繁多。以金融业、房地产业和文化信息业为代表的现代产业究竟走向何方，越来越受到新闻媒体的关注，是做引航人，还是救护车后的追赶者，是对于新闻媒体，尤其是主流媒体的一大挑战，在这种情况下，对于国际经济发展现状的报道就显得尤为重要和必要。

二、新闻主题与财经人物形象塑造

新闻主题是新闻中所反映的关键要点所在，正如范·戴克所说的"中心主题在新闻报道中通常用标题和导语的形式加以暗示。他们确定了报道的态势并向读者传达报道文本的总体倾向。"[1] 因此，在某种程度上来看，"与其他话语类型相比，新闻话语的主题组织可能扮演着更为关键的角色。"[2]

按照新闻主题对249篇财经人物报道样本进行归类后，主要分为3大类：

第一类是与管理经营相关的，比如经营管理、创业经历、经

---

[1] ［荷］范·戴克：《作为话语的新闻》，曾庆香译，华夏出版社2003年版，第43页。

[2] ［荷］范·戴克：《作为话语的新闻》，曾庆香译，华夏出版社2003年版，第32—33页。

验教训（大作为、生意经、成功秘诀、奥秘、诀窍）、发展现状、辞职接位（下课、卸任、上任、接任）、丑闻曝光（遗产纠纷、逃亡流浪、行贿、闹剧、性丑闻、自杀）、违法经营（诈骗、造假、逃税）等。

第二类是与政治相关的，比如参政议政、政策动向、中国缘（中国友人、中国信仰、为中国支招、向中国学习、与中国的亲近感、开拓中国市场、中国是避风港、在中国赚钱；做空中国股市、并购的中国效应、不重视中国市场、卡中国脖子）等。

第三类是与公益慈善相关的，比如裸捐、梦想、慈善、公益等。

具体如下图所示：

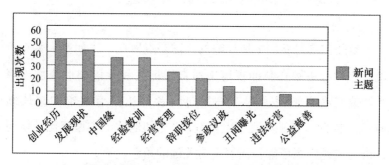

图 3 – 7　2006 年至 2013 年《环球人物》财经人物报道新闻主题分布图

如上图所示，排名前十位的新闻主题分别是：创业经历、发展现状、中国缘、经验教训、经营管理、辞职接位、参政议政、丑闻曝光、违法经营、公益慈善。总体来看，褒义评价的最多，其次是中性叙述，最后是贬义评价，通过报道可以看出国际财经人物的总体形象是：不畏困难、坚持不懈、艰苦创业、与中国的关系日益紧密，在经营管理方面有许多经验教训值得总结和学习。

接下来，由于每年中所突出的新闻主题有所不同，因此可以通过下图对此进行展现：

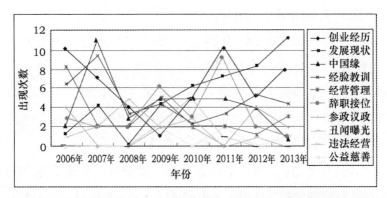

图3-8 2006年至2013年《环球人物》财经人物报道新闻主题变化图

通过上图可以看出，《环球人物》财经人物报道新闻主题变化分为以下四类：

第一类新闻主题是没有谷峰出现，而且总体的出现次数很低。比如"参政议政"主题出现频率一致较低，平均每年没有超过4次。

第二类新闻主题是早期慢慢呈现上升态势，晚期出现一次谷峰。比如："发展现状"主题总体呈现上升态势，并且在2013年出现谷峰。再比如："辞职接任"主题从2006年逐步上升，在2011年出现一次谷峰。

第三类新闻主题是早期出现一次谷峰之后，晚期开始下降，比如"中国缘""经验教训"和"经营管理"主题的谷峰都出现在2007年，在随后的年份中也都呈现出逐步减少的趋向。"丑闻曝光"在 2008 年出现过一次谷峰，之后呈现出下降趋势。"违法经营"在 2009 年出现过一次谷峰，之后呈现出下降趋势。

第四类新闻主题是出现两次谷峰，比如"创业经历"主题有两次谷峰，分别在 2006 年和 2011 年。"公益慈善"出现过两次谷峰，分别是 2009 年和 2011 年。

此外，报道频率超过 10 次的只有 4 个，即 2006 年和 2011 年的"创业经历"主题，共有 20 篇。2007 年的"中国缘"主题和 2013 年的"发展现状"主题，分别有 11 篇。

经过分类之后，可以看出其中的一些规律，主要是与 2008 年的全球金融危机密切相关，由此可以分成三个阶段：第一个阶段是金融危机前（2006 年—2007 年），第二个阶段是金融危机中（2008 年—2010 年），第三个阶段是金融危机后（2011 年—2013 年）。

（一）"金融危机前"阶段（2006 年—2007 年）：创造"奇迹"的财经人物形象

在金融危机前，新闻主题排名前十位的是：创业经历、经验教训、中国缘、经营管理、发展现状、参政议政、辞职接位、丑闻曝光、违法经营和公益慈善。其中对"创业经历"主题的报道最多，对"违法经营"和"公益慈善"的报道次数最少，均为零。如下图所示：

《环球人物》创刊于 2006 年，主要的关注点落在财经人物的创业经历方面，主要报道他们不同的创业历程，包括他们在创业

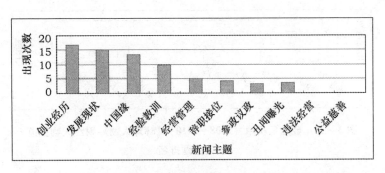

图3-9 金融危机前（2006—2007）《环球人物》财经人物报道新闻主题排名

中产生的奇思妙想，与众不同的思维方式，独树一帜的管理经验等，以及他们在遇到困难时坚持不懈，最终成就一番事业，并且赚取了巨额财富。比如：《环球人物》创刊之后所报道的第一篇财经人物报道就是独家专访了美国福布斯排行榜创始人史提夫·福布斯（Steve Forbes），对他的人生经历以及创业历程等都进行了详细的报道。与此同时，《环球人物》还采访了一些世界顶级公司的创始人们，大多都是独家报道，从而彰显了该杂志的高端、权威和实力。

（二）"金融危机中"阶段（2008年—2010年）：与中国结缘的财经人物形象

在金融危机阶段，《环球人物》财经人物形象新闻主题的排名产生了较大变化，排名前十位的分别为：中国缘、创业经历、发展现状、丑闻曝光、经营管理、经验教训、辞职接位、违法经营、参政议政、公益慈善。如下图所示：

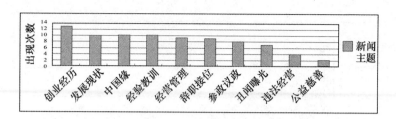

图 3 - 10　金融危机中（2008—2010）《环球人物》财经人物报道新闻主题排名

2008 年金融危机对于全球经济而言都是一场灾难，由于美国的相关部门监管不力，进而导致次贷危机，紧接着引爆全球性的金融危机，致使经济衰退，失业人数不断增多，社会动荡不安，骚乱、冲突等暴力行为频频发生，中国也深受其害，造成就业困局。在这种情况下，《环球人物》侧重报道与中国有密切关系的财经人物，他们大多数与中国保持着友好关系，并且希望在中国开拓市场，但是也有一小部分人企图要卡中国脖子，并且在一些领域还威胁着中国的经济安全，需要加以警惕、小心提防。比如 2010 年 4 月 6 日的《必和必拓老板想卡中国钢铁业脖子》，国际矿石业巨头凭借着垄断世界近七成铁矿石资源的优势，对中国钢铁业提出的合作条件极为苛刻。

（三）"金融危机后"阶段（2011 年—2013 年）：危机过后的重生与财经人物形象

金融危机之后，新闻主题排名前十的是：发展现状、创业经历、经验教训、中国缘、辞职接位、经营管理、参政议政、公益慈善、丑闻曝光、违法经营。如下图所示：

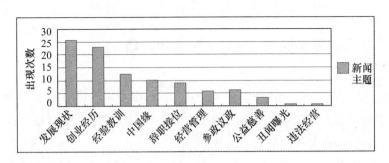

图3-11　金融危机后（2011—2013）《环球人物》财经人物报道新闻主题排名

　　金融危机过后，各国的经济都出现了不同程度的衰退，并且复苏十分缓慢，与此同时，世界级的一些跨国企业或者面临破产的危机，或者身处已经破产的困境，或者正在急于转型、重新开辟事业，但是在伤痕累累的世界经济的躯体上，还有一种新的力量透露出生机，一些财经人物抓住商机、发挥创造力，在互联网的世界里开辟出一片崭新的天地。比如2011年9月26日《环球人物》标题为《推特创始人，两个发明影响世界》的人物报道，详细报道了微博的创始人多尔西（Jack Dorsey），他发明的微博客使得普通人成为信息发布者，他研制开发的新产品还可以让手机刷信用卡，这两个发明不仅为他带来了巨额财富，还影响了整个世界的信息传输模式。在中国，2010年被人们称为"微博元年"，短短的3年时间，微博的使用人数已经突破了5亿，从而体现出了创新给经济所带来的商业活力，让人们认识到未来的商机更容易存在于虚拟世界，而且是一套完全不同于传统的全新的运营模式。

三、叙事模式与财经人物形象塑造

《环球人物》中的财经人物报道按照叙事结果进行划分，基本可以分为成功者、失败者和拯救者三种人物类型，对于每一种类型，都有着不同的叙事模式。

（一）被赋予"传奇"和"神话"色彩的成功者

在对成功的财经人物进行报道时，多使用褒义类称谓，并且带有明显的江湖气息，比如"神话缔造者""大王""掌门""富婆""女皇""女强人"等，在塑造成功创业者的形象的同时也极其具有神话色彩。

如下表所示：

表 3-2　《环球人物》财经人物报道创业者叙事模式分析

褒义类称谓	神话缔造者、扭亏魔术师、股神、神童、商界奇才、大王、大师、大亨、大佬、大鳄、掌门、鼻祖、教父、投资之父、首富、巨头、第一女强人、富婆、女皇
发展过程	（1）经营活动：创业历程、经营管理、成功秘诀、生意经、发展现状 （2）经营表现：打造团队、把握商机、勤勉敬业、忠诚企业、坚持不懈、不断创新 （3）其他活动：参政议政、公益慈善
最终结果	世界顶级企业、世界级公司
人物评价	（1）创业精神：果敢坚强、不畏困难、敢于冒险、创造力强 （2）人物性格：低调、简朴、勤勉； 　　　　　　　高调、张扬、奢华、唯利是图

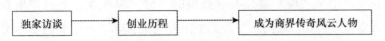

图 3 – 12 《环球人物》财经人物报道商界风云人物叙事模式

通过样本统计，关于商界传奇风云人物的报道，多数是突出独家访谈，然后用倒叙的方式介绍其创业历程，突出他们不畏艰险、战胜挫折，进而体现出他们超凡的商业才能，展示出他们令人赞叹的传奇风采。比如：《环球人物》的第一篇人物报道是2006 年 3 月 1 日创刊号对福布斯的独家专访：

（开头）在一次博览会上，记者在博览会亚洲部负责人的帮助下，获得了采访福布斯的机会。（机缘巧合的独家专访）

（正文）1966 年他毕业于普林斯顿大学，主修专业是历史。大学时就曾经创办过《今日工商》杂志，读者有十万之众，销量最高时达到 20 万份，直到今天这份杂志仍然在发行……（神话般的创业历程）

（结尾）福布斯先生在接受记者采访时，虽然是侃侃而谈，但语气始终谦和从容、不疾不徐，他似乎真的已经到了"知天命"的境界了。（富有传奇色彩的烘托）

除此之外，还有一些堪称"另类"的商界奇才也是《环球人物》的主要报道对象。这些人们性格怪癖，尤其是具备唯利是图的奸商本色，但是由于他们出众的商业才能和超群的智慧，使他们在短时间内赢得了惊人的财富，因此也被赋予了一定的传奇色彩。比如：《环球人物》2008 年 10 月 6 日报道的《NBC 总裁在骂声中赚大钱》就是非常典型的一例。2008 年,美国"电视界奇才""NBC 掌门人""工作狂人"朱克购买下了北京奥运会美国独家转播权,他不仅对开幕式,还对多项奥运热门赛事进行录播,并且随意切入广告。美国人对朱克的这种做法反感至极、骂声如潮,但是朱克对此却毫不在意,因为他赚来了真金白银,还打破了 NBC 在奥运会转播史上的最高广告收入记录。

(二)失败者的写照:丢人的"裸泳者"

在对失败者进行报道时,所使用的称谓大多为普通类称谓,首先从他们的失败结果写起,然后把重点落在归总他们的经验教训,并且常聘请经济学家对此进行专业分析,在概括归纳失败原因的同时,提醒大家不要再走弯路、重蹈覆辙。

如下表所示:

表 3-3 《环球人物》财经人物报道失败者叙事模式分析

普通类称谓	老板、总经理、董事、总裁、老总、CEO
失败原因	(1)采访当事人:华尔街的原罪——贪婪、楼市降温、地产价格下跌、美国政府监管不力、次贷危机、金融风暴连锁效应、产业转型慢。 (2)采访经济学家:金融体系的相互关联性、争取投资回报的竞争压力、无所不在的即时通讯、自然灾害和技术失误等非人为事故、美国金融机构的脆弱性、金融市场上公司资本估值缩水而产生的连带效应、消费需求的萎缩。
失败后果	大麻烦、病入膏肓、岌岌可危、衰败、危机、亏损、缩水、吐血大甩卖、倒闭、倒下、崩溃、坍塌、破产、卸任、下课、逃亡

普通类称谓	老板、总经理、董事、总裁、老总、CEO
人物情感	不堪回首、不愿意相信、心情糟透了、失落感、伤感、抱怨、恐慌

图 3－13　《环球人物》财经人物报道失败者叙事模式

　　"股神"巴菲特曾经有一句著名的嘲弄："华尔街所有公司都是丢人的'裸泳者'。"在 2008 年金融风暴的冲击下，华尔街的投行巨头们纷纷倒下，主要的原因还是"华尔街原罪——贪婪"。2008 年 10 月 26 日的一篇题为《"我亲历雷曼之祸"》的文章，雷曼兄弟的一个债券业务部门的负责人分析了雷曼兄弟破产的原因：格林斯潘时代把利率压的很低，从而刺激了房地产市场，大大小小的贷款公司争前恐后地向所有人放款，然后把贷款转卖给抵押贷款公司，抵押贷款公司再将这些贷款卖给投行巨头，比如雷曼兄弟、美林、贝尔斯登、高盛、摩根士丹利等，他们再把这些贷款重新包装之后证券化推向市场。由于这些公司在地产债券市场上的投资额巨大，当次贷危机蔓延时，公司的资产就很容易严重缩水，而此时的美国政府又没有及时采取拯救措施，致使这些投行巨头损失惨重。由此可见，《环球人物》的财经人物报道十分重视对金融危机中经验教训的总结。

（三）被誉为"华尔街英雄"的拯救者

　　在金融危机的席卷之下，到处都是血雨腥风，往昔的金融巨无霸们在瞬间纷纷崩塌，但是也有一些幸运儿躲过了灭顶之灾，这些睿智的CEO们被称作"华尔街的英雄"。

如下表所示：

表3－4　《环球人物》财经人物报道拯救者叙事模式分析

褒义类称谓	英雄、救火队长、拯救者
行为过程	预感敏锐、睿智机警、果敢大胆、正确决策、打造优秀团队、避开炸弹、抢占先机、快速转型
后果	转危为安、化险为夷、成功改造
人物评价	临危受命、最睿智的银行家、最权威的人士、华尔街真正的英雄

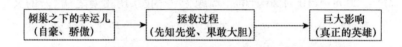

图3－14　《环球人物》财经人物报道拯救者叙事模式

倾巢之下安有完卵，但是有些公司虽然受到了一定冲击，却成功地逃脱了厄运，化险为夷，成为了幸运儿。通过《环球人物》的财经人物报道可以看出，这些公司的CEO们具有先知先觉的睿智，并且及时地采取了相应的举措，从而使公司避免了灭顶之灾，他们也因此被称为是"华尔街真正的英雄"。比如：2008年10月26日《环球人物》报道了摩根大通的CEO戴蒙是如何率众杀出血路。戴蒙素有"华尔街救火队长"的美誉，他曾参与创建花旗金融帝国，之后又在很短的时间内成功改造了病入膏肓的美一银行，还在次贷危机前夕及时出售了120亿美元的次级抵押债券，从而使得摩根大通化险为夷。

四、中国商界的"传奇"人物形象塑造

《时代》周刊从 2006 年 3 月 1 日至 2013 年 12 月 31 日共有财经人物报道 89 篇,其中关于中国财经人物的报道有 13 篇,所报道的中国财经人物分别是:黄光裕、李嘉诚(中国香港)、施正荣、冯国纶(中国香港)、刘佩琪、马云、李彦宏、柳传志、曹国伟、陈丽华、洪晃、任正非、李开复。这 13 位财经人物在中国商界的地位可以说是处于伯仲之间、不相上下,堪称中国商界的巨子大亨。通过对这些样本的统计分析,可以发现均为褒义类的评价,具体内容详见下表 3–5。

可以看出,《时代》周刊对中国财经人物的报道都是从正面进行的,突出了他们在中国商界、亚洲商界乃至世界商界的重要地位,在详述了他们的创新理念的同时,展现了他们非凡的商界才能。在对人物的称谓上都是褒义类称谓,比如"the country's richest man(中国首富)"、"the richest man in Asia(亚洲首富)"、"the world's billionaires(世界亿万富豪)",这些人物称谓的层次是都是层层递升的,从中国到亚洲再到全球,主要是从财富的层面来看,体现出中国财经人物在世界商界所处的重要地位。在对他们的创业历程进行报道时,用概括性的语言描述出他们创办企业的发展过程,大多是由无到有、由小到大,经过坚持不懈的努力而成就了如今的辉煌,创造了商界奇迹,从而展示了他们作为创业者的英雄风范,赋予了他们神话般的传奇色彩。最后,在对他们所取得的成就进行描述时,所使用的都是褒义评

价,不仅使用了最好的形容词,如"successful(成功的)"、"remarkable(非凡的)"、"best(最好的)"、"top(顶级的)",还使用了最好的称谓,如"the most influential person(最有影响力的人)"、"innovation idol(创新偶像)"、"the wise man(哲人)"、"godfather(教父)"、"heroes(英雄)",从而充分地对他们所取得的商业成就进行了肯定,并且将他们树立为中国财经人物乃至世界财经人物的模范榜样。

表3-5 《时代》周刊对中国财经人物报道的叙事模式分析

褒义类称谓	giant(巨头)、tycoon(大亨)、founder(创始人)、the country's richest man(中国首富)、the richest man in Asia(亚洲首富)、Asia's Most Powerful Man(亚洲超人)、the world's billionaires(世界亿万富豪)、a global telecom giant(全球电信巨头)。
带有传奇色彩的创业历程	(1) The world's retail giants, Huang Guangyu, 36, a retail-electronics entrepreneur known as the "price butcher."(自译:世界零售商巨头,黄光裕,36岁,被称为家电零售企业的"价格屠夫"。) (2) Li Ka-shing went from making plastic flowers to building a multibillion-dollar property, telecoms and trading empire.(自译:李嘉诚从制作塑料花起家直到建立了拥有数百亿美元地产、电信和商贸帝国。) (3) In 2001, he moved to the Chinese city of Wuxi to head a solar-cell start-up company. Today, Shi is a billionaire — one of the wealthiest men in China and, for that matter, one of Australia's richest citizens.(自译:2001年,施正荣到中国无锡开办了一家太阳能电池初创公司。今天,他是一位亿万富豪——中国最富有的人之一和澳大利亚的最富居民。) (4) Liu Chuanzhi built China's first global computer company.(自译:柳传志建立了中国第一家全球性的电脑公司。)

续表

带有传奇色彩的创业历程	（5）A journalist turned accountant who rose through the executive ranks to head Sina. （自译：曹国伟从一名记者转变成会计帅，并且从管理层跻身于新浪的首脑。） （6）Publisher Often called China's Oprah, Hung is one of China's top publishers, microbloggers, TV commentators and tastemakers. （自译：出版商经常称洪晃是中国的奥普拉，她是中国的顶级出版商，微博主，电视评论员和时髦风尚引领者。） （7）In 2009, he founded Innovation Works, an incubator for Chinese tech start-ups. （自译：2009 年，李开复创办的创新工场，成为中国科技初创企业的孵化器。）
辉煌成就	successful（成功的），remarkable（非凡的），best（最好的），top（顶级的），Pioneers（先锋），legend（传奇），the most influential person（最有影响力的人），innovation idol（创新偶像），the wise man（哲人），godfather（教父），heroes（英雄）

第四章 国际人物报道与叙事"原型"

　　本章对国际人物报道新闻话语的叙事"原型"进行了分析，首先从"原型"与媒介的关系谈起，认为正如原型在集体无意识和具体表现中间起到桥梁作用一样，在大众传播媒介中，原型表现为熟悉的结构、概念和模式，通过这些来反映原型的沉淀，并且通过大众媒介话语中的叙述、表达和形式等转化出来，从而也起到中介作用。与此同时，由于原型所具有的稳定性、历史性、社会性和继承性，能够使存在于人们潜意识之中的原型沉淀在特定情境下得到释放，从而达到良好的传播功效。但也正因为如此，原型沉淀也可能会发展成为刻板印象和固有成见，因此需要辩证地加以对待。其次，以女性原型形象塑造为例，进行了案例分析。《环球人物》在对美国女性的相关报道中，比较注重与政治和经济相关的女性，认为她们大多数具有聪明智慧的人格维度，突出了成功的女精英的形象。《时代》周刊在对中国女性的相关报道中，比较注重与体育相关的女性，并且把对这些女性的形象塑造编制在"中国体育强国梦"的宏大叙事中，认为中国发生了变化，过去体育运动是被严重国家化和政治化的，运动员们所取得的一切荣誉成为了这个国家强国梦的重要符号，现在体育运动是一种国际礼仪。

第一节 "原型"与媒介的关系

本书的第三章从微观视角对国际人物报道的叙事建构进行了详细分析，本章在此基础上，以"原型"作为切入点再度对国际人物报道的新闻话语进行细化分析，与此同时，主要通过两个具体的案例研究分别对《环球人物》和《时代》周刊的女性原型塑造进行探讨。

本节的研究重点有三个：首先对"原型"的内涵和特点进行简要介绍，其次是就媒介与"原型"的关系探讨大众传播中"原型"所起到的中介作用，最后是对媒介话语中"原型"的传播功效进行分析。

一、"原型"的内涵和特点

关于"原型"（Archetypes）这一术语，是由希腊文 Arche（原始的）和 Typo（形式）组合而成的，在古希腊时期专指模子，是由柏拉图最先提出和使用的，后来成为心理学术语，特指"集体无意识"的一种外在形式。

提起"集体无意识"，首先会想到瑞士心理学家荣格（Carl Gustav Jung），他是弗洛伊德（Sigmund Freud）的学生，但是却与老师存在着明显的学术分歧，尤其是针对弗洛伊德的"个体无意识"，荣格提出了与之相对的"集体无意识"。他认为人生下来并不是一块白板，而是像动物身上先天就遗传着某些本能一样，是种族和人类共有的超个性心理基础，在这里，既有个人自童年起的经验，也有许多原始的、祖先的经验。① 荣格认为"集体无意识"的主要内容是原型，并且认为原型在人的生命中是不被自身所感知的，比如有：出生原型、再生原型、力量原型、英雄原型、骗子原型、上帝原型、魔鬼原型、巨人原型等。对此，荣格曾经说过："个人无意识的内容主要有名为'带感情色彩的情结'所组成的，而集体无意识的内容则是所谓的'原型'。"②

荣格主要是从心理特征和精神表现等方面来阐释原型的。除此之外，一些文学批评家则把研究重点放在对原型的符号性、历史性、继承性和社会性等方面，认为原型不是由内容决定的，而是根植于形式，它作为一种比较固定的话语叙事模式，沉淀于某个民族文化的最底层，并且以一种文化情结的方式得以呈现，并且随着社会的发展变化而不断变化。比如加拿大的文学批判家弗赖伊（Northrop Frye）认为原型和神话之间存在着密切的联系，对此他说："神话是主要的激励力量，它赋予仪式以原型意义，又赋予神谕以叙事的原型。因而神话就是原型，不过为方便起见，当涉及叙事时我们叫它神话，而在谈及含义时便改称为原型。"③

---

① 叶舒宪：《神话——原型批判》，山西师范大学出版社 1987 年版，第 6 页。

② 曾繁仁：《西方现代美学思潮》，山东文艺出版社 1990 年版，第 90 页。

③ ［加］诺斯罗普·弗莱：《文学的原型》，见吴持哲：《弗莱文论选集》，中国社会科学出版社 1997 年版，第 89 页。

二、媒介与"原型"的关系

由上面的阐述可以看出，原型是心理学和文学中的一个重要概念，尤其从原型的内涵中可以看出，随着历史的变迁，它对文学的创作动力所起到的影响也不断发生变化。如今，原型不仅与新闻存在着密切的关系，也在潜移默化中影响着新闻话语本身的叙事模式、言语再现以及措辞风格等。

在新闻传播学的视角下，原型具体是指与新闻的"新鲜"特性相对应的是新闻中"旧有"的东西。根据上述荣格的原型理论，下图形象地把新闻与原型的关系进行了展示：①

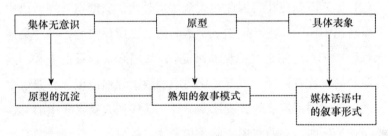

图 4－1　新闻话语原型沉淀模型

从上图中，可以看到分为上下两个层面：图 4－1 的上半部分层面指的是荣格的原型理论，原型作为集体无意识和具体表现的联接点而存在。在荣格看来，集体无意识是与个人无意识相对的，所谓"集体"，从广泛范围可以理解为人类，从狭义范围可

---

① 周津丞、杨效宏：《大众媒介话语的原型沉淀——以突发性公共事件为中心》，《江西社会科学》2010 年第 6 期。

以理解为民族。一般来说，集体所包含的是整个民族在历史发展过程中所逐渐沉淀下来的情感能量，虽然是极为抽象的，但是却是民族文化的源泉；虽然是无法被个体所意识到的，但是却对个体的思维、言语、行动等产生着重要的影响。集体无意识要想外化为具体表象，比如神话故事是最具有代表意义的一种，则需要通过原型得以实现。从这个意义上来看，原型具有一定的稳定性，并且通过一定的叙事模式，赋予语义更加丰富的内涵，从而体现出一定的历史文化以及民族经验。"从本质上说，它是一种稳定的对外在事物的认知方式、认知角度和认知结果。"①

图4-1的下半部分层面反映的是新闻与原型的关系。由于原型在继承的过程中并不是一成不变的，而是随着时代与社会的文化标准而不断变化，因此在大众传媒时代，原型在新闻话语中又呈现出不同的特色。正如下半部分的层面所反映的，与"集体无意识"相对应的是"原型的沉淀"，就国际人物报道来看，这种原型的沉淀有：处于风云变化之中的政治领袖原型，与商海沉浮之中创造财富奇迹的智者原型等等。这些在大众媒介中的具体表现就是新闻话语的叙述、形式和表达。从中可以看到原型在新闻话语中起到的是一种中介的作用，即把某种抽象的并且具有某种特殊性的民族情感、传统文化、思维方式等转化成为具体形象的又多种多样的新闻话语表达方式。原型能够对新闻话语产生巨大的影响，究其原因，是由于："谁说出了原始意象，谁就发出了一千种声音，摄人心神，动人魂魄，同时他也将自己所要表达

---

① 曾庆香：《新闻话语中的原型沉淀》，《新闻与传播研究》2004 年第2 期。

的思想摆脱了偶然性，转入永恒的领域。他把我们个人的命运纳入整个人类的命运，并在我们身上唤起那曾使人类摆脱危难，度过漫漫长夜的所有亲切力量"。①

三、媒介话语中"原型"的传播功效

关于原型所具备的传播功效，荣格曾经以飞碟为例进行了阐释。他详细分析了历史传说中、现代绘画中甚至是梦中曾经出现过的飞碟之后，认为人们之所以对飞碟宁可信其有不可信其无的原因在于人们潜在意识中的一种原型沉淀，在某种特定情景下得以了释放。对此，荣格说："与飞碟有关的心理体验存在于圆形物幻象中，这是以曼达拉（笔者注：曼达拉，即Mandala，是指在人类文化史和人类大脑记忆体中存在的一种图式或图形。这种图形的外围或是一圆形圈，或是一方形圈；在其中央部分，或作对称的"＋"字形，或作对称的"米"字形。在人类早期文化特别是东方古代文化，如印度教文化、藏传佛教文化、华夏文化等中，曼达拉现象曾广泛存在）形式表达的完整和原型的象征。"②

在人们的潜在意识中由于受到本民族的传统文化以及民族特性的影响，总会存在一些抽象的幻想，即原型沉淀，它们虽然是

---

① 叶舒宪：《探索非理性的世界——原型批评的理论与方法》，四川人民出版社1988年版，第55页。

② ［瑞士］荣格：《天空中的神话》，张跃宏译，东方出版社1989年版，第131页。

无形的,而且是既看不见又摸不到的,但是它们却始终存在着,并且积聚着民族经验和民族情感,根植在民族意识的最底层,一旦遇到适当的时机就会被释放出来,形成具体的表象。在这个过程中,原型则起到了重要的桥梁作用。正如弗赖伊所说:"原型构成观念联合束,即与符号有区别的可变性整体。这些整体包括许多从学校学得或从外获得的观念联合,由于这些联合对于所有依靠一种共同文化的人来说是熟悉的,因此很容易得到传播。"①由此可以看出,原型由于可变性和多样性,并且包含着某种共同为人们所熟知的文化理念,因此非常容易得到传播。对于每一个民族来说,都经历了漫长的历史,其中的喜怒哀乐被祖祖辈辈地传承下来,从而组成了民族所特有的文化和精神。比如中华民族的"尚德精神"世代相传,正是人们对于具有优秀品德的楷模榜样们的尊敬,才能够使典型人物报道起到了重要的作用,即便是在今天,盛行于网络上的"最美人物""感动中国人物"等草根报道,依然具有打动人心的力量,因为人们从中能够感受到一种共同的情感洗礼,享受一种共同的精神愉悦。

与此同时也可以看出,原型具有一定的稳定性。除了上述所阐释的原型能够起到促进传播,达到良好传播效果的功效之外,原型还容易让人形成刻板印象或者固有成见甚至是偏见,从而诱发新闻同质化甚至进行虚假报道等不良现象。对于新闻工作者来说,需要辩证地对待原型的传播功效:要充分了解并且熟练运用千百年来在我国传统文化和民族精神中沉淀下来的原型,以求能

---

① [法]皮埃尔·吉罗:《符号学概论》,怀宁译,四川人民出版社1988年版,第96页。

够吸引受众，并且提升新闻的亲和力和感染力；此外还要提高创造力，创新观念，创新内容，创新形式，在尊重新闻真实性原则的基础上，丰富新闻的表现形式。

第二节　"原型"与国际人物报道的价值观判断

法国当代哲学家福柯认为，从文化的角度来看，人可以被三种客体化的模式转换为三种从事规范化实践的主体[①]：

第一种，知识的模式。即按照政治学、经济学、文学、历史学和哲学等学科方式把人客体化为特定的模式，例如一个人从新闻学中了解到采写编评等知识之后，就可以按照这种模式的规律采写新闻稿件，从而成为一名记者。

第二种，社会分类的模式。如正常或犯罪，健康或疾病，理智或变态等，将人客体化为不同种类型。

第三种，角色认定的模式。例如：从性别认同来看，男人应该有英雄气概，胸怀大度，成就一番事业；女人则应温柔体贴，善解人意，娴淑美丽。

在人物报道中，这三种模式构成了对新闻人物的形象构建，三个模式之间存有密切联系、相辅相成，共同蕴涵在文章所传递

---

① Michel Foucault. *The Subject and Power*, Critical Inquiry, Vol. 8, No. 4, (Summer, 1982), pp. 777—795.

的观点、所反映的理念以及所形成的认知等方面。在本节中，主要选取《环球人物》从 2006 年 3 月 1 日至 2013 年 12 月 31 日对美国女性的相关报道，从人格维度、主题设置和行为结果三个方面对美国女性原型形象塑造进行分析。

一、人格维度和女性形象塑造

关于女性的人格维度，主要分为 12 个小类，并且在此基础上归总为 5 大类：漂亮温柔、乐观坚强、勤劳聪慧、愚昧懒惰、自私贪婪，如下表所示：

表 4 –1   《环球人物》对美国女性人格维度的展现

年份	形象个数	平均年龄	漂亮温柔	乐观坚强	勤劳聪慧	愚昧懒惰	自私贪婪
2006	11	40.54	4	5	2	0	0
2007	10	52.6	1	5	3	0	1
2008	7	57.29	0	3	1	2	1
2009	15	46.93	1	3	6	2	3
2010	15	51.73	3	3	5	0	4
2011	18	45.33	2	3	9	1	3
2012	15	48	3	4	8	0	0
2013	18	58.67	3	7	8	0	0
合计	109	50.24	17	33	42	5	12

通过上表可以看到，《环球人物》从 2006 年 3 月 1 日至 2013 年 12 月 31 日有关美国女性的报道共有 109 篇，占据其女性报道

总数的 38.11%，其平均年龄约为 50 岁。处于 50 岁这一时期的女性在各个方面都比较成熟稳重，并且大多数人在事业上已经达到了人生的顶峰，能够反映出其不同的人格维度，因此在一定程度上比较具有代表性。在上述的 5 大类中，勤劳聪慧的报道数量最大，其次是乐观坚强，再次是漂亮温柔，这三个方面都具有明显的褒扬色彩，由此可见，正面倾向的报道所占比例较大，在对具有优秀品质的女性进行了大力报道的同时，也对她们进行了肯定和赞赏。此外，关于自私贪婪和愚昧懒惰也有一定数量的报道，占据报道总数的 15.59%，其报道基调非常明确，对具有这些不良品行的女性进行了直接批评。接下来主要是以一些具体案例进行表现：

（一）勤劳聪慧型

在西方，自 18 世纪末法国大革命时期玛丽·戈兹（Marie Gouze）发表的女权宣言至今，女性解放运动已经历经了两百多年。如今，随着女性社会地位的日益提升，她们拥有着越来越多的与男人平等的权利。女性开始摆脱家庭的束缚，以独立自主的身姿积极地加入到各种各样的社会工作中，并且在政治、经济、文化、军事、体育等领域展现出了她们的聪明智慧，甚至于在某些领域有着比男性更为出色的表现。比如：《环球时报》在报道第一位女性诺贝尔经济学奖得主奥斯特罗姆时：

奥斯特罗姆夫妇在印第安纳大学出名的勤奋：每天早上 4 点钟就起床写作，几十年如一日笔耕不辍。至今，奥斯特罗姆每天都到办公室与同事、学生交流，工作时间高达 10 多个小时。退休这件事，是她从来没想过的。

在这段描述中，记者主要对奥斯特罗姆的勤奋进行了细节描写，通过她一天的工作情况反映她的与众不同，衬托出她荣获诺贝尔经济学奖的艰辛与不易，令人印象十分深刻。

（二）乐观坚强型

在《环球人物》的国际人物报道中，有很大一部分内容是反映女性在获得某种成功背后所付出的的艰辛和努力，当她们在面临人生挫折与坎坷的同时，表现出了超人的忍耐力和坚强毅力，最终到达了成功的终点。

比如在报道有"脱口秀女王"之称的美国主持人奥普拉·温弗里（Oprah Winfrey）时，文章首先详细描述了她坎坷的人生经历，尤其是她极其不幸的童年引发了广大读者的情感共鸣。温弗里出身贫寒，加之又是黑人，她的童年几乎充满了黑暗。她 6 岁时开始酗酒、吸毒、浪迹街头，9 岁时被表哥强奸，后来迫于生计当了雏妓，14 岁时产下一子但不久后孩子便夭折了等等。这在常人看来她所遭受的痛苦根本无法想象，但是温弗里却凭借着惊人的毅力考入大学，并且在日后的主持工作中获得了极大的成功。正如文中所说，温弗里在节目中经常把自己的经历与她的观众们分享，并且产生了强大的感召力。文章节选如下：

20 世纪 90 年代中期以来，她将节目的内容侧重于文学、内心修养和精神追求上，不断向观众灌输如何战胜困难、改变命运、使精神得到升华的理念。温弗里曾向观众讲述自己的个人奋斗史，当她面对贫穷、肥胖、挫折时，是如何调整自己的心态，使自己变得更加坚强。

这段话语并非空洞的溢美之词，文章的前半部分都是对温弗里辛酸童年的描述，当读者看完之后，对于她在节目中所表现出来的坚毅和勇敢都会由衷地赞叹，从而更加增添了文章的说服力和感染力。

（三）漂亮温柔型

在中西方，漂亮温柔一直都是人们对理想女性最根本的要求。在人类的历史中，对于女性形象的基本描述也是贤妻良母。比如在古代社会，中国有为爱情坚贞不渝的娥皇、女英，还有以造人和补天为功绩的女娲；西方则有代表爱和美的女神维纳斯，以及具有纯洁美丽母性的圣母玛利亚。她们都是人类神话中的基本原型，对于女性的品质塑造有着重要的作用，即便是在社会价值观念多元化的今天依然如此。我们之所以"与这种原型的结合，是我们生存本能的一个方面。正如马斯洛（Mas Low）在其需要层次理论中所指出的，母爱不仅是一种基本需要，它也是人类愉悦的重要源泉。"[1]

---

① 刘林沙：《中西电视广告中感情女性原型形象比较》，《当代传播》2008 年第 3 期。

譬如《环球人物》在报道美国好莱坞的当家花旦安吉莉娜·朱莉（Angelina Jolie）时：

身为"联合国高级难民署慈善大使"的安吉莉娜，多年来坚持奔波在非洲和亚洲的贫穷国家。她还把自己的母爱带给两个幸运的孩子：2002 年，她领养了一个柬埔寨男孩；2005 年，又收养了一个埃塞俄比亚的艾滋病遗孤。

一般来说，读者对于娱乐界的女明星，比较关注她们倾国倾城的容貌，以及她们所出演的魅力四射的影视作品，而很少有人会关注她们所具备的内在品质，或者会由于惯性思维而把她们与金钱、名誉、奢华等联系起来。然而，好莱坞女星朱莉则是个例外，她不仅拥有令人羡慕的外表，还有一颗热衷于慈善事业的爱心，这让她显得更加难能可贵。在上段的描述中，主要介绍了朱莉作为"联合国高级难民署慈善大使"的身份，并且对于她的无私奉献进行了报道，由此更加让读者印象深刻，不能忘怀，提升了传播效果。

（四）愚昧懒惰和自私贪婪型

关于人类的善恶之说，在希腊神话中流传着一个故事。传说火神用黏土在人世间造出的第一位女子名叫潘多拉，众神纷纷送给她很多美好的礼物，但是其中有一件非常危险的礼物——宝盒，潘多拉在好奇心的驱使下终于打开了盒子，结果一切象征着邪恶的东西被放了出来以致于侵蚀了整个人类，包括人类的灵魂在被侵染之后也出现了邪恶的一面。"潘多拉宝盒"从而成为了邪恶的原型，这与中国古代的"红颜祸水"所表达的意思似乎一致，即在女性美丽的背后同时还隐藏着邪恶和祸端。

与中西方古代文化中的罪恶原型所不同的是，文明时代则提倡抛开性别偏见，从客观公正的角度对于个体的品质进行衡量。在《环球人物》的报道中，对于具有不良品性的女性的报道共有 17 篇，大多都是就事论事，通过事实描述力求对相关女性进行客观评价。譬如：在报道美国与墨西哥边境的海关官员玛莎·加尼卡时：

1997 年 2 月，加尼卡成为美国海关官员。入职没多久，她的身份就引起同事的怀疑——加尼卡是名单身母亲，独自带着两个孩子，但是她的生活极其奢侈，有两套豪宅、两辆悍马、一辆凯迪拉克、一辆卡车，这显然与她的薪资水平严重不符。

这段话主要是对女警察加尼卡日常生活状况的细节描述，从中可以看出她奢华的生活水准与平凡的工资收入之间的巨大差异，从而衬托出她身份的可疑性，这一切从始至终都是在用事实进行说明，而没有任何具有人身攻击性的词语，从而也更加突显了新闻报道的客观性。

二、主题设置和女性形象塑造

关于主题设置的分析，主要是根据范·戴克所提出的巨观法则，即从具体的单个的命题组群入手，再通过删减、归纳、组构等方法进而概括出文章的主题。在这里，主要提炼出了十个主题：参政议政、经济竞争、荣获奖励、职业表现、就业选择、日常生活、对外事务、两性关系、性丑闻、违法犯罪。

如下表所示：

表4-2　《环球人物》关于美国女性报道的主题设置和女性原型形象塑造

年度	参政议政	经济竞争	职业表现	荣获奖励	就业选择	违法犯罪	日常生活	对外事务	性丑闻	两性关系
2006	3	1	3	1	1	0	0	2	0	0
2007	1	2	1	2	1	1	1	0	1	0
2008	3	1	0	0	0	3	0	0	0	0
2009	1	3	1	1	3	3	1	1	1	0
2010	2	2	2	3	0	2	1	1	1	1
2011	5	2	3	2	3	1	1	1	0	0
2012	3	3	2	2	3	0	1	0	0	1
2013	8	6	3	1	0	0	0	0	0	0
合计	26	20	15	12	11	10	5	5	3	2

通过上表可以看出，从报道的数量来看，由高到低的分别是：参政议政（26篇），经济竞争（20篇），职业表现（15篇），荣获奖励（12篇），就业选择（11篇），违法犯罪（10篇），日常生活（5篇），对外事务（5篇），性丑闻（3篇），两性关系（2篇）。从各个主题报道数量在所有报道中的所占比例来看，如下图所示：

从上表可以看出，关于各个主题的相关报道所占比例由高到低进行排列分别是：参政议政（占23.85%），经济竞争

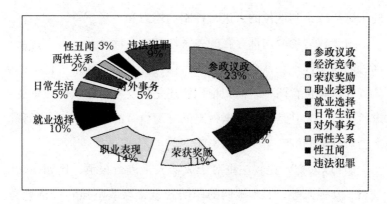

图 4 – 2　《环球人物》美国女性报道的主题设置

（占 18.35%），职业表现（占 13.76%），荣获奖励（占 11.01%），就业选择（占 10.09%），违法犯罪（占 9.18%），日常生活（占 4.59%），对外事务（占 4.59%），性丑闻（占 2.75%），两性关系（占 1.83%）。如果再将这些主题进一步提升层次，可以看出，政治和经济的相关报道所占比例较大，即参政议政和经济竞争的报道比例几乎占了所有报道的一半。与此同时，通过对这些主题的归总和分析，可以看出有以下几种女性原型形象塑造：

（一）权力场域里的女中豪杰

在这里所使用的"权力场域"一词源于布尔迪厄的场域理论，他从社会学的视角认为，权力不光是指狭隘的政治权力，比如国家政权。实际上，权力的范围非常广泛，它是通过一般的社会关系和社会力量表现出来的，从本质上来看，权力"是由于力量、地位和社会资源等方面的差异，那些居于优位或优势的人对处于劣势或不利地位的人进行控制的能力和力量。"①

由于权力场域内部存在的关系性和争斗性特质，每个社会行动者的身份体现在社会结构中所占据的位置，具体来说包括实际位置和潜在位置两种，但归根到底还是从支配与屈从的位置关系进行区分，尤其是那些占据特定的支配位置的行动者在某种程度上会对社会制度产生一定的影响。

《环球人物》比较注重对于成功人士进行报道，比如说女中豪杰、女强人等，展现她们的聪明智慧、果敢坚强和人格魅力。2013 年 3 月 27 日，现年 53 岁的茱莉亚·皮尔森成为了美国特勤局 148 年以来的第一位女局长，她精明强干、不怕吃苦，被称为"保卫白宫的女干将"。文章节选如下：

皮尔森记得自己"过五关斩六将"的经历："被招进特勤局后，先在佐治亚州格林科的联邦执法培训中心接受培训。我们学习法律知识，学习调查技术、抓捕手段和武器使用方式。第二阶段训练是在马里兰州贝尔茨维尔的罗利培训中心进行，那里主要培训的是打击假冒犯罪和网络犯罪，同时进行保护要员的培训。所有的培训要进行 27 个星期。约 50% 的特工以前有过执法工作经验。"

再比如：美国传媒女巨头赫芬顿创造了一种适用于互联网的经营模式，网站几乎具备了所有商业上的成功因素。文章节选如下：

---

① 崔浩：《布尔迪厄的权力场域理论及其对政治学研究的启示》，《杭州电子科技大学学报（社会科学版）》2006 年第 2 期。

《赫芬顿邮报》的出现是互联网历史上一个标志性事件，在它之前，主流传媒集团不是漠视网络存在，就是对它敬而远之。而在《赫芬顿邮报》出现后，他们终于认识到网络是个极具潜力的新兴市场。以前，如果你对某家报业巨头说，可能有一天，人们可以出版一份报纸，却不需要纸张、印刷和发行开支，他不会相信。但今天，事实正是如此。

（二）职场中的铿锵玫瑰

2008 年全球金融危机以来，美国经济开始衰退，但是女性就业比例并没有太大的变化。"美国劳工统计局发布的 2008 年 11 月份非农业薪酬数据显示，女性占全美工作岗位的 49.1%；即使把务农人员和自营者算进来，女性这一比例也达 47.1%。"①

《环球人物》在报道美国职场女性的相关报道有 38 篇，其中报道数量较多的当属演艺明星，共有 15 篇，占相关报道的 39.47%，超过了三分之一。与此同时，涉及到获得奖励和荣誉的相关报道有 12 篇，所占比例为 31.58%，接近三分之一。

譬如 1986 年出生的嘎嘎小姐（Lady Gaga）成为了流行音乐史上的一个奇迹，她的红遍全球和所产生的影响，已经远远超出了一位歌手的身份所能够涵盖的，正如相关报道中所说的：

---

① 欧飒：《美国女性就业人数可能首次超过男性》，新民网，"http：//news. xinmin. cn/rollnews/2009/02/07/1585341. html，2009 年 2 月 7 日。

她的成功模式已经成为美国大学里的一门课程，并且令专家们进行思考和研究——如果我们一定要在 21 世纪的前 10 年里只挑出一个有代表性的国际流行歌手的话，答案非她莫属。

再譬如 2010 年 3 月，在第 82 届奥斯卡颁奖典礼上，影片《拆弹部队》的导演，58 岁的比奇洛·毕格罗成为奥斯卡历史上首位获得最佳导演奖的女性，书写了一段专拍"男人片"的传奇：

在奥斯卡奖 82 年的历史上，只有 3 位女性被提名为"最佳导演"，但直到今年，才由比奇洛拿下这一奖项。据相关数据显示，2009 年，排在北美票房榜前 250 位的电影导演中，女性仅占 7%。这一比例保持了近 20 年。从这个角度看，比奇洛夺得奥斯卡最佳导演奖，无疑"具有历史意义"。

从以上内容可以看出，《环球人物》在对职场女性的描述中多偏重于文娱领域，尤其是对演员、歌手、导演等演艺界人士情有独钟，这在很大程度上是由于她们所处的独特地位，比较令人瞩目，同时也反映出美国文化对于全球的巨大影响。

（三）道德伦理、法律规范的违反者

关于道德伦理、社会秩序、法律规范的违规违法现象的相关报道有 15 篇。主要包括吸毒贩毒、违反行业规范、违反法律规

范、组织卖淫等内容。在这些女性中，她们多半是为了满足自我的欲求而对于社会秩序、法则、规范等进行了挑战。

譬如2010年1月，44岁的华尔街美女达尼埃勒·切尔西由于卷入了一宗数额巨大的华尔街内幕交易案，面临着被判处155年监禁的法律惩处。在中学时代就被同学称为"志向远大的绝色佳人"的切尔西有着自己对于财富的强烈欲望，为了能够得到财富，她不惜铤而走险，色诱华尔街的高官们，正如文中所报道的：

切尔西的"豪放"作风，在高科技企业更是吃得开。只要她去开会，那些整日埋头编程的技术天才们都会眉开眼笑。一位曾经和她参加电脑公司会议的人说，切尔西会后常常衣着暴露，和一帮人一起从一个酒吧喝到另一个酒吧，再找机会拉人单独聊天。她充满挑逗性的舞姿，让许多精英都津津乐道，她也因此被称为华尔街的"美艳妖妇"。

与切尔西不同的是，有一些女性则是由于贫困或者自身生存的无奈而被他人所伤害。2008年的金融风暴正在给美国带来很多的"副产品"，"逼良为娼"的现象日益严重，甚至使原来的淑女也变成了妓女，譬如《环球人物》在报道一名叫戴兰的模特时：

据美国《纽约每日新闻》报道，在过去的6个月里，曼哈顿地区"性成瘾"男士的数量正在迅猛增加，纽约的"性成瘾"现象正在扩散。与此同时，金融风暴也使妓女的数量有所增加。

24岁的戴兰原本是一个模特,但是因为没有名气,收入很不稳定,没有太多技能的她只好到曼哈顿当妓女。

在报道中还提到了戴兰有一名叫莎娜的"同事",原本是一家旅行社的秘书,在2008年的次贷危机中失业了,她曾到一家餐馆当服务员,但是入不敷出。莎娜虽然40多岁了,但是为了帮助儿子完成学业,无奈之下只能靠出卖自己的肉体来维持生计。由此可见,在金融风暴的冲击下,美国人不光是生存压力更大了,他们的精神和心理也受到了重创。

通过比较可以看出,切尔西是法律规范的违反者,戴兰、莎娜是道德伦理的违反者,虽然她们的行为都违反了正常的社会规制,但是原因却各不相同,由此也反映出女性在社会地位上存在的差异,从中也可以看到,整个社会结构的不平衡,造成了社会阶层的严重分化。

三、行为结果和女性形象塑造

通过对《环球人物》关于美国女性109篇报道的分析,根据女性行为结果来划分大概可以分为五种情况,分别是:获得成功、受到赞扬、备受争议、遭受失败和受到处罚。如下表所示:

表4-3 《环球人物》关于美国女性报道的行为结果和女性原型形象塑造

年度	获得成功	备受争议	受到赞扬	受到处罚	遭受失败
2006	5	1	4	0	1
2007	5	1	2	2	0

续表

年度	获得成功	备受争议	受到赞扬	受到处罚	遭受失败
2008	2	2	0	1	2
2009	7	1	2	2	1
2010	7	4	0	3	1
2011	11	2	1	2	2
2012	12	1	2	0	0
2013	18	0	0	1	1
合计	67	12	11	11	8

从上表可以看出，五种不同行为结果的报道数量由高到低分别是：获得成功的（67篇），备受争议的（12篇），受到赞扬的（11篇），受到处罚的（12篇），遭受失败的（8篇）。从这五种情况来看，对于行为结果是正面描述的（包括获得成功和受到赞扬）有78篇，是负面描述的（包括遭受失败、受到处罚）有19篇，而属于平衡描述的（备受争议或者尚未明确）的有12篇。通过原型形象塑造进行分析，具体如下：

（一）富有传奇色彩的女强人

《环球人物》对美国的政治、经济、文娱、科技等各个领域的女强人和女精英都进行了详细报道，比如在政治领域包括美国前国务卿赖斯，同时她也是美国历史上就任此职的第一位女性非洲裔美国人；美国历史上最有实权的前第一夫人，现任国务卿希拉里；现任美国第一夫人米歇尔；美联储新任主席耶伦；亚洲裔从政的交通部副部长赵小兰等。在经济领域包括传媒女巨头阿丽安娜·赫芬顿，为母亲们解决难题的全球最富模特爱尔兰，荣获诺贝尔经济学奖的奥斯特罗姆等。在科技领域有被誉为"天神"

的优秀女宇航员摩根，在中国养牛 60 年的美国核专家辛顿，在慈善事业上慷慨助人的布鲁克·阿斯特，创建乳腺癌基金会的南希，热心于中国教育事业的志愿者柯慧捷等。在文娱领域获得奥斯卡三项大奖的安妮·普罗，首位获得奥斯卡女导演奖的比奇洛·毕格罗，被誉为"脱口秀女王"的温弗里等。譬如:《环球人物》在报道美国最慷慨的女人，105 岁的"慈善女王"布鲁克·阿斯特时:

她将阿斯特家族拥有的几家大酒店以及《新闻周刊》卖掉，换得千万美金。从 1960 年到 1997 年，她一共捐出了近两亿美元的善款，接受捐助的机构超过了 1000 个。1998 年，阿斯特夫人获得了美国平民能够获得的最高荣誉——总统自由勋章。

（二）胆识惊人的女英雄

果敢英勇、不畏权力，甚至关于对政治权威提出挑战的女性英雄在《环球人物》报道中也是大有人在，主体现在两个方面:一个是为了维护权利敢于直接对权威提出挑战，另一个则是坚守职责，在危险面前毫不畏惧，表现出惊人的胆识。这两种人都是美国平民心目中的英雄。

维护自由、反对战争是对她们抗争精神的概括。比如勇于揭发布什老底儿的"反战母亲"希恩，她的儿子凯西在伊拉克战场上中弹身亡，此后这位母亲投入到了反对战争的志愿者行列。对此，这位母亲曾说:

凯西成了"英雄",但我宁愿他作为胆小鬼而活着回来,让我可以与他说话,给他拥抱和圣诞礼物。凯西是自愿参军的,但布什滥用了我儿子的责任感和荣誉感。这是一场为布什控制中东、为某些集团的石油利益而打的一场不道德的战争,凯西不值得为他们去送命。

再比如:在美军近年来最大的一起内部枪击事件中,有近40名军人受伤,13 人丧命。危急时刻,女警察穆勒挺身而出,果断出手击伤了凶手,一夜之间,穆勒成为美国的女英雄。正如报道中所描述的:

身高不足 1.6 米、身材娇小的 34 岁的女警察穆勒,在接到报警之后不到 3 分钟就赶到现场,一分钟内四枪放倒了疯狂杀手哈桑,自己也身中三枪、不支倒地。被击伤的凶手随后被擒获。人们认为如果不是她的果断出手和枪法精湛,后果将更加糟糕。

《环球人物》在对这些女强人、女英雄进行报道时,可以看出她们的所作所为是符合中国的审美标准的,她们侠肝义胆,乐于助人,忠于职守,尽职职责,赢得了世人的尊重和赞叹。但是与典型人物报道所不同的是,缺少了传播的意味,而只是从新闻价值的角度,对人性的真善美予以肯定,这种褒扬超越了国界和民族,是人类所共有的道德财富,因此比较容易为读者所接受,也能够达到比较好的传播效果。

（三）物质至上的失败者

在遭受失败的相关报道中，有各种各样的失败者，她们或者是由于违法犯罪而受到处罚，或者是由于性丑闻或者性贿赂而致使名誉受损，或者是由于奉行纯粹的物质主义而遭人唾弃。其中，最具有代表性的是美国的女商人利昂娜·赫姆斯莱利，她曾经因为逃税入狱和吝啬成癖而登上《时代》周刊封面，被人称为"最吝啬的美国女人""吝啬女王""女葛朗台"等。

利昂娜的晚年非常凄凉。《华尔街日报》曾经这样描述她的生活：没有家庭，也没有朋友……晚上经常孤单地在豪宅里看电视，和她最亲密的是一头名为"麻烦"的狗。她有大笔财富，却悲哀地说："我没有生命。"

再比如，被人称为全球最有名的败家子的凯西·强生，年仅29岁，是强生公司的女继承人，她挥土如金、口出狂言、偷盗滥交，最终因为重大盗窃罪而被捕。通过这些失败者的报道，可以看出今年来，名门的堕落故事以及后代的道德教育越来越引人关注，同时也出现了道德危机，正如报道中说的：

根据美国布鲁克林家族企业学院研究表明：全球范围内，家族企业的平均寿命只有24年，只有约30%的家族企业能传到第2代，能传至第3代的还不足13%。

通过对这些物质金钱至上的女性们的报道，反映出一个当前国内外共同面临的德育问题。目前的商品经济十分繁荣，但是人们的道德水准却每况愈下。尤其是近年来媒体对于官二代、富二代的负面报道比比皆是，侧面反映出当今社会日益加大的贫富差距以及存在的道德危机。这些报道将重点放在上层社会，通过对富豪以及子女的相关报道，把德育问题放在媒体聚光灯下，令世人深思。这种报道手法十分接近公共新闻学所提倡的报道理念——通过媒体报道，引发受众深思，进而共同寻求解决问题的方法。从中也可以看出，中国的国际人物报道在不断发展，并且越来越与世界级媒体接轨，从而力争打造国际一流媒体。

第三节　"原型"与国际人物报道的话语符号

在《时代》周刊中，关于女性的报道有177篇，平均年龄约为50岁，其中对于中国女性的报道有17篇，约占女性报道总比的10%。在本节中，主要从主题设置和行为结果这两个方面对这些女性的原型形象进行分析，与此同时，还对《时代》周刊中的中国女性原型形象塑造进行分析。

在《时代》周刊对女性的报道中，其主题设置有22小类，归总起来可以分成10大类，它们分别是：政治改革、参政议政、争取人权、文学创作、宗教信仰、体育运动、追求时尚、环境保护、经济竞争和职业表现。

如下图所示：

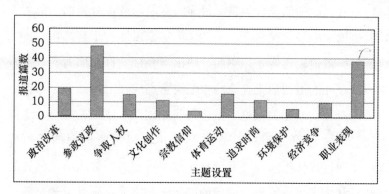

图 4 - 3　《时代》周刊女性报道的主题设置和女性原型形象塑造

通过上表可以看出，按照报道的数量由大到小是：参政议政（48 篇），职业表现（38 篇），政治改革（19 篇），体育运动（16 篇），争取人权（15 篇），文学创作（11 篇），追求时尚（11 篇），经济竞争（10 篇），环境保护（5 篇），宗教信仰（4篇）。除了主题设置，从行为结果来看，又可以分成 5 类：获得成功（140 篇），得到赞扬（20 篇），遭受失败（6 篇），受到处罚（6 篇），备受争议（5 篇）。如下图所示：

通过上图可以看出，《时代》周刊对于获得成功的女性进行的报道数量最大，有 160 篇，占报道总量的 91%，主要包括获得成功（140 篇），得到赞扬（20 篇）。这里所述的成功是指的影响力，即在一定程度上改变他人的思想和行为的能力。譬如：《时代》周刊每年都评选出全球最具影响力的 100 人，分别冠以"英雄""先驱""领袖""天才"等称谓。具体来看，对女性形象塑造的情况如下：

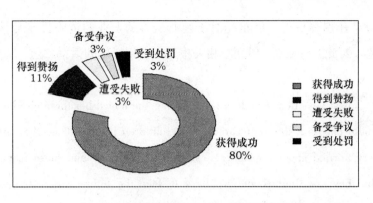

图 4-4 《时代》周刊女性报道的行为结果和女性原型形象塑造

一、政治女性的"宿命"

《时代》周刊在有关女性的 177 篇报道中,与政治相关的有 82 篇,主要包括:参政议政(48 篇),政治改革(19 篇),争取人权(15 篇),约占报道总数的一半。从历史上看,妇女参政的历史并不长,1866 年英国妇女第一次提出了妇女选举权,1869 年美国妇女正式提出"妇女参政"口号。但是在当今的世界政坛中,女性们也占据了比较重要的位置。在这些报道中,通过分析这些女政治家们的政坛生涯可以看出,大致可以分成三类:一类是属于家族政治,由于出身名门而有赖于父母的政治威信,另一类是依靠丈夫或者男友而投身政治,还有一类则属于通过自身的打拼而赢得了民众的支持,她们则被称为"另类"女性。

比如:巴基斯坦前女总理贝布托,她的父亲在 1967 年创建了人民党,后来成为巴基斯坦总理,在 1979 年被军政府处以绞刑。贝布托继承了她父亲的衣钵,出任了巴基斯坦总理,不幸在

2007 年遇袭身亡。贝布托对于她所从事的职业的危险性十分清楚。对此,《时代》周刊在相关报道中引用了她的话:

Last year Benazir told a reporter that she hoped her three children would choose a different career. "My children have told me they are very worried about my safety," she said. "I understand those fears. But they are Bhuttos and we have to face the future with courage, whatever it brings."

（自译:去年贝布托告诉一名记者,她希望她的三个孩子能够选择一个不同的职业。"我的孩子们告诉我,他们非常担心我的安全,"她说:"我理解那些恐惧。但是他们是贝布托家族的人,不管发生什么,我们都只能拿出勇气来去面对未来。"）

与贝布托的家族政治所不同的是,有的女性则是由于配偶的原因而步入政坛,譬如法国女政治家罗亚尔（Ségolène Royal）,曾经与法国前总统奥朗德（Francois Hollande）同居了 30 年。在 2007 年,两人提出分手,《时代》周刊对这两位法国政界精英的私生活进行了报道:

The boldest example of that revolution came this week, with the announcement by former Socialist presidential candidate Ségolène Royal that her nearly 30-year relationship with party leader Francois Hollande, the father of her four children, had gone bust.

（自译:本周关于革命的最醒目的例子是,前社会党总统候选人塞戈莱纳·罗亚尔声称，她与该党领袖弗朗索瓦·奥朗德，同时也是她 4 个孩子的父亲，近 30 年的关系已经破裂。）

除此之外，还有一些女性是依靠自身的才华和打拼得以在政坛上展露锋芒。譬如埃伦·约翰逊·瑟利夫（Ellen Johnson Sirleaf），她是非洲历史上第一位民选女总统，在相关报道中对她进行了很高的评价：

Ellen Johnson-Sirleaf is a magnificent leader and an amazing woman. In January I attended her inauguration in Monrovia, where she delivered a moving and inspiring address that spoke directly to the women of Liberia, of Africa and of the world.

（自译：埃伦·约翰逊·瑟利夫是一个伟大的领袖和一个杰出的女人。1 月份我在蒙罗维亚出席了她的就职典礼，在那里她发表了一个令人感动和深受鼓舞的演讲，演讲直接面向利比里亚妇女，非洲妇女，乃至全世界的妇女。）

《时代》周刊对这三种政治女性的报道，基本上反映出当前女性在政坛上所处的状态。女性深受男权政治的影响，只是处在附属位置，即便偶有成功者，却被视为"另类"人物。所谓"另类"，常被理解为可取的、连续的和可行的社会行动、社会进程和社会结构，从根本上有别于主流。此外，在对这些政治女性进行报道时，对其性别的关注远远大于对她的事业与成就的关注。

二、职场中的完美"偶像"女性

《时代》周刊女性报道的 177 篇样本中，与政治相关的报道数量最多，其次则是关于文娱界女性的相关报道，有 60 篇，包括职业表现（38 篇），文学创作（11 篇），追求时尚（11 篇）。其中，在职业表现的相关报道中，多数是对于演艺界女明星、女模特、女歌手等的报道，这些报道大都对于她们出色的职业表现予以了肯定。

譬如《时代》周刊在报道英国女演员凯特·温斯莱特（Kate Winslet）时：

At 33, Winslet has become not only the finest actress of her generation but in many ways also the perfect actress for this moment. She's intense without being humorless. She's international in outlook. She's ambitious but cheerfully self-deflating, capable of glamour but also expressive of a kind of jolting common sense. She has a strong professional ethic, which she somehow balances with her domestic life. And, cementing her status as an icon of the Era of New Seriousness, she really likes hard work.

（他译：年仅 33 岁，温斯莱特不但已经成为她这一代中最好的女演员，而且从各种方面而言都堪称完美。她个性强烈而不乏幽默，具有国际化的表演空间。在艺术上野心勃勃却从未狂妄张扬，她富于才华、魅力但同时又令人惊异地富于常识。她有着非常强的职业精神，并设法在工作和家庭生活之间取得了平衡。作为"新严肃时代"象征性的偶像，她工作得确实非常努力。①）

再譬如《时代》周刊在报道匈牙利 105 岁的瓷器设计师伊娃·蔡塞尔（Eva Zeisel）时：

Zeisel estimates that she has designed 100,000 products. And at age 100, she is still working every day. "I don't like the word still," she says firmly. "I am working." Her eyesight is failing. "But," she says, "the way an object feels is important. My hands are just as important as my eyes."

（自译：蔡塞尔估计她已经设计了 100000 件产品。甚至在她一百岁时，她仍然每天坚持工作，"我不喜欢'仍然'这个词"，她坚定地说，"我只是一直在工作。"她的视力在下降，"但是，"她说，"一件物品的手感也是非常重要的，我的手和我的眼睛一样重要。"）

《时代》周刊对职场女性的报道，多数与文艺有关，并且认为这个领域中的女性堪称完美，从而体现出了《时代》周刊对女性的评价标准，并且多半是站在男性的视角上，认为女性应该在其自然美的基础上，继续发挥女性的气质美。在这些报道中，

---

① 《此刻属于凯特·温斯莱特》，陷入的博的博客，http://blog. sina. com. cn/s/blog_ 555eb4070100una7. html，2011 年 7 月 1 日。

大多记者为男性,他们常常直抒胸臆发表自身的观点,并且毫无掩饰地表达自己对女性的评价,尤其是重视她们对于事业和家庭的平衡能力。从这个角度上来看,《时代》周刊的报道从本质并没有脱离"旧有"的妇女观。

此外,在《时代》周刊的女性报道中,关于宗教信仰的只有4篇,主要报道的是这些神圣的"修女"如何投身于慈善公益事业,并且为周围的人们产生了重要的影响,即便她们其中有些人已经去世多年,但是这种影响一直持续到今天。譬如:伊拉克的马迪哈(Madeeha Hasan Odhaib)被称为"巴格达的特里萨修女"。文章节选如下:

Madeeha Hasan Odhaib is a diminutive, 37-year-old seamstress whom some people have begun calling the Mother Teresa of Baghdad. She's devoted her energies to helping Iraq's internally displaced people, particularly in the Karada district where she lives.

(自译:马迪哈是一个身材矮小,37 岁的女裁缝,已经有人开始称她是巴格达的特里萨修女。她把她的精力都用于帮助伊拉克的国内流离失所者,尤其是在她所居住的卡拉达区。)

印度的特里萨修女是世界著名的慈善家,她把一生都奉献给了为穷人服务、消除贫困的事业中,深为世人所敬仰。伊拉克的马迪哈女士也是如此,她虽然不是真正的修女,但是却用自己的力量帮助无家可归者,将特里萨修女大爱无疆的精神传扬下去。

三、体育界的"女英雄"形象和中国的"体育强国梦"

在《时代》周刊中对中国女性的报道有 17 篇，其中关于文娱界和体育界的相关报道就有 9 篇。由此可见，《时代》周刊非常注重对中国成功的女运动员进行报道，例如在报道中国女子网球运动员李娜时，不仅有对她参加各种国际比赛的相关实时报道，还有对她的个人专访等等，并且李娜还被当选为《时代》周刊 2013 年全球最具影响力人物。

在《时代》周刊的报道中，除了对于运动员自身的采访报道之外，还经常采取国家民族的宏观叙事模式对此进行描述。在他们看来，中国的体育事业不仅仅是一种职业，更是一种被国家民族赋予了重大历史责任——使中国能够立足于世界民族之林，以及体现着一种强烈的精神力量。与此同时，中国运动员在赛场上所取得的成绩不仅仅代表自己，更是国家形象的重要组成部分。从这个角度来看，《时代》周刊的报道常常以中国的体育强国梦作为背景来对中国的运动员进行评价。譬如在报道李娜时：

China has changed, and a decent backhand is now considered de rigueur among many progeny of the Chinese elite. There's also the matter of international glory: Like dozens of other sports, tennis was targeted by the country's sports czars as a possible manufacturer of gold medals and world titles. In the 1990s, China poured money into ten-

nis, siphoning off promising players, like Li, from an already domi-
nant badminton program.

（自译：中国已经发生了改变。在许多中国精英的后裔眼里，
一个体面的反手击球现在也被认为是符合礼仪的。这也事关国际
荣誉，像很多其它运动一样，网球曾经被这个国家的体育牛人们
视为能够去争夺金牌和世界冠军称号的工具。在二十世纪九十年
代，中国向网球运动投入资金，从已经占据优势的羽毛球运动中
抽调像李娜这样有希望的运动员。）

在这篇报道中，作者明确地指出了目前中国的体育发生了变
化，以前网球曾经被中国的"sports czars"（体育牛人们）看作
是争夺金牌和世界冠军称号的工具。现在许多的中国精英的后裔
则把一个体面的反手击球看做是一种国际礼仪。从对李娜报道中
可以看出《时代》周刊的一种叙事模式：过去，在中国，锻炼
身体、强健体魄的体育运动被国家政治化，运动场上的女英雄和
她们所获得的金牌、冠军等荣誉成为了国家体育强国梦的标志符
号。因为国家对体育事业的行政化控制，从对运动员的选拔到资
金的投入，国家对体育事业的行政化控制是自始至终的，并且一
切工作都是围绕争夺金牌和世界冠军等国际荣誉而进行的，在这
种情况下，运动员的个人价值在国家形象的宏观建构中则显得比
较微弱了。然而目前，中国精英们的理念发生了变化，把体育作
为国际礼仪来对待，从而反映出中国的体育强国梦想观念的
改变。

综上所述，《时代》周刊在对女性形象进行塑造时，是以女

性作为男权社会的附属为前提的。对此，"波伏娃曾经使用'他者'来阐释父权社会中的女人文化身份和社会地位，尖锐指出：男人的主体性的确立正是以对女人的客体性、从属性的'他者'位置的设定为前提。"①

———————————

　　①　曹新伟：《大众文化视阈下的"他者"景观——王海鸽作品解读》，《电影评介》2009 年第 6 期。

第五章　国际人物报道叙事
建构的动因

　　本章主要就前面所述的《环球人物》和《时代》周刊人物报道叙事建构的明显差异，对各自的动因进行进一步的分析。首先，从中西方的文化传统和伦理内核进行分析。中国的文化传统认为"天人合一"，因此个体是包含在整体中的，起作用是为整体的利益而服务的。西方的文化传统则认为"天人相分"，个体的权利是被放在首位的，突出的个人主义。然而在今天，随着全球化进程的加快，消费主义愈演愈烈，无论中西文化在不同程度上都受到了侵染，所不同的是，一方是文化霸权的推行者，而另一方则是被动的承受者。其次是社会价值观念的差异，主要是意识形态方面的差异对国际人物报道产生了一定的影响。《环球人物》的人物报道比较严肃，注重逻辑性，《时代》周刊的人物报道则比较注重人情味，突出思维的跳跃性。最后是新闻传播观念的转型对国际人物报道的影响，在对中西国际人物报道的发展轨迹进行梳理之后，可以看到中国的国际人物报道在很大程度上受到西方新闻传播新思潮的影响，但是由于意识形态的差异，对一些新闻中的基本问题的看法仍然存在博弈，尤其是在当今的新媒体背景下，中西方对"权力与技术关系"上仍存在不同看法，西方想通过互联网而实现民主乌托邦的梦想，在中国看来，互联网则是一把双刃剑，它的存在不可能脱离真实世界。

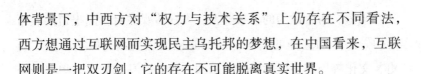

第一节　传统文化观念的传承

本书的第二章和第三章分别从宏观角度和微观角度对国际人物报道的叙事建构方式进行了详细的展示，并且对《环球人物》和《时代》周刊国际人物报道的叙事建构方式所存在的差别进行了对比分析。

接下来所引出的一个问题就是：造成这些差别的深层次原因究竟何在呢？这就是本章主要探讨的问题。

关于新闻报道的叙事建构方式，正如美国学者恩特曼（Robert Eteman）所说的："人们主动选择叙事建构来呈现社会真实，同时叙事建构作为社会真实的一部分，也是新闻的重要属性。大众媒介可以通过叙事建构来再现一些事物，从而系统地影响受众对事物的认知。"[1] 由此可以看出，恩特曼认为叙事建构的呈现方式是人们主动选择的结果。但是，这种主动选择并非是

---

① Price. V. , Tewksbury. D. & Power. E. *Switching trains of thought*: *The impact of news frames on reader's cognitive responses*, Paper Presented at the annual conference of the Midwest Association for Public Opinion Research, Chieago, II, 1995, November.

随心所欲、为所欲为的。事实上,大众传媒在对新闻报道的叙事建构做出主动选择的同时,是不能也无法脱离当时的社会、历史、文化等周围环境的影响和制约。对此,马克思在与恩格斯合著的《德意志意识形态》中曾说:"以一定的方式进行生产活动的一定的个人,发生一定的社会关系和政治关系"。①

由此可见,人都是存在于社会中的,每个时代、每个社会中的人都会受到当时的社会环境的影响,并且与历史的发展紧密相连。在本章中,分别从文化传统、伦理观念、社会价值观念以及新闻传播观念等不同的角度来探讨对国际人物报道所产生的影响。

由于历史的差异,中西方的文化也存在着明显的差异,但是学界对西方文化的范畴与所指却存在不同看法,在本书中所指的西方文化是"希腊、罗马的传统加上后来整合进去的基督教传统,经文艺复兴、宗教改革与启蒙运动而在近几百年来大盛于西欧、北美的文化系统"。②

将中西文化进行对比分析对于进一步探讨中西国际人物报道的差异有着重要作用。众所周知,中国与西方的文化传统与伦理观念存在着明显的差别,尤其是中美两国,在知识观方面存在明显差异。

---

① 《马克思恩格斯选集》第 1 卷,人民出版社 1972 年版,第 29 页。
② 张威:《比较新闻学:方法与考证》,南方日报出版社 2003 年版,第 1 页。

如下图所示：

表 5 - 1　中美的知识观差异

国家 知识观	中国	美国
知识来源	主体和人类社会	客观世界
知识性质	知识是主体的体验和行为	知识是客观存在的真理
获取知识的方式	强调通过学习与实践来获得	强调通过实证与分析来获得
知识模式	经验型	实证型

通过上表可以看出，中美的知识观从知识来源、知识性质、获取知识的方式以及知识模式方面存在明显差异。具体来说，以目前比较热门的"软实力"为例，就能够看出中美对"中国软实力现状"的认知差异。"软实力"的提出者，美国学者约瑟夫·奈（Joseph S. Nye）对"中国软实力"现状的评价比较悲观，他认为中国在"软实力"指标，即"国家凝聚力""文化全球普及性""国际机构中的作用"等方面比较落后。随着中国经济的快速发展，他的观点有了一些变化，他认为中国的传统文化还具有一定的全球吸引力。

中国对"中国软实力"现状的观点主要是基于三个层面：中国软实力的力量源泉、中国软实力的发展渠道和中美软实力的竞争态势。中国认为中国传统文化是具有全球文化吸引力的，而目前中国经济有了巨大飞跃，已经成为世界第二大经济体，所以能够通过物质投入来为输出文化铺平道路，并且认为目前中美之间在文化领域处于一种"竞合关系"，而非"零和关系"，从而否认了约瑟夫·耐的西方霸权中心的观点，倡导建立多元化的、求同存异、共同发展的和谐世界。

一、中国文化传统中的伦理内核

梳理中国传统文化的发展路径和伦理内核，分析其对人物报道产生的作用和影响，需要对中国的历史进行清晰描述，需要对史学文化进行详细剖析，需要对古代知识分子理想的人格与气质进行深入了解等。

首先，从中国的历史文化叙事来看，汪晖在他的《现代中国思想的兴起》中对其进行了系统梳理。他认为关于中国叙事有两种形式：一种是作为"帝国"的中国叙事，另一种是作为"民族——国家"的中国叙事。

在"帝国"叙事中，中国被描述为"一种多民族的、依赖文化认同的（而非民族和政治认同的）'想象的共同体'或'文明'"。① 在"民族——国家"叙事中，美国汉学家费正清（John King Fairbank）提出的"挑战——回应"模式最为人们所熟悉，他"将中国视为一个有着独特的文化、价值、机制的相对自足的文明。"② 可见，这两种中国叙事都将中国视为一种拥有某种共

① 汪晖：《现代中国思想的兴起（上卷第 1 部）》，生活·读书·新知三联书店 2008 年版，第 2 页。
② 汪晖：《现代中国思想的兴起（上卷第 1 部）》，生活·读书·新知三联书店 2008 年版，第 3 页。

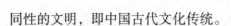

同性的文明，即中国古代文化传统。

在中国五千余年的历史文化长河中，天人合一，即人与自然的和谐与统一，可以说是其文化内核，"天与人、天道与人道、天理与人性是相类相通的，因而可以达到天人和谐统一的境界"。① 无论是老庄道学的无为而治，还是孔孟儒学所提倡的仁义礼智信，其核心都是在追求社会的和谐发展，其根本表现就是对自然界的认知。

老子在《道德经》中说："上善若水。水善利万物而不争，处众人之所恶，故几于道"。水是自然界中最常态化的物质，也是所有生命赖以生存的基本条件，人们却因为对水的习以为常而忽略了它的存在。在老子看来，水与世无争，却又慷慨大方，为人们洗涤污垢，荡涤尘埃，水能够和世间万物和谐相处，因此水的品性最接近于道了。庄子在《庄子·知北游》中说："天地有大美而不言"。在庄子看来，天地、四时以及万物自身的存在、运转反映的是一种大和的境界。曾子在《中庸》中说："万物并育而不相害，道并行而不相悖。小德川流，大德敦化，此天地之所以为大也"。意思是说世间万物都能够自由生长，相互没有妨害，就像道一样能够各得其所，并行不悖；小的德行就像自然界的小河能够星罗棋布，和谐交叉，大的德行则能够无所不包，没有穷尽；因此可以说宇宙虚空是不可思议的。古人认为这种"天人合一"是最完美的，他们称之为"太和"。所谓"太和"，不仅指自然界、人类社会、也包括整个宇宙虚空的和谐。

---

① 张应杭、蔡海榕：《中国文化传统概论》，上海人民出版社 2000 年版，第 18 页。

中国哲学推崇"天人合一"，中国古人常通过对自然界的直觉来完成体验与感悟，从而将人和自然界联系起来，实现主体与客体的统一，达到圆融境界。"应和这种传统文化的特点，中国人物报道突出的写作特征是：报道主体与客体的高度融合，人物渗透有记者鲜明的思想感情"。①

其次是史传文化与人物传记的关系。国学大师钱穆先生曾说："中国民族，可算是最看重历史的民族。中国文化，亦可以说是最看重历史的文化"。② 我国的史学文化可以说源远流长，早在殷商时期，就有专门的史官来负责文化管理事宜。从西周开始又将史官进行了详细划分，比如说有太史（掌管编写史书）、小史（掌管礼仪）、内史（掌管法律）、外史（掌管四方地志）。这些官员各有分工，详细来看，太史主要负责掌管书籍，天文历法，编写史书等。外史主要记录诸侯各国发生的重要事件。

在记录历史的过程中，史官们主要是对人物和事件进行描述，比如司马迁的《史记》，共有130篇文章，除了8书，10表之外，有关人物传记的有12本纪，30世家和70列传，分别按照人物的不同身份以及作者对他们的不同评价来作传。《史记》中的人物形象逼真，栩栩如生，故事经典，词韵优美，奠定了我国史传文学的根基，被后人称为"史家之绝唱，无韵之离骚"。

史传文学从写作体例、写作手法和写作技巧等方面对于我国

---

① 秦志希：《中西比较：人物报道的文化透视》，《中国广播电视学刊》1997年第12期。

② 吴定宇：《新闻报道的写作与史传文化》，《中山大学学报论丛》2002年22卷第2期。

的新闻报道影响深远。从写作体例来看，史传文学主要采取的是人物传记的方式，对人物的生平进行简要记录，对与人物密切相关的事实进行完整而详实的叙述，对人物的思想进行剖析与评述等。从这个角度来看，史传文学与人物报道存在着密切的联系。人物报道的对象是在某个领域拥有较大影响力的新闻人物，报道中常会对新闻人物进行简要介绍，对其言行举止进行绘声绘色的描述，通过言语或者言语反映等多种方式对新闻人物进行评论与评价，从而塑造一个完整的人物形象。对此，美国传播学者威廉·大卫·斯隆在《最佳普利策新闻奖获奖作品》中曾经说："新闻之所以重要，主要有一个原因，那就是：人。它写人，影响人，而且通常只有当它对人有影响时，最无生气的题目才会显得重要"。①

从写作手法和写作技巧来看，史传文学比较注重运用历史叙事方式，主要运用文学的笔法和技巧，对历史人物形象进行刻画。其中，史官们对于历史和掌故有着特殊的偏爱，常在写作过程中引经据典，字里行间传情达意，通过对历史的回顾，间接表达自己的主张，达到以史为鉴、以史为镜的写作目的和传播效果。比如孔子所作的《春秋》，主要目的是"寓褒贬，别善恶"，被后人称为"春秋笔法"。此外，史官们在历史叙事中讲究虚实结合，主要以历史事实为主，但是也会发挥自己的想象，融入自己的真情实感，从而体现出了一定的传奇色彩。对此，清代学者李渔曾说："传奇之用事，或古或今，有虚有实，随人拈取。古

---

① 秦志希：《中西比较：人物报道的文化透视》，《中国广播电视学刊》1997 年第 12 期。

者，书籍所载，古人现成之事也；今者，耳目传闻，当时仅见之事也；实者，就事敷陈，不假造作，有根据之谓也；虚者，空中楼阁，随意构成，无影无形之谓也"。[①]由此可见，史传文学的写作体例、写作手法和写作技巧对于人物报道也产生了一定的影响。

最后是史官的理想人格对人物报道的影响。书法无隐、求真纪实是史官的职业操守；刚正不阿、实事求是是史官理想的人格。他们秉笔直书，一丝不苟，甚至有人不惜牺牲生命来维护史官这个职业的清誉。

我国的史书中有不少这样的记载，最为著名的是《左传》中曾经记载的两件重要事件。一件是公元前607年，晋国的执政大臣赵盾与晋灵公反目为仇，外逃避难。他还没有离开国境，听说堂弟赵穿杀死了晋灵公，于是又回到都城。当时的太史董狐依据事实记录下来，写的是"赵盾弑其君"。一个"弑"字，反映出赵盾此举乃是谋反。面对赵盾所提出的异议，董狐义正辞严地回答说："子为正卿，亡不越境，返不讨贼，非子而谁？"

另一件是公元前548年，齐国大夫崔杼杀死了齐庄公，当时的太史写的是："崔杼弑其君"，同样也是一个"弑"字，反映出崔杼以下犯上。崔杼威逼齐太史将这个字改为"杀"字，以此体现出自己与君主是同一等级，从而抹去谋反的罪名。然而，齐太史坚持"书法无隐"的原则，后遭遇崔杼杀害。所谓"书法无隐"，原本是孔子对董狐的评价，意在赞叹史官在记事记言

---

① 郭绍虞：《中国历代文论选（第三册）》，上海古籍出版社1980年版，第274页。

过程中所拥有的既求真务实又大无畏的节操。齐太史死后，他的一个弟弟继续担任太史，因为和哥哥的做法一致，又被崔杼杀害。两人死后，齐太史的另外一个弟弟在继任太史之位后，也和哥哥们的做法一致。最终，崔杼无可奈何，只好让他在史书中记录下"崔杼弑其君"。

在历史上，史官虽然职位卑微，但是由于他们的崇高气节，深受人们敬仰，也体现出了中国古代知识分子们的气节。史官的主要职责是记录历史，按照历史的本来面目进行详实具体的记述，这些对新闻报道也产生了一定影响。众所周知，真实是新闻的生命，新闻报道的根本原则是实事求是。史官们这种不畏强权、舍生取义的高尚品质在无形之中渗入到新闻报道中。比如新闻从业人员所讲求的"新闻伦理自律"，具体来说，"是指新闻媒体、新闻界和新闻工作者以成文的伦理规约或不成文的专业理念和价值观对自己的职业行为进行的自我'授权'和自我'限权'，其中自我约束是主要的方面。从积极的方面来说，新闻伦理教育有助于培养记者的职业理想和操守，即以捍卫公众利益为宗旨，揭露权力运作可能导致的腐败，同时防止自身堕落。"[1]

综上所述，从史传文学到新闻报道，史学文化的精髓已经渗入到了人物报道中。史官们娴熟干练的文笔功底，秉笔直书的敬业精神，不畏强权的高尚品德都令人佩服，并且得到了新闻从业人员的继承和发扬。从如今的人物报道中可以看出，我国的新闻工作者怀揣着一种激情四溢的史传情怀，他们肩负着继承历史、

---

① 展江：《各国舆论监督的法律保障与伦理约束》，《中国青年政治学院学报》2005 年第 4 期。

记录现实、书写未来的重要责任，对工作克己奉公、兢兢业业，使史传文学的优良传统得以传承。对于人物报道，他们在叙事方式上主要采取纵向直线的结构，按照时间顺序，对事件的来龙去脉进行详细叙述，脉络清晰，层次分明。在写作手法上，夹叙夹议，叙议结合，叙述为主，议论为辅。一些优秀的记者在采访报道过程中，还能够以史学家的洞察力，对新闻人物和新闻事件做出独到的见解。因此，研究我国的史传文学，对提升人物报道的质量能够起到一定的指导作用。

二、西方文化传统中的伦理内核

中国文化虽然具备和谐之美，但是在美国汉学家们看来，"（中国文明）由于缺乏内发的资本主义动力，这个文明——无论多么精致优美——的现代进程是在遭遇欧洲文明挑战的语境中展开的"。①

与中国文明恰恰相反，西方文明根植于"天人相分"，认为人与自然是相分离的，主张重视个体、崇尚自由，个体的权利被放置在首位，直到今天也是如此。"如果说现今西方文化中的个人主义发生了某些变化，那只能说它比以往任何历史时期的个人主义都更加丰富多样起来"。② 按照这一文化主义逻辑，西方现

---

① 汪晖：《现代中国思想的兴起（上卷第1部）》，生活·读书·新知三联书店 2008 年版，第 3 页。

② 杨明、张伟：《个人主义：西方文化的核心价值观》，《南京社会科学》2007 年第 4 期。

代性的核心是"挑战"，对于其他不发达国家来说，它们的现代性是遭遇西方文明挑战后的"回应"过程。随着时代的发展，这种"挑战——回应"的斗争从政治经济领域发生了转移，如今文化领域成为主要的争夺对象。其中，"文化领导权"（Cultural hegemony）则是西方中心主义者们所最为关注的内容。

"文化领导权"，旧时被翻译成"文化霸权"，最早由意大利共产党领袖葛兰西提出并且予以了系统的阐述，"实际就是指意识形态方面的控制权，它无所不在，但又似乎无迹可求，类似于文化的作用或中国古代所说的王道，而王道恰与霸道相对"。①"葛兰西的看法是，特殊社会集团的斗争有许多不同的方式，包括在意识形态上赢得其他集团的赞同以及在思想和实践两方面取得对它们的一种优越性。葛兰西称此种权力形式为领导权"。②在葛兰西看来，文化领导权的意义优先于政治和经济的统治，他曾说过："一个社会集团能够也必须在赢得政权之前开始行使'领导权'（这就是赢得政权的首要条件之一）；当它行使政权的时候就最终成了统治者，但它即使是牢牢地掌握住了政权，也必须继续以往的'领导'"。③由此可见，葛兰西的观点是对马克思主义的进一步发展，是对阶级简化论的重要补充。他认为在历史进程中，任何权力集团要想确立一种新秩序，不仅仅依靠强制性的国家暴力机构，更重要的是，需要通过一系列的传播，使社会

———————

① 李彬：《传播符号论》，清华大学出版社 2012 年版，第 232 页。

② ［英］霍尔：《表征：文化表象与意指实践》，徐亮、陆兴华译，商务印书馆 2003 年版，第 49 页。

③ ［意］安东尼奥·葛兰西：《狱中札记》，曹雷雨、姜丽、张跣译，中国社会科学出版社 2000 年版，第 38 页。

大众从价值观的角度来主动接受，并且建立一套社会公认的秩序和准则。

文化领导权在冷战结束后已经被西方国家作为一种根本手段来实现其利益的最大化。冷战结束后，在如何建立新的伦理秩序问题上，美国的国际政治理论家亨廷顿（Samuel P. Huntington）的"文明冲突论"可谓是影响最大。他认为随着人类文明的发展进步，人类冲突的根本原因将不再只存在于意识形态领域或者是经济领域，文化领域的差异与分歧将成为人类发生冲突的重要因素。但是在他的具体论述中不难看出，亨廷顿在对内对外相同事实进行分析时具有双重标准的烙印。他一方面把外国的尤其是发展中国家的军火贸易作为文明冲突的佐证，但是另一方面却对美国是当今世界上最大的军火商这个事实讳莫如深。透过这些现象不难看出，亨廷顿的"文明冲突论"并未能摆脱西方中心主义的影响，而是打上了文化帝国主义（Cultural imperialism）的烙印。正如马克思所说的："支配着物质生产资料的阶级，同时也支配着精神生产资料"。

"文化帝国主义"一词，最早是在 1969 年由美国传播学者席勒（Herbert Schiller）在《大众传播与美利坚帝国》一书中率先提出的，并且把矛头指向美国，认为美国的传媒公司醉心于破坏发展中国家的民族文化。以美国为代表的西方发达国家控制着国际大众传媒，在向发展中国家输出文化制品的同时，也在渐渐地削弱着民族文化，这就像早期殖民者掠夺殖民地国家的自然资源来增加殖民国家的财富积累一样。席勒的观点发表之后，得到了不同国家许多学者的响应，比如美国学者汤姆林森（John Tomlinson）在他的《文化帝国主义》一书中认为文化帝国主义的本质是资本主义原罪，它贪婪的本性促使资本主义不断生产和再生产着一种消费文化。

　　大众传媒的全球化，不仅影响到全球的媒介市场，而且影响到整个社会的政治、经济、文化。但是我们也应该看到，资本主义核心国家以其对全球政治经济和文化资源的控制而占据着优越位置。[①] 对于发达国家来说，文化全球化是其对外输出文化制品的良好契机，可谓是名利双赢。对此，英国学者吉登斯（Antony Giddens）说："支持全球化的热情的吹鼓手们把商业、贸易、市场跟意识形态紧密地挂起钩来，以致把全球化变成了代表跨国公司、大资本财团利益的一种意识形态和一种对未来的导向。"[②] 但是对于发展中国家来说，文化全球化则无异于"潘多拉盒子"，文化帝国主义就是这个盒子里的主要内容。尤其是西方文化霸权对不发达国家和民族的话语权的掌控，使得这些国家和民族在国际上丧失了文化发言权，从而造成了他们文化日渐衰弱的状况。对此，埃及经济学家阿明（Samir Amin）认为："当代资本主义最显著的特征之一是生产过程的全球化。发达国家是全球化的中心，拥有资本、生产技术、营销网络并攫取绝大部分利润，其他国家只是充当全球化生产的劳动力。因此，全球化将资本主义逻辑无情地扩张到世界的每一个角落。第三世界国家追求

---

　　① 尹鸿、李彬：《全球化与大众传媒：冲突·融合·互动》，清华大学出版社 2002 年版，第 2 页。

　　② Antony Giddens, *Keynote Speech at the United Nations Conference on Globalization and Citizenship*, United Nations Research Institute for Social Development Newsletter, Autumn 96/Winter 97, P. 2.

工业化并不能阻止全球化进程，只是加速自己被中心的金融、技术、文化和军事力量所统治"。① 英国学者滕斯托尔（Jeremy Tunstall）也认为："文化帝国主义命题认定，这个世界上许多地方真正的、传统的和本土的文化正在被主要是来自美国的大量精心制作的商业和媒介产品的一古脑倾销而席卷出局"。② 此外，文化帝国主义所产生的负面影响包括使得其他国家的信息安全存在隐患甚至是正在遭受着侵犯。例如：在信息化时代，互联网的作用非同一般，但是目前世界上唯一的主根服务器设在美国，而12 台副服务器中有 9 台也设在美国。如此一来，这对于世界各国的信息安全都存在隐患。2013 年的"斯诺登事件"也用事实证明了这一点，美国政府目前正在毫无忌惮地保存一切他们能够掌握的信息。

三、商品经济对文化传统以及伦理观念的冲击

马克思在分析劳动与商品的关系时提出了"异化劳动"学说，即"从人那里（1）把自然界异化出去；（2）把他本身，把他自己的活动机能，把他的生命活动异化出去。"③ 这在当时主

---

① 王岳川：《全球化消费主义中的当代传媒问题》，见陶东风、金元浦、高丙中：《文化研究（第 1 辑）》，天津社会科学院出版社 2000 年版，第 213 页。

② Anokwa, Kwadwo Carolyn A. Lin & Michael B. Salwen, *International Communication: Concepts and Cases*, Belmont: Wadsworth Publishing Company, 2003, P. 230.

③ ［德］马克思：《1844 年经济学——哲学手稿》，人民出版社 1979 年版，第 49 页。

要批判了资本主义社会中人与自然以及人与自身出现的异化劳动现象。在马克思看来，异化劳动和劳动是不同的，由于异化劳动把人和自然界以及生命活动有机体进行了分离，因此主体在面对异化的东西时，就有别于主体面对常态化的东西，即两者之间的关系已经不是"主体性关系"。对此，马克思曾说："当现实的、有形体的、站在稳固的地球上呼吸着一切自然力的人通过自己的外化把自己现实的、对象性的本质力量设定为异己的对象时，这种设定并不是主体"。①

马克思在此基础上还对拜物教现象——即资本主义社会中人与人之间的真实关系被商品、货币或者资本掩盖起来而呈现的异化现象进行了批判，并且主要对商品拜物教进行了批判。在马克思看来，商品虽然是资本主义社会中极为常见的现象，但是在产品成为商品后会产生一种神秘的性质，其结果是物被主体化，人被物化。1856 年，马克思曾在《人民报》（People's Paper）创刊纪念会上的演讲中说："随着人类愈益控制自然，个人却似乎愈益成为别人的奴隶或自身的卑劣行为的奴隶。甚至科学的纯洁光辉仿佛也只能在愚昧无知的黑暗背景上闪耀。我们的一切发现和进步，似乎结果是使物质力量具有理智生命，而人的生命则化为愚钝的物质力量"。②

迄今为止，一百五十多年过去了，商品化的脚步不仅没有减缓，反而越来越快，并且覆盖了社会的方方面面，对于新闻学而

---

① ［德］马克思：《1844 年经济学——哲学手稿》，人民出版社 1979 年版，第 120 页。

② 《马克思恩格斯全集》第 12 卷，人民出版社 1962 年版，第 4 页。

言也受到了冲击，尤其是在新媒体时代，"当新闻（Journalism）变成传媒（Media）之后，一些学者认为，它已经失去了原有的存在理由，新闻已经不再是探讨人的社会实践，而变成了另一种喧哗取宠的商品"。[①] 然而，在信息商品理论家们看来，信息的生产与其他商品一样，都是依赖同一种资本主义生产关系，并且信息商品化的过程与一般的商品相比，并没有什么不同，都是劳动者的劳动产品通过交换之后获得了能够体现相应劳动价值的金钱。在信息生产领域存在不同的新手段，比如印刷术、照相术、影视、数字信号处理以及基因重组的生物技术等，都包含着劳动者创造性的劳动。关于商品化过程，《资本论》对此有着详细的阐释，但是却被人们所忽视了，大多数人在突出信息为人类生活带来的重大改变的同时，却模糊了其作为商品的重要属性，因此，在人们面临过度商品化，受到商品经济的冲击时，对此的感觉依然是习以为常。

那么，当代的商品化究竟经历了一个怎样的过程呢？从1970年开始，信息商品化在持续加速，如今的时代被人们称为信息时代，如果从商品化的角度来看，也可以说是信息商品时代，其中的一个重要特征是信息私有产权得到了进一步巩固，"专利、版权和商标收到的可变的、不稳定的但确实是高额的盈余，的的确确流入了代表每个经济部门的公司老板之手"。[②]

① ［美］丹·席勒：《信息拜物教：批判与解构》，邢立军、方军祥、凌金良译，社会科学文献出版社2008年版，第25页。

② ［美］丹·席勒：《信息拜物教：批判与解构》，邢立军、方军祥、凌金良译，社会科学文献出版社2008年版，第64页。

　　商品经济对于传统伦理文化的冲击主要是：使得全球化的消费主义愈演愈烈。对此，北京大学中文系的王岳川教授在《全球化消费主义中的当代传媒问题》一文中曾说："当代传媒以跨国资本的方式形成全球性的消费意识，其文化霸权话语渐渐进入国家民族的神经之中，于是，在倡导多元价值、多元社会的文化语境中，大众在多元主体之间，将个体感性差异性推到极端，甚至以个人的绝对差异性为由，割裂个人与他们的同一性，在广告传媒和文化经纪人的操纵下日益以产品的市场需求取代人们对精神文化的需求"。[①]

　　综上所述，中西方一方面在传统文化和伦理观念上存在明显差异，另一方面双方目前都受到了商品经济的巨大影响，并且将这些内容潜移默化地植入到各自的新闻报道中。就国际人物报道来看，《时代》周刊在政治题材方面表现出了明显的"自我肯定表征"和"他人否定表征"的特点，借助民主、人权、自由实现自我利益的最大化。《环球人物》和《时代》周刊在财经题材方面都把焦点聚集在对方的财经巨子们身上，主要是对这些商界奇才的创业历程、创新理念、经营策略等进行详细报道。

---

　　① 王岳川：《全球化消费主义中的当代传媒问题》，见陶东风、金元浦、高丙中：《文化研究（第1辑）》，天津社会科学院出版社2000年版，第207页。

第二节　社会价值观念的多元

众所周知，社会价值观念是社会意识形态的重要组成部分，具有丰富的涵义。因此，需要说明的是，本文所说的社会价值观念是指在社会中人们普遍认同的价值观念，即社会主流价值观念，简言之，就是指社会群体以生活实践经验和知识为基础，对于某种社会现象的基本看法和态度，并且表现出一定的信念和信仰。可以说是一种衡量尺度和评价标准，具有强烈的民族性、时代性、导向性和凝聚性。

一般来说，社会价值观念包含价值基点、价值目标和价值实现手段三个部分。首先，价值基点是社会价值观念的基本出发点，包括整体主义和个人主义两个方面。在中国，价值基点强调的是整体利益高于个体利益，正如梁漱溟先生说的："在中国没有个人观念；一个中国人似不为其自己而存在。"①

然而在西方却是正好相反，他们提倡个人自由，强调个人高于整体。其次是价值目标，指的是社会群体按照自身的需求所希望实现的人生目的。要实现这些目标，需要遵循一些规范，通过一定的手段来达到，这就是价值实现手段。

当然，人们的价值观念并不是一成不变的，在不同的时代、不同的历史阶段，人们的意识是在不断变化的，正如马克思和恩

① 梁漱溟：《中国文化要义》，学林出版社1987年版，第90页。

格斯在《共产党宣言》中所说的："人们的观念、观点和概念，一句话，人们的意识，随着人们的生活条件、人们的社会关系、人们的社会存在的改变而改变。"那么，目前人类的社会价值观念是如何的呢？

20 世纪 90 年代，由多国学者所组成的"世界价值观调查组"曾经对 43 个国家进行了调查，结果发现目前人类的社会价值观念正在发生着嬗变，并且日趋多元化。正如美国未来学家托夫勒（Alvin Toffler）在《第三次浪潮》中所说的："世界正在从崩溃中迅速地出现新的价值观念和社会准则，出现新的技术，新的地理政治关系，新的生活方式和新的传播交往方式的冲突，需要崭新的思想和推理，新的分类方法和新的观念"。①

在信息时代，大众传媒则体现了时代的价值观念，透过大众传媒对国际人物的报道，我们可以看到当代社会价值观念的现状。

一、对新闻写作形式的影响

英国的文化理论家霍尔（Stuart Hall）认为文化生产实际上是符号生产，从这个角度来看，可以把文化理解为一种表意系统，"包括的范围广泛，由语言、艺术、哲学，一路到新闻、时

---

① ［美］阿尔文·托夫勒：《第三次浪潮》，朱志焱、潘琪、张焱译，北京：生活·读书·新知三联书店 1984 年版，第 31 页。

尚与广告"。① 文化的范围虽然非常广泛，但是其核心内容却比较单一，即指的是意识形态。这在霍尔看来，"意识形态是指规范和组织我们的行为和实践，包括建立各种规则、标准和惯例，使社会生活秩序化并得以控制的观念"。②

中西方在意识形态上存在着明显的差异，基本上可以属于二元论的范畴。中国的文化观念是一种复杂的表意系统，除了传统的道德观念和传统生活之外，还有社会主义政治经济制度，从而融合成了具有政治色彩较浓的文化场域。相比之下，西方的文化观念扎根于传统习俗和宗教意识之中，从古希腊古罗马到中世纪欧洲，从文艺复兴到工业革命，理性主义和宗教约束一直占据着主要的地位，但是在现代社会，"自我发展和个人幸福成为指导个人行动的最高价值准则。这是一个'崇尚个人'的时代。在这个时代里，个体的目标主要是通过被视为手段而加以利用的各种关系来实现个人目的，个人权利优于社会需求，个人自主权和自我满足具有至高无上的地位"。③ 因此，文化就成为有权利者与无权利者争夺话语表达权的重要场域。

中国的文化观念以及其所维护的道德评价标准都具有严肃性，尤其强调的是新闻人所担负的社会责任感。中国新闻教育家徐宝璜在《新闻学》——中国的第一部新闻学著作中谈到："新

---

① ［英］汤姆林森：《文化帝国主义》，冯建三译，上海人民出版社1999年版，第22页。

② 李岩：《从电视广告创意看大陆、香港两地文化观念的差异》，《浙江大学学报（人文社会科学版）》2003年第33卷第2期。

③ 高飞乐：《当前西方社会价值观念嬗变的后现代趋向》，《理论参考》2007年第3期。

闻纸欲尽代表舆论之职，其编辑应默察国民多数对于各重要事之舆论，取其正当者，著论立说，代为发表之。言其所欲言而又不善言者，言其所欲言而又敢言者，斯无愧矣"。① 意思是说作为新闻人，其主要职务是能够代表舆论。

新中国成立后，新闻媒体作为党的喉舌，肩负着坚持正确舆论导向的职责。众所周知，在人物报道方面，典型人物报道成为一大特色。对此，传播学者张威曾说："典型报道是社会主义新闻最重要的特征，是横亘于中西报道形式的分水岭。"② "典型"是希腊文中的 Tupos，原意是指铸造用的模子，和 Idea 同义，后来派生出 Ideal，意思是指最理想的和最完美的模型。起源于 20 世纪 40 年代的典型人物报道，塑造了一大批既伟岸高大又完美全面的英雄、模范、榜样、先进等人物，他们在当时的社会环境和历史背景下都是人们理想的化身，并且起到了很好的传播示范作用。但是随着时代的发展，社会价值观念日趋多元化，典型人物报道所具有的浓厚的传播色彩，自上而下的教育推广性以及单纯的一元性等特征已经不能满足受众的阅读需要，人物报道需要加以转变。国际人物报道则是一种崭新的人物报道形式。它的出现一改往昔高大全的人物形象，注重挖掘人物背后的故事，突出表现人物的喜怒哀乐。

在《环球人物》的国际人物报道中，篇幅较长，突出新闻叙事的逻辑性，并且尤其注重使用相关的新闻背景资料，因此信

---

① 徐宝璜：《新闻学》，中国人民大学出版社 1994 年版，第 5—6 页。

② 张威：《比较新闻学：方法与考证》，南方日报出版社 2003 年版，第 381 页。

息含量比较丰富。新闻背景资料是指在新闻报道中与新闻事实密切相关的环境、历史等材料，主要围绕新闻要素中的"为什么"来展开，重在解释个别事实与整体事实之间的关系，从而对新闻事实的来龙去脉以及历史环境中的各种关系进行详细而立体的阐释，也被称为"新闻背后的新闻"。新闻背景资料对新闻不仅能够起到说明解释的补充作用，还能够提升知识性、趣味性和可读性。因此，有的学者将新闻背景资料的运用称为"唤起集体记忆"，并且认为新闻背景资料主要有三种呈现方式，即纪念性材料、历史类比性材料和历史关联性材料，新闻背景资料对于新闻的作用或者能够深刻体现新闻的价值，引起受众的关注；或者能够通过对比、衬托等方式，突显事物的现状；或者借古喻今，展示事物的发展轨迹等。对此，有的学者通过定量研究和分析之后得出结论："背景资料的运用比例及形式的多样化对新闻节目品质影响较大：交待背景资料的比例越大，类型越多元化，形式和位置越有序化，越有利于受众有效吸收、理解和占有，新闻信息量就越大"。[1]

西方的传统文化观念强调的是客观事物对人产生的影响，突出了抽象思维和跳跃思维。在《时代》周刊的国际人物报道中，大多数为人物特写，篇幅较短，在情境和个案分析中注重突出细节描写。在西方的新闻报道中，细节描写是主要的新闻写作形式之一，它主要是通过生动、细致的细节描写增加了文章的可信度，并且在取信于读者方面也发挥了重要的作用。此外，一些具

---

[1] 李岚:《背景资料:增进新闻信息含量的有效途径》,《新闻与传播研究》2000 年第 2 期。

有典型意义的细节描写，还可以达到见微知著的作用，在使得行文更为简约的同时，还有助于缩小新闻篇幅。在对人物进行的细节描写中，包括年龄、职业、容貌、语言、行为等，其中对人物的行动细节的描写，与其他细节相比显得更加重要，也更能够体现记者的观察能力，同时对于新闻的传播效果起着举足轻重的作用。"报道没有具体细节，就会显得含糊、笼统。具体使之明确、详细。人的外形描绘能帮助读者更好地抓住其特征，确实的场景细节则能有助于读者想象事情是在哪儿发生的，是怎么发生的。没有具体细节，报道总是那么模模糊糊，动作特点不鲜明。细节使报道生动、真实，使读者能'看到'记者所写的，能嗅到，听到"。[1] 由此可见，在符合新闻传播规律的基础上，真实、典型、生动的细节描写不仅能够提升新闻报道的传播效果，还能够产生良好的社会效应，反之则会使得大众媒体在受众中的公信力受损，并且对社会产生不良影响。

二、对新闻表达倾向的影响

我国的国际报道与国内报道相比，比较注重负面报道，并且将报道重点放在"反常"和"冲突"等新闻价值中最高的因素上面。这在第二章中对《环球人物》国际人物报道的四种倾向中也能够看到。

关于负面报道，一般认为起源于 19 世纪《纽约太阳报》的编辑博加特（John B. Bogart）所说的一句名言："狗咬人不是新

---

[1]　丁国利：《外国人谈好新闻作品》，《新闻知识》1995 年第 4 期。

闻，人咬狗才是新闻"。在《环球人物》国际人物报道中，除了中性报道，负面报道所占比例最大。具体来看，《环球人物》国际人物报道在对新闻五要素的把握中，比较侧重对"是什么"进行生动的展示，以便突出新闻性和趣味性，诸如灾难、战争、冲突等，这些具有负面因素的新闻题材打破了社会生活的正常秩序，对于受众来说具有相当的吸引力。

但是较之于传统的人物报道，《环球人物》国际人物报道不再是以一元性的思维方式对人物进行刻画，而是在多元化的思维方式支配下，将观察视角转移到新闻性上，对于新闻五要素的把握中，常常采取独家报道的方式，对于"为什么"进行深度挖掘。对此，人民日报社的相关负责人在接受笔者采访时曾说："由于新媒体直接影响了纸质媒体的传播功能，报纸不再以第一时间发布新闻为主导，而是立足于新闻的深度开掘"。因此，《环球人物》在新闻的写作风格上，非常注重逻辑性，一般是平铺直叙的记叙方式，并且注重以概括性的语言对人物进行宏观层面的表现。

从新闻内容的倾向性来看，《环球人物》的国际人物报道的内容倾向表现在或者将个体事例与社会发展全局联系起来，或者将一般事物之间的关系与相关领域的变化现状联系起来，或者将事物的发展现状与其来龙去脉联系起来，这就是新闻内容所体现出的整体性、连贯性和逻辑性的三种倾向性。在《环球人物》的国际人物报道中，记者常常从人物采访中的自身感受写起，大多数是表现被访者平易温和又有涵养的一面，继而通过对被访者的人生历程进行详细地介绍，用其所经历的坎坷挫折来衬托他今日的成功或者所取得的不平凡成就。并且常能够联系到当时的社会环境和历史背景，不仅加深了读者对被访者的了解和印象，还能够将读者引入更深层次的相关社会问题的思索，帮助受众，甚至是引导受众对事件背景、问题根源以及所产生的现实意义进行思索，从而使得新闻信息更加具有分析性、更有深度、并且能够更好地反映核心的问题，从而提升了新闻的信息含量。

美国主流媒体虽然标榜的是客观公正，但是在实际操作中却表现出非常明显的倾向性，尤其是从伊拉克战争之后开始为传播"官方真理"提供方便，正如美国传播学者凯里（James Carey）所说："在经历了客观新闻和专业主义的高峰期后，美国主流新闻又大有回到党派新闻和鼓吹性新闻年代的迹象。赤裸裸的倾向性和表态性新闻俨然已成为新闻市场中争取观众的法宝"。[①] 具体来看，这种负面的表达倾向主要是个人化倾向，也可以称为是色彩浓厚的人情味。这在根本上源于西方特有的道德价值观念。在西方，"道德、道德价值和道德原则的源泉、道德评价标准的创造者是个人：个人成了道德（也包含了其他）价值的最高仲裁者，在最基本的意义上，个人成了最终的道德权威"。[②]

在《时代》周刊的国际人物报道中，最常见的是记者从人情味的角度进行报道，这样做的直接结果是更加容易吸引受众，

① ［加］哈克特、赵月枝：《维系民主？西方政治与新闻客观性》，沈荟、周雨译，清华大学出版社 2010 年版，第 9 页。
② ［英］史蒂文·卢克斯：《个人主义》，阎克文译，江苏人民出版社 2001 年版，第 94 页。

并且还能够使得受众对个人化充满人情味的报道中的主人公产生或支持或反对的积极反应。与此同时，记者还主要采取戏剧化的表现方式来体现新闻人物之间的冲突，因为在人物冲突的描写中能够包含着比较完整的戏剧要素，即具有起伏跌宕的情节、形象鲜明的人物、有始有终的故事，最为重要的是事件中的冲突最终会自动消失，或者在道德法律的努力下戏剧般地结束。在个人化和戏剧化的作用之下，新闻报道则呈现出片段化，即新闻信息被人为打碎而断裂为琐碎的新闻片断，它们都有各自的情感线索而彼此之间却没有多少联系，因此新闻报道会在事件牵涉的人物介绍、场景描述、事实信息、情节等要素之间来回跳跃，从而大大降低了新闻的信息含量。

但是这些要素对《时代》周刊的记者来说显得尤为重要，他们不太在意新闻信息含量的大小，而只是聚精会神地在新闻现场搜索一切细枝末节，并且在写作中加以最生动形象的描写，以增强新闻报道的吸引力和感染力。这一点尤其是表现在新闻报道的写作风格上，记者常常具有跳跃性的思维，一般采取特写的描述方式，或者通过一个具体的场景描述，或者通过一个小人物的言行举止，对人物形象进行细微的展示。

三、对新闻叙事方式的影响

在不同社会环境和历史条件下，道德观念具有不同评价标准，正如恩格斯曾经说过的："人们自觉或不自觉地、归根到底总是从他们阶级地位所依据的实际关系中——从他们进行生产和交换的经济关系中，吸取自己的道德观念"。①

在道德观念中，一对基本的概念就是"义"与"利"。关于两者的关系，在中国的文化传统中是以孟子的一句"舍生取义"作为人们待人处事最基本的道德规范。由此可见，古圣先贤们重义轻利，正所谓"不义而富且贵，于我如浮云。"新中国建国初期，受阶级论观点的影响，大多数中国人心中都对富贵、贫贱、良善、邪恶存在刻板印象，认为富贵者总是为富不仁的，贫贱者都是勤劳良善的。但是随着改革开放的深入开展，人们对于财富的认识发生了巨大变化，并且认为贫富与善恶并不存在固定的对应关系，并且将二者加以分开对待，尤其是现在，大多数人认为财富代表的是能力、智慧和成功。

在现代商业社会，追求财富、消费至上成为了一种当今社会的风尚。消费主义渐渐进入到人们的日常生活之中，无论是发达国家还是发展中国家，无论是大都市还是小城镇乃至乡村，无论是高收入人群还是普通大众，对于由物质和财富所构成的惊人的消费和丰盛现象，每一个人都受到了消费主义的侵袭。对此，法国哲学家鲍德里亚（Jean Baudrillard）曾形象地评价说："正如狼孩因为跟狼生活在一起而变成了狼一样，我们自己也慢慢地变成了官能性的人了。我们生活在物的时代：我是说，我们根据它们的节奏和不断替代的现实而生活着"。②

进入 20 世纪以来，大工业为消费主义的产生提供了土壤，

---

① 《马克思恩格斯选集》第 3 卷，人民出版社 1972 年版，第 133 页。
② ［法］让·鲍德里亚：《消费社会》，刘成富、全志钢译，南京大学出版社 2001 年版，第 1 页。

20 世纪五六十年代美国率先完成了以能够大规模地生产规范化的消费品为特征的工业化，随之而来的是影响到了文化领域，成为了文化工业，正如法兰克福派学者们所说的："艺术先是脱离原来的个性化精神创造的自由性和真实性，而成为千篇一律的机械复制，成为批量化的物品，进而呈现出同质性"。① 消费主义所产生的最直接的结果就是为人们提供了极为丰盛的商品，并且是以全套或者整套的形式而出现的，当这些商品如潮水般一股脑地倾卸在消费者面前时，它们充满了诱惑力而让人无可抵挡。此时的消费已经背离了资本主义初期所提倡的对使用价值的消费，转而成为一种极致的符号消费。在资本主义发展早期，以亚当·斯密（Adam Smith）为代表的古典政治经济学家提倡消费所持有的是一种节制的态度，提倡生产必要的必需品，贬低非必需品以及奢侈品。消费的本质是最大化地利用好有限的自然资源，然而消费主义所主张的却是符号消费，因此，"消费者与物的关系因而出现了变化：他不会再从特别用途上去看这个物，而是从它的全部意义上去看全套的物。洗衣机、电冰箱、洗碗机等，除了各自作为器具之外，都含有另外一层意义。橱窗、广告、生产的商号和商标在这里起着主要作用，他们不再是一串简单的商品，而是一串意义，因为它们相互暗示着更复杂的高档商品，并使消费者产生一系列更为复杂的动机"。② 从鲍德里亚的这段叙述中可

① 鲁曙明、洪浚浩主编：《传播学》，中国人民大学出版社 2007 年版，第 96 页。

② ［法］让·鲍德里亚：《消费社会》，刘成富、全志钢译，南京大学出版社 2001 年版，第 2—3 页。

以看出，在消费主义的热浪中，永无止境地追求高消费以及对商品象征意义的消费越来越受到消费者的追捧，"人们所消费的，不是商品和服务的使用价值，而是商品背后被人为创造出来的符号象征意义。"[1] 这种消费，在流行、时尚、时髦的外衣下成为当代社会的一种生活方式，取得了其正当性。但是在大多数文化研究者看来，消费主义如同一艘航行在大海上的货船，对于岸上的人们来说，这艘大船充满着诱惑，但是一旦跟随了它，却随时都有遭遇风浪甚至是触礁沉没的危险。因此，对于消费主义，有的学者称之为"灾难的完美诱惑"。

第三节　新闻传播观念的转型

马克思主义新闻观认为，与一定历史时期新闻传播现象相对应的是这个时期的新闻传播观念，它不仅是新闻传播现象的主观反映，还能够对这一时期的新闻传播实践活动产生重要的影响作用，因此二者相互影响、相辅相成。对此马克思认为它"不是短暂的爆发和转瞬即逝的火光，而是持久的，引起重大历史变迁的行动。"[2]

---

[1] 黄平：《迈向和谐——当代中国人生活方式的反思与重构》，天津科学技术出版社 2004 年版，第 8 页。

[2] 《马克思恩格斯选集》第 4 卷，人民出版社 1995 年版，第 249 页。

一、新闻价值取向对国际人物报道的影响

所谓新闻价值，是判断事实能否成为新闻的衡量标准，"是指新近发生的事实在新闻传播过程中所履行的能满足人们知晓、认识、教育、审美等注重需要的功能"。①可以说，新闻价值的取向对于新闻报道具有重要影响。

首先，从新闻价值研究的演变历程来看，关于新闻价值的探讨，最早是在西方兴起。随着西方商品经济的日益繁荣，被称为"廉价报纸""便士报""一分钱报纸"的大众报纸随之出现，它作为商业性报纸，主要特点是以新闻报道为主要内容，面向普通读者，追求薄利多销等。

与此同时，一些学者开始对这种新兴的媒介文化现象进行学术探讨和研究，并把重点放在选择新闻的方法上。关于这个方面，比较早的是 1690 年德国人托比亚斯·朴瑟根据人们的好奇心理提出选择新闻的主要标准是重要性与异常性，这被认为是最早的关于新闻价值观念的论述。一百七十多年以后，德国学者斯帕·斯蒂勒在此基础上又提出了新闻价值的新鲜性、接近性、显著性、趣味性等内容，从而基本奠定了新闻价值要素说的基础。进入 20 世纪，美国学者比较重视对新闻价值的研究，最早提出"新闻价值"这个概念的是美国学者休曼，他认为构成新闻价值的有三个要素："报道适时、事实的兴趣和令人惊奇的事件"，从而标志着新闻价值理论的出现。随着研究的深入，新闻价值理

---

① 雷跃捷：《新闻理论》，北京广播学院出版社 1997 年版，第 86 页。

论的内容也日益丰富起来。其中比较有影响力的是：李普曼在他的《舆论学》中提出新闻价值的要素有突发事件、地缘接近性、个人影响以及矛盾冲突等。庞德曾在他的《新闻学概论》中指出新闻价值的主要要素，包括时效、距离、事件大小以及重要程度。1933 年日本学者关一雄在《报纸新闻研究》中指出新闻价值的要素包含时间的接近性、距离的接近性、显著性、异常性、发展性和情感性等。

在我国，新闻价值的概念最早是由徐宝璜从美国引入的，他在《新闻学》一书中说："新闻之价值者，即注意人数多寡与注意程度深浅之问题也。重要之最近事实，自能引起较多人数与较深程度之注意，故为价值较高之新闻。次要之最近事实，仅能引起较少人数与较浅程度之注意，故为价值较低之新闻"。[1]由此可见，徐宝璜认为新闻价值与读者的注意力密切相关，二者成正比例关系。就目前来看，我国学者对于新闻价值这个概念存有不同评价，雷跃捷在《新闻理论》一书中曾经进行过概括，认为可以分为四种类型：素质说、标准说、效果说和功能说。所属类型不同，突出的重点也不同。素质说着重于事实本身所包含的能够引起受众共同兴趣的素质，这些特殊素质的客观存在决定了新闻价值的大小，因而强调的是客观性。标准说则恰恰相反，它认为记者在进行采访报道时能够积极发挥自己的主观能动性，对于事实会有一个明确的评价标准，从而突出了记者的主观性。效果说注重新闻报道对社会产生的作用和影响，认为新闻价值是主客观共同作用的产物，从而弥补了素质说和标准说存在的缺陷和不

---

① 徐宝璜：《新闻学》，中国人民大学出版社 1994 年版，第 24 页。

足。在效果说的基础上，进一步产生了功能说，认为新闻价值是事实履行社会效果的功能。由此可见，新闻价值对新闻报道具有重要的影响。

对国际人物报道来说，从人物的选择到叙事方式，从表达手法到写作技巧等，都深受新闻价值取向的影响，这在中西方的国际人物报道演变过程中能够得以体现。由于国际人物报道与国际新闻的产生发展如影随形，并且涵盖在海量的国际新闻报道中，因此它的具体产生时期已经无从查询，但是国际人物报道的繁荣期却十分引人注目，接下来主要对中西方的国际人物报道发展历程进行简要梳理。

其次是西方的国际人物报道经历了从政坛人物采访热到对新闻进行娱乐软处理的过程。关于国际人物报道的发展，主要在美国。进入 20 世纪 20 年代，随着国际社会的形成，国际政治的发展，国际新闻日益受到各国新闻界的重视，与此同时，国际人物报道也迎来了它的黄金时代。标志之一就是诞生了一批以国际人物报道为主的杂志，如闻名遐迩的美国三大杂志。1923 年 3 月 3 日，卢斯（Henry Luce）和哈登（Briton Hadden）创刊了《时代》周刊，该杂志最具特色的就是封面人物报道以及"年度风云人物评选"。《美国新闻与世界报道》（U. S News & World Report）1933 年创立时名为《美国新闻》，1948 年和《世界报道》合并，它比较重视刊登政界人物访问记，写作风格较为严肃。《新闻周刊》（Newsweek）于 1933 年 2 月 17 日创刊，其办刊风格介于上述两份杂志之间，2010 年 8 月 2 日以 1 美元价格出售给 91 岁的美国大亨、慈善家哈曼（Sidney Harman）。

这一时期的国际新闻人物报道可谓成果丰硕，最为引人注目的是涌现出了一大批优秀的世界级记者，众星之中最为闪耀的一颗明星当属意大利女记者法拉奇。她曾采访过基辛格、西哈努克、阿拉法特、侯赛因、甘地、布托、勃兰特等当时的三十多位世界政要人物。1980 年 8 月她来到中国采访了邓小平，这次采访记录还被收入到《邓小平文选》。

在美国，曾经有三位记者与中国结下了不解之缘，他们分别是斯诺（Edgar Snow）、史沫特莱（Agnes Smedley）和斯特朗（Anna Louise Strong）。斯诺曾经采访过毛泽东，写作出版了《红星照耀中国》；史沫特莱采访了朱德，根据采访笔录整理成《伟大的道路——朱德的生平和时代》一书；斯特朗曾到中国前线采访了朱德、彭德怀、贺龙、刘伯承等八路军高级将领，并根据这些采访记录撰写了《人类的五分之一》。此外，还有波兰的爱泼斯坦（Israel Epstein），他曾采访了宋庆龄，并撰写了《20 世纪伟大女性宋庆龄》一书，他本人在 1957 年加入了中国籍，1964年加入了中国共产党。

进入 20 世纪 80 年代以后，"随着西方国家新自由主义政策的流行，新闻传播政策的调整和全球市场的开放，西方国家的媒介商业化和产业化表现在新闻报道的娱乐化以及传播经济的膨胀和跨国媒体巨头的形成"。① 与此同时，国际人物报道也发生了重大变化，"从 20 世纪 80 年代以来，大众传媒改变了他们报道主要政治人物和政治事件的方式，越来越多的媒体倾向于娱乐化

---

① 刘笑盈：《中外新闻传播史》，中国传媒大学出版社 2007 年版，第404 页。

的软新闻，当他们报道一个政治故事时，主要聚焦于核心政治人物的性格及行为，有些则类似于个人英雄主义的描写，而较少报道政策的具体内容了"。① 比如欧美各大媒体对英国王妃戴安娜之死以及美国总统克林顿性丑闻的大肆报道。在欧美，有的学者在戴安娜王妃去世 6 年之后，还就公众对王妃之死的态度做过专门调查，研究发现"公众的心理参与将会决定一个名人故事及其后续的社会影响将会在多大程度上继续影响公众"。②

最后是中国日益关注国际人物报道。中国的国际人物报道虽然不如美国那样繁荣，但是也从没间断过，还得到了不断地发展。尤其在辛亥革命以后，"随着通讯设备、印刷技术的改进，新闻的比重加大，新闻的种类增多，出现了国际新闻"。③ 这个阶段涌现出了许多优秀的名记者，比如：胡政之、瞿秋白、邹韬奋、萧乾等。

1918 年，年仅 30 岁的胡政之以天津《大公报》驻外记者身份赴欧洲采访了巴黎和会，并且是采访这次会议的唯一的中国记者。他在会议上，采访了很多国外的著名人物，得到了第一手的资料，共向国内发回专电 14 篇，通讯 4 篇，开创了中国最早的

---

① Matthew A. Baum, *Soft News and Foreign Policy：How Expanding the Audience Changes the Policies*, Japanese Journal of Political Science, 8（1），2007, P. 115.

② William J. Brown, Michael D. Basil & Mihai C. Bocarnea, *Social Influence of an International Celebrity：Responses to the Death of Princess Diana*, Journal of communication, 53（4），2003, P. 587.

③ 童之侠：《中国国际新闻传播史》，中国传媒大学出版社 2007 年版，第 107 页。

国际会议系列报道。①

　　1920 年秋，北京《晨报》和上海《时事新报》共筹经费，②向美、英、法、德、俄 5 国一次派出了 7 名特派员，开辟国外新闻来源。③ 瞿秋白作为北京《晨报》的特派记者前往莫斯科并且曾经采访过列宁。1921 年 6 月 22 日，共产国际第三次代表大会召开，瞿秋白采访报道了这次大会的盛况。7 月 6 日，瞿秋白在安德莱厅看到了列宁。他在会间的走廊里追上列宁要求采访。列宁并没有挥手拒绝，而是停下来与他进行了简短的交谈。由于列宁这个时候会务实在太繁忙，他指给瞿秋白几篇有关东方问题的材料让他参考，然后说了几句话，便道歉忙碌去了。此外，瞿秋白在会上还采访了托洛茨基，并且前往克里姆林宫采访了教育人民委员会委员长卢那察尔斯基。④

　　与之同时代的著名记者还有萧乾，他在 20 世纪 30、40 年代曾经兼任《大公报》驻英国记者。二战爆发后，又担任《大公

---

　　① 王润泽，陆瑶：《胡政之对"巴黎和会"的报道特点》，《新闻与写作》2009 年第 5 期。

　　② 两家报社发表了"共同启事"，内称："吾国报纸向无特派专员在外探取各国真情者，是以关于欧美新闻殊多简略之处，国人对于世界大势，亦每因研究困难愈趋隔阂淡漠，此诚我报一大缺点也。吾两报有鉴于此，用特合筹经费遴派专员，分赴欧美各国担任调查通讯事宜，冀稍尽吾侪之天职，以开新闻界之一新纪元焉。"北京《晨报》1920 年 11 月 28 日首次刊载，以后一直到 12 月 16 日，每日照登这则启事。转自周海滨：《失落的巅峰——六位中共前主要负责人亲属口述历史》，人民出版社 2012 年版，第 38 页。

　　③ 童之侠：《中国国际新闻传播史》，中国传媒大学出版社 2007 年版，第 115 页。

　　④ 周海滨：《失落的巅峰——六位中共前主要负责人亲属口述历史》，人民出版社 2012 年版，第 39 页。

报》驻英特派员兼任战地随军记者，成为当时西欧战场上唯一的中国记者。萧乾的采访作品多为新闻特写，后来集结成册，在1947 年出版了新闻特写集《人生采访》。

当时还有一批优秀的出版家，其中最值得一提的是金仲华。1933 年抗战时期，金仲华创办了《世界知识》，在当时向国人开辟了一扇了解世界的窗子，他邀请了许多国际问题专家，有乔冠华、邹韬奋、张明养、邵宗汉、羊枣、张铁生、郑森禹、胡仲持、张仲实、刘思慕等。① 直到今日，《世界知识》仍然是知名的老牌国际政治经济文化刊物，深受读者青睐。

延安时期毛泽东的对外传播思想极具代表性。当时蒋介石政府利用强制手段对延安进行新闻封锁，因此，外界对于延安的了解只是出自官方新闻机构的片面之词。虽然有以"四不方针"而闻名的《大公报》，但对蒋介石政府也是"小骂大帮忙"，在关键时刻，其倾向性昭然若揭。

为了让外界更好地了解延安，了解共产党，以毛泽东为代表的共产党人，主动开始了"疏浚渠道"的工作。毛泽东首先想到的是宋庆龄女士，她在国民党内部的特殊地位，对共产党的同情与支持。毛泽东给宋庆龄女士写了一封亲笔信，希望她能够为共产党推荐一位外国记者到延安采访。宋庆龄认为美国记者埃德加·斯诺是合适的人选，而后来的事实也证明确实如此。

埃德加·斯诺之所以会得到这次机会，除了当时他主观上有

---

① 金立勤、金仲华：《抗战中创造〈世界知识〉的奇迹》，新浪网 http：//news. sina. com. cn/c/2007 - 03 - 22/143512585991. shtml，2007 年 3 月 22 日。

采访延安的愿望，最主要的是他具备客观方面的条件。众所周知，埃德加·斯诺在大学毕业时就来到中国，在《密勒氏评论报》担任助理编辑。他曾经游历过中国很多地区，对当时中国的情况有着深刻的认识，同时还写过大量的作品，比如他在亲历过内蒙古大饥荒之后写下了《拯救二十五万个生灵》，文章表现出对灾难中苦苦挣扎的中国人民的同情以及对国民党政府漠视无睹的愤慨。这足以表明埃德加·斯诺是一位有道义感与恻隐之心的人。埃德加·斯诺在宋庆龄女士的帮助下，于 1936 年 7 月 13 日下午到达保安县——那是苏区的临时首都，之后他在延安采访了四个多月，写出了《红星照耀中国》这部伟大的作品，这本书最初于 1937 年 10 月由英国伦敦戈兰公司第一次出版，一年内曾再版 5 次。

关于埃德加·斯诺到达延安的原因，直到 1958 年，他本人才宣告于世，那是他在另一本著作《旅行于方生之地》里面谈到的。此前，关于埃德加·斯诺的延安之行，曾有不少的猜测，在很长的一段时期，外界一直认为是他自己主动去延安进行采访的。直到埃德加·斯诺讲出实情，世人才恍然大悟，原来这是以毛泽东为首的中国共产党人主动出击，约请外国记者到延安采访。可见，历史终归是要表明真相的。真相的展开，不仅使人耳目一新，而且更加令人佩服党的聪明智慧。另一位接受党的邀请访问延安的外国记者是史沫特莱女士。她的情况与斯诺相仿，主观上有采访延安的愿望，客观上具备了相当的条件。史沫特莱在到延安之前，已经在中国生活了 10 年，她与鲁迅、矛盾等中国左翼作家是很好的朋友，曾尽力帮助鲁迅把他的文章翻译成英文在美国的进步报刊上发表。史沫特莱在延安的采访中，她的视角与斯诺稍有不同，没有放眼整个延安，而是从个人出发，重点采访了朱德，写出了《伟大的道路》。

斯诺与史沫特莱两位的作品是一次完美的合作，宏观与微观遥相呼应，从而使外界对延安、对党的事业有了全面立体的认识。在他们的感召之下，一些外国友人相继来到中国，热情帮助中国人民，白求恩大夫就是其中的一位。可以看出，在特定历史条件下，积极而充分地发挥主观性不仅十分重要，也十分必要。

1936 年埃德加·斯诺的延安之行，打破了国民党的新闻封锁，使外界第一次对延安、对中国共产党有了全面立体的认识。哲学上讲，世间的万事万物都是可以互相转换的，只是需要一定的条件。埃德加·斯诺的成就在某种程度上也正好说明了这一点，短暂的瞬间与不朽的永恒也可以相互转换。当然，在这次精彩转换中，一个重要因素是以毛泽东为首的中国共产党人采取了灵活巧妙的传播策略：时时刻刻宣传党的宗旨，而非简单介绍党的政策。

在埃德加·斯诺的采访中，我们能够看到毛泽东的睿智与积极宣传党的宗旨的良工苦心。一次，埃德加·斯诺问毛泽东，延安在古时候有个名字很奇怪，叫做"肤施"，不知道其中缘由。毛泽东回答说，这是源于当地的一个传说，传说有一位僧人，来到此地普渡众生，一次在路上看到一只老鹰快要饿死了，于心不忍，用刀子割下自己的肌肤来喂养老鹰，救活了它。埃德加·斯诺听完说：这个故事和我们西方的普罗米修斯的故事十分相像，他为了拯救人类，偷得火种，不惜牺牲自己。毛泽东听完，很有感慨地说：是啊，不管是中国的菩萨，还是外国的菩萨都是救人的。我们共产党人为了中国人民，不要说是自己的肌肤，就是生命也愿意舍弃呀！埃德加·斯诺听了，不禁笑道："毛先生真不愧是职业的革命家。"毛泽东也笑了，拍着斯诺的肩膀说，"革命也需要宣传嘛。"说完，二人相视而笑。

　　这样的场景着实让人印象深刻。看过毛泽东和埃德加·斯诺谈话的读者也许都有这样一种感受，毛泽东是一位出色的宣传家和外交家。他的谈话，目标明确，层次清晰，逻辑深邃，充满风趣，经常在潜移默化中就会让人接受他的观点，但这种接受是自愿的，而且令人十分愉快。因此，这让人感到他很有羽扇纶巾，谈笑间，读者"束手就擒"的魅力，而这种体会在另外一位外国记者心里也是深有同感的，她就是到延安采访的斯特朗。斯特朗曾向毛泽东提出过一个问题，说美国很支持蒋介石，除了大量的经费和物资援助，还有原子弹，十分厉害，共产党能打败国民党吗？您不害怕吗？毛泽东当时就回答说：我们就不害怕原子弹，一切反动派都是纸老虎，原子弹是个纸老虎。当时在场的翻译是陆定一和马海德，陆定一翻译成了"Man of Straw"（稻草人），马海德翻译的是"Paper Tiger"（纸老虎），后者得到了毛泽东的肯定，因此，"纸老虎"一词也就从此流行开了，以至于成为了一个颇有趣味性的政治典故。

　　由此可见，传播是有一定技巧可循的。如果能够正确认识虚体与实体，有形与无形之间的关系，往往会收到良好的效果，正如古人所说的"有之以为利，无之以为用。"就党的宣传而言，有学者曾说："是以宣传党的政策为主，还是宣传党的宗旨为主？

我想，以人为本、全心全意为人民服务是党的宗旨。在日常情况下，党报应以宣传党的这个宗旨为主。"长期以来，党的宣传只把侧重点落在党的方针政策上，方法固然不错，但是结果却不尽人意，不仅把重要的信息淹没在大堆的文件中，还让读者产生了厌烦心理。如果记者能够认真思考，就会看到党的宗旨和党的政策虽然有所区别，但是也是紧密联系的，如果能够抓住这个联系，像毛泽东一样，风趣智慧地宣传党的宗旨、党的思想、党的精髓，则更容易令人接受，而且是身心愉快地接受。

毛泽东在接见埃德加·斯诺时，诚恳地说，"斯诺先生，这里很穷，出无车，食无鱼，不过我们以诚交友"。斯诺被毛泽东的诚意打动了，而之后他在采访中也体会到了这种诚意：从将军到战士，都对他的采访积极配合，包括毛泽东本人也是随时接受采访。不仅如此，毛泽东对他写的文章，或拍的照片，从来不加任何检查，这种优待也让斯诺非常感激。①

而最让斯诺感动的，甚至是他始料未及的是，毛泽东第一次也是他一生中唯一的一次口述自己的经历，甚至并没有避讳一些令人（尤其是对知识分子而言）难为情的经历。毛泽东告诉斯诺，他曾在北大图书馆做过管理员，一个月只有八块大洋，由于他的职位很低，以至人们都不屑和他来往，而且前来借书的人大半都不把他放在眼里。如果是一位普通的知识分子，能够说出这样的经历或许不足为怪，但是当时以毛泽东的身份，能够对一位记者如此坦白，足以显示他的诚意。后来，读者看到《毛泽东自

① ［美］斯诺：《红星照耀中国》，董乐山译，生活·读书·新知三联书店1979年版，第70页。

传》之后，并没有感到毛泽东是一位高高在上的首领，而是被他的朴实、谦和与真诚所打动。《毛泽东自传》曾经在《文摘月刊》上刊出，当时轰动了全国，每期印数多达五六万份，仍供不应求。有人说，过去仅听国民党的片面之词，对共产党比较疑惑，读了这本书之后，他们认为共产党的领袖毛泽东着实令人可信可敬！

毛泽东在向斯诺介绍红军的创建经历时，也是实事求是的，并没有隐瞒一些"家丑"。比如在秋收起义失败后，毛泽东带领残部来到井冈山。当时的军纪很坏，有不少人在"开小差"，甚至连他们的司令也逃走了，剩下来的队伍大概有一个团，换了一个司令，后来这位司令也叛变了。对于一个军队，叛变是最可耻的事情，但是毛泽东还是讲了出来，原因很简单，因为这是事实的一部分。事实是无法掩盖的，如果一味地想掩盖事实，最终是会遭人唾弃的，而只有勇敢地面对事实，才会经得起历史的评判与众人的裁决。历史证明，在看到这样的经过后，并没有影响到广大读者对这支军队的看法，相反，他们对共产党人领导的军队很有好感，有的甚至成为了红军中的一员。

以常规的眼光看，这似乎是不可思议的事情，但是仔细想想，确实如此。读者只会对事实感兴趣，而不会对谎言产生好感。由此可见，要想得到对方客观中肯的评价，首先要做到以诚相待。毛泽东与斯诺的友谊就是最好的佐证。随着社会的发展，我们也日益认识到实事求是有多么可贵。目前国际上对于中国的认识仍然存在偏见，甚至是歪曲，如果反思自身的话，过度的成就宣传与面对问题时避重就轻的做法，使得我们的报道丧失了活

力。2008 年的拉萨事件给我们以深刻的教训。痛定思痛，2008
年 10 月 17 日，国务院颁布实施《中华人民共和国外国常驻新闻
机构和外国记者采访条例》。新条例同 1990 年公布的条例相比有
了重大变化：主要原则和精神以长效法规固定下来，为外国新闻
机构和外国记者在华采访提供便利。比如：外国记者来华采访不
再必须由中国国内单位接待并陪同；外国记者赴开放地区采访，
无需向地方外事部门申请。条例实施以来，收到了良好的效果。
在 2009 年的新疆事件中，我国政府为外国记者的采访给予了积
极的协助，从而使大多数外国记者对此事件有了客观公正的报
道，不仅得到了国际舆论的支持，还再次证明了实事求是、开诚
布公的重要意义。

新中国成立后，随着我国向海外派出第一批驻外记者，国际
人物报道也取得了一定发展。其中比较有名的是彭迪，他当时在
新华社负责国际新闻报道和对外报道，也是建国后派出的第一批
驻外记者之一，曾经采写了《麦克米伦的非洲之行》《堂堂美国
"战略家"竟弄不清谁干涉了谁的内政》等优秀作品。[①]

改革开放以后，随着我国经济实力的日益增强，我国对国际
新闻报道在人力、物力和财力等方面的投入也日益加大。1993
年 1 月 3 日由人民日报社主办的《环球时报》成为了国内最具权
威性的国际新闻报纸。与此同时，还涌现了一批优秀的国际新闻
记者，比如南菁，唐师曾。南菁女士 1964 年到新闻社工作，长
期从事国际新闻报道和国际问题研究，写作了大量国际人物报

---

① 乔云霞：《中国名记者传略与名篇赏析》，新华出版社 2003 年版，
第 268 页。

道，并且著有《世界女政治家》《当代国王》。[①] 唐师曾担任新华社驻中东分社摄影记者，在 20 世纪 90 年代报道了伊拉克战争，同时还采访过加利、卡扎菲、穆巴拉克、阿拉法特、沙米尔、拉宾、佩雷斯、巴拉克、沙龙、曼德拉等军政要人，出版了《我从战场归来》《我钻进了金字塔》等著作。

目前在国内媒体中，能够大规模地进行国际人物报道的杂志寥寥无几。一个很重要的原因是它"涉及国家利益、世界经济、文化差异、不同语言、民族差别、意识形态等等因素，是多种利益、多种关系的集合体"。[②] 此外，国际新闻的制作成本较高，一般为国内新闻的五到十倍。

《环球人物》自 2006 年 3 月 1 日创刊以来，凭借人民日报社得天独厚的驻外机构与驻外记者等新闻资源优势，基本上能够解决这些难题。人民日报社拥有庞大的驻外记者团队，覆盖了全世界的 65 个国家，有常年驻外记者 300 多人。因此，研究《环球人物》的国际人物报道，具有重要的学术价值和现实意义。

二、西方新闻传播思潮对国际人物报道的影响

我国的新闻传播学在很大程度上受到了西方的影响，尤其在 2000 年以后，专业主义（Professionalism）、新新闻主义（New

---

① 刘洪潮：《国际新闻写作》，北京广播学院出版社 2007 年版，第385 页。

② 刘笑盈：《国际新闻学：本体、方法和功能》，中国广播电视出版社2010 年版，第 1 页。

journalism)、公共新闻学（Public journalism）等相继引入，对我国的新闻报道影响很大，主要体现在新闻报道的根本原则、新闻报道的写作形式以及新闻报道者的角色定位等几个方面。

专业主义（Professionalism）是西方新闻传播学中的一个重要概念，在第一次世界大战之后开始深入人心，一直以来都是在缓慢地发展，在 20 世纪的 50 年代迎来了它的高峰时期。"所谓专业主义，无非是指人们对一定专业在社会生活中的性质（地位）、功能和作用所持的基本信念，以及由此产生的一套操作原则。"① 对此，有学者指出新闻专业主义的核心理念有两个："一是客观新闻学，一是新闻媒介和新闻工作者的独立地位和独特作用。"② 新闻专业主义被介绍到国内之后产生了较大影响，尤其是在当前"商品拜物教"和"消费主义"对新闻媒体产生了巨大冲击的情况下，如何塑造新闻工作者的职业道德规范，如何提升新闻工作者的职业操行与品质，如何增强新闻工作者的社会责任感等，都提供了一定的参考价值，客观真实公正被普遍认为是新闻工作者的职业规范，并且"构筑了新闻自由、客观公正、社会责任等话语。"③ 但是与此同时，我国的新闻传播学界也看到了专业主义所存在的弊端，即新闻工作者的独立地位问题。"专业化只是新闻生产的一种技术形式，它是为一定的经济或政治权

---

① 芮必峰：《描述乎·规范乎？——新闻专业主义之于我国新闻传播实践》，《新闻与传播研究》2010 年第 1 期。

② 郭镇之：《舆论监督与西方新闻工作者的专业主义》，《国际新闻界》1999 年第 5 期。

③ 黄旦：《新闻专业主义的建构与消解——对西方大众传播者研究历史的解读》，《新闻与传播研究》2002 年第 2 期。

力服务的。"① 由此可见，在任何意识形态下，专业化的独立地位是受到不同程度的限制和约束的。

新新闻主义（New journalism）在历史上的存在时间较短，但是对新闻界所产生的影响却十分轰动，而且至今还有一些痕迹无法抹去。新新闻主义是20世纪60年代在美国兴起的，到了70年代这股热潮变渐渐消退，"虽然它有各种不同的表现形式，但是一般说来，它是指利用感知和采访技巧获取对某一事件的内部观点，而不是依靠一般采集信息和提出老一套问题的手法。它还要求利用写小说的技巧，把重点放在写作风格和描写方面"。②新新闻主义的"新"是对传统新闻学中的客观性原则进行了挑战，在它看来新闻报道中总是或多或少地介入了主观性，而不能达到"纯客观"的报道目的，因此对于新闻报道在写作方面开辟了新空间，主张采取第三人称的视角，注重对场景细节以及人物之间对话进行详细的描写和记录，用这种方式来反映客观真实。由此可见，新新闻主义也展现出了其积极的一面，打破了传统的新闻采写模式，拓宽了记者的思维方式，丰富了新闻的写作技巧，尤其是对我国新闻界产生了重要影响，促进了新闻的"散文式"，当然，这只是在写作方式和表达技巧的方面对于散文文体进行借鉴，并不会有悖于新闻的客观真实性原则，换言之，就是在确保新闻事实的前提下，改变长期以来新闻写作者的程式化

---

① 芮必峰：《描述乎·规范乎？——新闻专业主义之于我国新闻传播实践》，《新闻与传播研究》2010年第1期。

② ［美］迈克尔·埃默里、埃德温·埃默里：《美国新闻史：大众传播媒介解释史》，展江、殷文主译，新华出版社2001年版，第495页。

的套路表达手法，摆脱枯燥乏味的文风束缚，采取散文的活泼自由、优美生动的表现手法，以便提升新闻的可读性，增强新闻的感染力。

公共新闻学（Public journalism），在 20 世纪 90 年代初期首先出现在美国的一些地区性报纸，被称为是美国在继党派新闻学和现代新闻学以来新闻理论的第三次革命。公共新闻学的译介者蔡雯教授认为可以从六个方面对公共新闻学进行界定①：一是对重新树立公共意识的一种期望。二是更长时间的注意力的保持。三是深刻地解析引导我们生活的社会系统的愿望。四是对中间部分的更多关注和少走极端。五是有关政治争论的报道应重视内容，而不是技巧。六是培养公众思考能力的一种愿望。由此可见，公共新闻学所倡导的是一种全新的新闻理念，一切围绕公共意识而展开进行，同时更加注重新闻对受众所产生的影响，能够唤醒他们对问题的思考是公共新闻所希望实现的主要目标。公共新闻学对中国新闻的报道理念起到了重要影响，媒体正在逐渐认识到在"人人都有麦克风"的时代，传者发布新闻、受者接受信息的方式已经无法满足人们的需求，这就促使媒体的角色发生了转变，从单一的信息报道者转变成为多元的社会参与者。新闻记者通过报道新闻，不只是要让社会公众对目前所存在的社会问题加以关注和重视，更加需要引导社会公众积极地对于社会问题进行深层次的探索，与媒体一起共同探讨解决问题的方法和路径，从而提升社会公众的行动力。

---

① 蔡雯：《"公共新闻"：发展中的理论与探索中的实践——探析美国"公共新闻"及其研究》，《国际新闻界》2004 年第 1 期。

综上所述，专业主义，新新闻主义和公共新闻学对我国的新闻报道都产生了一定影响。譬如在本书的第二章和第三章中，对《环球人物》的国际人物报道进行了业务性分析，认为与以往的典型人物报道相比，其国际人物报道的新闻文体更加丰富了，除了人物通讯之外，还增加了人物特写、散文式人物报道、人物故事等崭新的写作手法。同时，国际人物报道的表现方式、叙事视角、写作技巧等也发生了变化，比较注重叙事建构，加强对于新闻人物背后的心理、情感等感性因素的挖掘，使得人物报道具有可读性。

三、新媒体背景下新闻传播观念对国际人物报道的影响

自改革开放以来，中国的新闻传播观念发生了巨大转变，有的学者将其分成了五个阶段[1]：第一阶段（1978—1983）拨乱反正与新闻传播观念的回归，在对媒介的性质和功能进行在思考的基础上开始建构新闻本体论；第二阶段（1983—1988）传播学的引入和新闻传播观念的发展，以信息论、控制论和系统论的引入为开端，西方的传播学开始引入，丰富了中国的新闻理论体系。第三阶段（1989—1991）全面反思时期的新闻传播观念，在对"自由化"进行批判的同时对于党性原则进行了重申。第四阶段

---

[1] 张昆、胡玲：《1978—2008：中国新闻传播观念的变迁》，见郑保卫主编《新闻学论集（第21辑）——纪念改革开放30周年特辑》，经济日报出版社2008年版，第107—122页。

（1992—2000）是市场经济年代的新闻传播观念，认为"新闻事业具有形而上的上层建筑属性和形而下的信息商业属性。"① 第五阶段（2001—2008）全球化背景下的新闻传播观念，中国的新闻传播事业开始具备全球的视野。

本书认为从 2009 年至今可以被划为第六阶段，即新媒体背景下的新闻传播观念。目前的新媒体发展迅猛，尤其是微博的兴起对传统媒体起到一定的冲击，并且开始改变着传统的新闻传播观念。所谓微博，"是指微型博客，是基于用户关系的信息分享、传播、获取的平台，是个人化的社会媒体。用户写微博的方式可以通过 web，wap 以及手机客户端，即时通讯等，发布的字数是 140 字左右的文字更新信息，可即时地推送到粉丝那里"。②

2009 年 7 月，新浪网率先推出了微博平台，目前其微博用户已经超过了 5 亿。随着个人微博和官方微博的日益兴起，微博问政、微博反腐等开始引人注目，并且由此在虚拟的网络空间里出现了一种崭新的属于公众文化的传播场域。关于"场域"这个概念，最早是由法国学者布尔迪厄（Pierre Bourdieu）提出的，是指："从分析的角度看，一个场域可以被定义为在各种位置之间存在的客观关系的一个网络，或一个构架。正是在这些位置的存在和强加于占据特定位置的行动者或者机构之上的决定性因素

---

① 李良荣、沈莉：《试论当前我国新闻事业的双重性》，《新闻大学》1995 年第 2 期。

② 刘乙坐、黄奇杰：《传播学视野下的微博基本分类初探》，《中国科技信息》2011 年第 5 期。

之中，这些位置得到了客观的界定，其根据是这些位置在不同类型的权力（或资本）——占有这些权力就意味着把持了在这一场域中利害攸关的专门利润的得益权——的分配结构中实际的和潜在的处境，以及他们与其他位置之间的客观关系（支配关系、屈从关系、结构上的同源关系，等等）"。①

在互联网这个虚拟的传播场域中，一个核心的问题是权力与技术的关系。中西方在历史上早就进行过激烈争论，并且有明显差异。在西方，权力被去政治化以后，以技术的面貌占据了优势地位，例如哈贝马斯（Jürgen Habermas）的"公共领域"，弗里德曼（Thomas Loren Friedman）的"世界是平的"，是西方学界所认为的民主形式。20 世纪 80 年代末，随着冷战的结束，美国迅速调整了外交政策，把与互联网相关的 TCP／IP 协议、万维网（World Wide Web）等新技术从军事领域转移到商业领域，开始建设信息高速公路。换句话说，"美国人设想通过现代化进行一场权力的革命，进而达到对一切利益进行直接控制的目的"。②与此同时，美国的技术科学家们积极倡导新技术将创造信息社会的乌托邦文明。

在中国，权力与技术的关系也是一个重要话题。1943 年 6月 10 日，《解放日报》发表社论《政治与技术》，明确提倡政治第一，技术第二。改革开放以后，提倡"科学技术是第一生产

---

① ［法］布尔迪厄、［美］华康德：《实践与反思：反思社会学导引》，李猛、李康译，中央编译出版社 2004 年版，第 133—134 页。

② Michael E. Latham, *The Right Kind of Revolution: Modernization, Development, and U. S Foreign Policy from the Cold War to the Present*, Cornell university press, 2011, P. 4.

力"，推进了信息传播技术的快速发展，尤其是互联网技术得以迅速发展。互联网在中国的发展可以被分成三个阶段：1987 年至 1993 年是研究试验阶段；1994 年至 1996 年是起步阶段；1997 年至今是发展阶段。

具体来说，1994 年 4 月 20 日，在中科院计算机网络信息中心，中国实现了与国际互联网的全功能连接，成为了中国互联网发展史上的坐标。1996 年，国务院成立了信息化工作领导小组，负责协调、解决有关国际联网工作中的重大问题，之后互联网进入了快速发展阶段。2000 年是中国互联网发展的转折点，政府以条例的形式允许了商业化进入互联网领域，当年出台了《中华人民共和国电信条例》，规定电信监督管理遵循政企分开、破除垄断、鼓励竞争、促进发展和公开、公平、公正的原则，并且规定经营者为依法设立的专门从事基础电信业务的公司，且公司中的国有股权或者股份不少于 51%。此后，中国政府快步迈向了信息公开时代。2007 年，《中华人民共和国政府信息公开条例》（以下简称为《条例》）进入起草阶段。2008 年 5 月 1 日，《条例》正式实施，详细规定了政府信息公开的内容。

在政府信息公开、行政权力透明的语境中，发言、交流成为知识精英的基本需求。各大网站运营商纷纷借机拓展互联网衍生产品，从聊天工具到多媒体融合，从博客到微博，最终实现了人们可以借助任何终端电子产品随时随地发言。需要注意的是，网络一方面"是介于国家和个人之间的，因此网民们在这个空间内可以自由地发表言论，以便有助于克服现代媒体因被权力涉入

'失真的沟通'的问题"。① 另一方面，网络也出现了一些问题，比如"秦火火事件"，网络红人兼著名推手秦火火在互联网上蓄意制造传播谣言、恶意侵害他人名誉，给社会造成了极坏的影响，令人深思，发人深省。

由此可见，网络是一把双刃剑，尤其是在中国当前的社会转型时期，即能够发挥重要作用，但是也存在陷阱，需要时时刻刻提高警惕。互联网发展至今，可以看出"互联网绝不是一个脱离真实世界之外而构建的全新王国。相反，互联网空间与现实世界是不可分割的部分。互联网实质上是政治、经济全球化的最美妙的工具。互联网的发展完全是由强大的政治和经济力量所驱动，而不是人类新建的一个更自由、更美化、更民主的另类天地"。②

通过对新媒体时代中西新闻传播观念的认识，可以看出双方存在明显差异。本书在详细比较了《环球人物》与《时代》周刊在国际人物报道中的各种差异之后，发现双方在选材方面的差异最大。《时代》周刊在选材上比较侧重于对人权、宗教以及冲突等，在报道亚非拉等经济不发达国家时，认为这些国家或地区缺乏民主，"专制""独裁""暴力"是其较为突出的文化色彩。由此可见，新媒体时代虽然到来了，但是中西方在意识形态方面始终存在差异，从而导致了双方在新闻传播观念上的差异。

---

①　陈露：《公民社会的缩影——微博社区中的公共领域》，《经济研究导刊》2011 年第 19 期。

②　[美] 丹·席勒：《数字资本主义》，杨立平译，江西人民出版社 2001 年版，第 11 页。

第六章 《环球人物》与《时代》周刊国际人物报道的差异

本书根据"宏观——微观——个案"的思路，把《环球人物》和《时代》周刊的国际人物报道，运用叙事学、话语分析和内容分析等方式进行了立体的全面的剖析，并且在本章中进行抽象概括，以便总结出各自的报道特点来。第一节是《环球人物》国际人物报道的特色分析，主要包括十个方面，分别是：着眼精英文化，定位高端；注重媒体伦理，睿智理性；擅于独家报道，角度新颖；报道立场明确，表态鲜明；常用新闻背景，信息全面；提倡人情味，增强可读性；提倡形式多样，语言通俗；重视标题制作，独树一帜；突出编辑艺术，和谐统一；打造杂志品牌，提升影响力。第二节是《时代》周刊国际人物报道的特色分析，主要包括十个方面，分别是：重视新闻创意，推崇慢新闻；设置新闻专题，封面人物化；深化报道内容，突出品牌特色；跳跃性思维，细节化描述；注重新闻素材选择，明确价值判断；虚实结合，整合事实；偶见名流新闻，感情色彩强烈；运用人情味，增强传播功能；信息倾向明显，服务观点；挖掘名人隐私，激发读者阅读兴趣。第三节是对《环球人物》和《时代》周刊国际人物报道特点进行的对比分析，主要从人物选择的差异，表达方式的差异和写作风格的差异三个方面进行了比较，从而力求把《环球人物》和《时代》周刊各自国际人物报道的写作规律进行归纳整理。

第一节 《环球人物》中的国际人物报道

本书的第二章从宏观层面对国际人物报道概况进行了展示，分别从人物选择、报道倾向以及叙事视角进行了分析。第三章从微观层面对国际人物报道进行了细化剖析，包括话语风格、修辞特点和语义结构三个方面。第四章从个案层面借助原型理论对国际人物报道中的女性形象塑造进行了探讨。这就形成了一条"宏观——微观——个案"的分析脉络，把国际人物报道进行了立体化展示，但是还需要对其特色和规律进行抽象化地归总，从而使这个分析脉络更加地完整。本节的主要目的是归纳出《环球人物》国际人物报道的特色，从而力求抽象出国际人物报道的一些规律。

我国当前的新闻报道，包括报道观念，报道形式，报道取向等，主要是起步于 20 世纪 80 年代的改革开放初期，当时新闻观念产生了很大变化。"在维持新闻体制基本不变的前提下，由观念的变革来拉动新闻媒介的改革……新闻改革是在遭受十年文革洗劫以后开始的。所以在其开始阶段带有恢复性质，恢复新闻媒介本来的面貌，恢复我们党报的传统。"①由此可见，媒体改革的主要目标是"恢复"，一方面恢复新闻媒介的本来面貌，即按照新闻规律办事；另一方面恢复我们党报的传统，即延安时期《解放日报》的办报传统。从这两个方面来看，国际人物报道做得比较出色。客观地说，相对于国内人物报道来说，国际人物报道所受到的影响因素较少，一般只会受到国家利益的制约，因此留给编辑和记者的操作空间相对宽广。

《环球人物》发展至今，能够对人物报道进行深度挖掘，文笔生动活泼，可读性强。谈及《环球人物》的发展现状，何崇元先生说："目前《环球人物》杂志步入了一个稳定期。现在读者觉得《环球人物》杂志好看了，有意思了，并且给了很高的评价。中央领导们也很关注《环球人物》杂志。此外，还有一些名家也很关注《环球人物》杂志。目前的《环球人物》杂志读者比较稳定了，广告客户比较稳定了，编辑团队也比较稳定了，下一个时期应该是继续发展期。"关于《环球人物》国际人物报道的特点，具体来看有如下几点：

一、着眼精英文化 定位高端

《环球人物》杂志的目标是：定位全球视野，追踪热点人物，报道世界时事，解读人生智慧。对此，谢湘女士说："《环球人物》的首要标准是选题的时效性和重大性。有些做杂志的人

---

① 李良荣：《15 年来新闻改革的回顾与展望》，《新闻大学》1995 年春季号。

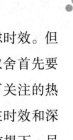

认为：杂志和报纸不一样，应该只追求深度，不用考虑时效。但根据我们这些年来在媒体竞争中的经验来说，选题的取舍首先要考虑时效性和重大性，首先要确定这个选题是人们时下关注的热点，然后再考虑如何挖掘报道深度。也可以说，我们在时效和深度这两个因素之间，选择最大平衡，在确保时效性的前提下，尽可能做出我们独特的角度和深度"。《环球人物》在寻求与世界高端媒体接轨的过程中，主要努力的方向是与市场经济发达、新闻媒体传播能力强大、传播技巧成熟的欧美国家的品牌媒体接轨，从而提高杂志的质量。

随着我国经济实力的日益提升，一些领域的不平衡现象逐步地显露出来，比如：我国新闻媒体还存在一些弊端，主要表现是与西方的现代媒介生产不同，主要依靠传统的采编模式，以致在国际上缺乏影响力，这与我国经济实力明显不相匹配。《环球人物》杂志的创办，在某种程度上弥补了人民日报社缺乏人物类杂志的空白，丰富了我国党报的种类，拓宽了我国党报的覆盖领域，并且借助人物报道独有的吸引力来进一步提升党报的亲和力。《环球人物》从创刊至今已有将近8年时间，发行量从最初的一两万份发展到如今的35万份，并且赢得了一定的品牌影响力，可以说这标志着我国党报在人物杂志方面的成长与进步，同时也拓宽了党报在人物报道上的空间，党报不只是注重典型人物报道，还能够在多姿多彩的国际人物报道中大显身手。

《环球人物》在其国际人物报道中，所选择的报道对象大多是某个领域或者某个行业的知名人物，他们拥有较高的社会地位，并且拥有一定的影响力。这些高端人物不是普通大众容易接触到的，因此一直以来都被蒙上了一层神秘面纱，他们的人生经历、心路历程、体验感受等都成了一个个迷，让普通读者难以接近。《环球人物》在报道中，针对读者的阅读需求，从普通大众的视角出发，对这些精英人士进行了细腻展示，尤其是注重加入大量的背景资料介绍，从而使整个报道丰满起来，也提升了报道的可读性。正如《环球人物》在创刊语《阅读他们 了解世界》中所说的："当今世界，风云变幻，竞争激烈。然而，看世界，首先要看它的芸芸众生，尤其要看时下世界潮流的引领者和弄潮儿。不要担心他们离我们太远，《环球人物》会为您引见。当他们来到您的面前，当您走进他们的内心世界，吸引您的已不是他（她）头上的光环，而是他（她）实实在在的心灵、真真切切的人生"。①《环球人物》凭借其得天独厚的采访优势，多次对一些国际要人进行独家专访，在一定程度上提升了其品牌影响力。比如在创刊号上曾经推出了对"奥斯卡奖项"评委会主席希德·甘尼斯以及"福布斯排行榜"的创始人福布斯的独家专访，凸显了该杂志的权威性。

二、注重媒体伦理 睿智理性

当前，媒介产业化的趋势愈来愈明显，新闻作为一种商品，已经开始遵守商业逻辑进行市场竞争，争夺目标受众。在这种情况下，媒介伦理受到了较大冲击，新闻报道偏颇、失实，甚至蓄意捏造、虚构等现象屡见不鲜，这对新闻的公正性和客观性来说

---

① 《阅读他们 了解世界》，《环球人物》创刊号，2006 年 3 月上。

无异于洪水猛兽。与此同时，媒介伦理也成为人们最为关心的话题。对此，英国学者基兰（Matthew Kieran）曾说："诚然，当今的新闻工作是一种重要产业，是多元性、跨国性且相互连接的，新闻工作者和其他劳工一样，所关心的仍是如何找到工作、工作安全、工作条件、未来发展以及最重要的个人成就满足。但是这并非真相的全貌，因为不管我们生活在什么时代，至少现代社会在名义上还是重视伦理的，不仅是重视医学伦理与其他传统的道德关怀领域，同时更包括环境伦理、专业伦理与商业伦理"。①

笔者在对《环球人物》杂志的相关负责人进行采访时，他说："真实性是一份杂志得以生存的基本条件，也是新闻人的良心所在，我们努力的目标是要办中国最好的人物杂志。"真实是对新闻报道的基本要求，但是具体来说，如何做到真实，则需要编辑具备足够的智慧。一般来说，在新闻报道中可以从现实的事实、历史的事实和科技的事实等三个方面来认真核实新闻稿件的真实性，通过调查、分析、核对等方法来过滤失实报道，确保新闻的真实性和媒体的可信度。对此，环球人物杂志社制定了一套严格的审稿制度，稿件由编辑选来之后，要提交杂志社的编前会讨论，从普通编辑到总编都要求准时到会，经过大家的层层筛选，逐级把关，反复斟酌，认真审查，最后落实到个人，并且实行问责制，做到责任到人。正是有了如此严格的管理制度，环球人物杂志社的每一位工作人员都具有高度的责任感，并且在日复一日的紧张工作中形成了一种规律的步调和节奏，从而形成了有

---

① ［英］马修·基兰：《媒体伦理》，张培伦、郑佳瑜译，南京大学出版社2009年版，第4页。

条不紊、井然有序的工作氛围。

笔者在阅读了大量的《环球人物》杂志后，一个明显的感觉是，这份杂志主要是按照新闻规律展开编辑工作的，即体现在根据稿件的新闻价值进行选稿。一般来说，所选择的稿件均具备及时性、新鲜性、重要性和显著性，因此具有较高的新闻价值，对于读者也具有较大的吸引力。同时，杂志社的主创人员思维敏锐，见解独到，不断提出创新丰富多彩的栏目形式，向读者传递出打动人心的理性思索。2009 年 1 月上，《环球人物》推出了"漫画与箴言"专栏，这个专栏一经推出就得到了广大读者的好评。该专栏通过幽默的漫画，充满睿智的箴言，带给了广大读者对人生的体悟与感动，让人感觉仿佛是一位老朋友在与自己谈天说，无限洒脱，十分畅快。比如：在一则《一切都会过去》的小故事中，讲到一个国王在梦中遇到一位神仙，于是向神仙求助快乐的秘诀，神仙告诉他无论顺境或者逆境，都要提醒自己："一切都会过去"。从而使人学会拥有一颗平常心。通过这个专栏也能够体现出该杂志社主创人员的心境和取向，可以简单地概括为：他们对这份工作拥有充满激情的好奇心，在一颗平常心的支持下，注重团队合作意识，并且拥有时刻做好准备进行冒险的耐心与坚定无比的信心。

三、擅于独家报道 角度新颖

独家新闻，在英语中是 Scoop，也被称为是快讯或者特讯。Scoop 原本是指勺子、铲子等，也可以指用勺子舀出，用铲子挖

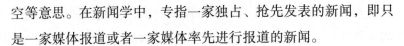

空等意思。在新闻学中，专指一家独占、抢先发表的新闻，即只是一家媒体报道或者一家媒体率先进行报道的新闻。

　　独家新闻相对于普通的新闻报道，具有更大的新闻价值和报道价值，对此，日本作家井上靖曾说："一生中能报道3条独家新闻就是大记者。不叫独家新闻，叫它大新闻也可以。一条新闻轰动舆论，举世瞩目，这样的消息即使写上一条，也遂了记者的平生之愿"。同样，独家新闻对于新闻媒体来说，也具有重大的吸引力。《环球人物》曾多次推出独家人物报道，主要是人物专访、人物访谈等，凸显了杂志的权威性和可读性。《环球人物》能够做到这些，主要凭借人民日报社得天独厚的采访资源，人民日报社拥有三百余名常年的驻外记者，从而能够确保《环球人物》杂志的新闻报道中六成以上是国际内容。

　　但是因为独家新闻往往可遇而不可求，并不能够常常进行报道。从目前的状况来看，独家新闻报道多数需要进行精心的新闻策划。环球人物杂志社的编辑部非常重视新闻策划，每周都会让编辑人员上报新闻策划选题，然后选出具有新闻价值，并且具有一定市场前景的选题，再进行市场的前期调查，当稿件发出之后，再进行信息反馈，以便发现问题，再进一步进行修改，以此形成良性循环。

　　比如：2009年12月中，《环球人物》推出新闻策划"影响世界的百年家族"，包括肯尼迪家族——权倾美国政坛；温莎家族——建立了"日不落帝国"；尼赫鲁家族——暗杀阴影笼罩的统治者；摩根家族——全世界的债主；皮耶希家族——汽车王国霸主；洛克菲勒家族——不吃免费午餐的奋斗者；默恩家族——

贝塔斯曼集团掌舵人;华纳兄弟——创造娱乐帝国;居里家族——三代夫妻的科学浪漫之旅;甘比诺·高帝家族——美国最大的黑手党。这期杂志的页码增加到120页,内容分量很足,并且很有深度。对此,环球人物杂志社进行了读者调查,并且把调查结果发布在内部资料《环球人物信息反馈》上:解放军报的一位记者反映说:"《环球人物》以《影响世界的百年家族》为封面故事的杂志,在军报附近卖得特别好。上摊第二天,就脱销了。可以说这是近三年来环球人物杂志社抓得最成功的的一个冷选题。"《世界知识》杂志社的一位资深编辑也反映说:"《环球人物》杂志的选题角度都很好,通过人物讲述新闻故事,非常值得借鉴。"凤凰网资讯中心的网络编辑反映说:"《环球人物》杂志的可读性很强,希望双方今后能够展开合作,比如可以帮《环球人物》杂志在网上推荐一些重头文章,他们有了独家策划和稿件,也希望能够有机会在《环球人物》杂志上'落地'。"

四、报道立场明确 表态鲜明

在新闻报道中,面对不同的新闻事实,编辑需要表明态度,做到褒贬分明,体现出媒体独有的品格。按照态度进行划分,可以包括肯定的态度,比如对新闻中的事实或支持、或赞扬、或歌颂等;否定的态度则包括或批判、或讽刺、或斥责等;此外还有既不肯定也不否定的态度。

在《环球人物》国际人物报道中,负面报道所占的比例比较大,从2006年3月1日创刊到2013年12月31日的1662次国际人物报道中，带有负面倾向的报道有 347 篇，约占报道总数的五分之一。在这些报道中，主要是与新闻人物具有密切联系的负面事件，比如：区域冲突、灾难事件、贪污腐败等，虽说是国际新闻，但是也比较注重接近性，在 249 篇关于财经人物的报道中，属于"中国缘"的报道有近 40 篇。

目前，我国经济处于转型期和发展期，同时也密切了与世界各国的经济合作。自改革开放至今的三十多年中，我国的国内生产总值实现了年均 9.8% 的增长速度。与此同时，制约我国经济继续高速增长的客观因素也在增加，比如用工成本的不断增长，以及随着资源环境约束力量的加大，发展制约的因素也随之增多，并且对我国的经济发展产生了很大的阻碍作用，比如：《环球人物》2010 年 4 月刊登的题为《必和必拓老板想卡中国钢铁业脖子》的报道。

澳大利亚的必和必拓公司是以经营石油和矿石为主的世界跨国公司，也是中国想要与之合作的重要公司之一。但是从 2003 年开始，由必和必拓老板安德主导的"涨价风潮"至今从未停息过。2009 年，中国钢铁企业协会在和世界上的三大铁矿石供货商谈判，其中包括必和必拓、力拓、巴西淡水河谷三大公司，而必和必拓的铁矿石的产量是最大的，期间安德在与中方的谈判中屡次使用不正当手腕，进行蛮横抬价和故意搅局。在 2009 年 7 月"力拓间谍案"东窗事发之后，安德干脆明目张胆地开始挖中国企业的墙角，就在我国的中铝公司以 195 亿美元入股力拓的最后时刻，安德不断搅局。当时，澳大利亚总理陆克文接到了一封封的请愿邮件，最终澳大利亚的商务部采纳了安德的意见书，以"中铝入股力拓，会损害澳大利亚的国家利益"为由，拒绝了中国中铝集团入股力拓。紧接着，安德又对外宣布必和必拓与力拓在铁矿石业务方面进行合并，他的这些举动被媒体称为是"终极版的挖墙脚"。

这一事件事关中国的铝业发展，影响巨大。对此，曾有新闻评论说："对于我国钢企而言，只要与三大铁矿石公司签订了长期协议合同，就可以根据长期协议买矿石，如果现货价格低的话，就直接用现货价格购买，这是对我们有利的做法。但中钢协不与铁矿石供应商谈判使得我国钢企丧失了签订长期协议的机会，这相当于使我国钢企在过去两三年亏损了近 7000 亿元人民币。"① 通过这篇报道也让读者清楚地看到：在过去，帝国主义是通过船坚炮利、公然掠夺的方式来占领殖民地，而如今的发达国家则利用其在自然资源上所占据的优势，正在逐渐地向发展中国家进行渗透，威胁着本国的经济发展。

五、常用新闻背景 信息全面

信息时代，增大信息量，促进最大限度的传播，对新闻媒体来说至关重要。新闻背景资料的运用对扩展信息量具有重要的作用，可以说是增进信息含量的一条有效途径。对此，相关研究表明："背景资料的运用比例及形式的多样化对新闻节目品质影响较大：交待背景资料的比例越大，类型越多元化，形式和位置越

---

① 郎咸平：《必和必拓正在渗透中国》，和讯网，"http：//opinion. hexun. com/2010－09－27/125003100. html，2010 年 9 月 27 日。

有序化，越有利于受众有效吸收、理解和占有，新闻信息量就越大"。①

相对于报纸期刊的扩版，拓展版面空间来看，增加新闻背景知识，可以加强具体新闻报道的信息含量。新闻背景属于说明性的信息，是一种客观存在，具有记录历史、告知动态、论证观点等功能，在为读者提供各种信息的同时，有助于帮助读者释疑解惑，促进感性认知向理性认知的深化，并且引发读者的知觉期待以及有用期待等，增强对社会的责任感。从这个角度来看，新闻的发展趋向从单纯地报道新闻信息，传播新闻事实向调查性新闻过渡，所谓调查性新闻，需要具备三个条件，具体来说包括：一是调查必须是由记者亲自所展开的工作；二是所调查的内容对于读者而言具有重大意义并且是需要读者了解具体内容的；三是有人试图向读者隐瞒事实，或者用假话来遮掩。可见，这些都体现了新闻媒体所肩负的社会责任。

对此，何崇元先生说："文章要能够吸引读者来看，文章都是读者爱看的。读者爱看主要有两个标准：

第一，文章要有知识性。现在《环球人物》杂志的知识性是什么呢？就是在内容定位方面，《环球人物》杂志主张：要报道读者关注的热点人和事背后的故事。文章要有知识性，要让读者看完以后感觉有所收获，不能让读者白看你的杂志。如果读者看完了没有收获，没有获取知识，那还看你的杂志干什么呢？所以，《环球人物》杂志特别强调具有知识性。在国际人物报道

① 李岚：《背景资料：增进新闻信息含量的有效途径——三种电视新闻节目的新闻背景分析与理论诠释》，《新闻与传播研究》2000 年第 2 期。

中，你报道一个新闻人物，读者看了以后能够了解：原来他是这样子的。了解他是哪年出生，哪年做了什么事，都有什么特长。

第二，文章要有智慧。人物报道要能够显示出编辑和记者的智慧，要从励志的层面使读者有所收获。比如：我们报道一个新闻人物，读者看了这篇报道以后，学到了很多的智慧。《环球人物》杂志曾经报道过美国的一些富商，像巴菲特、比尔盖茨、乔布斯等，读者看了以后觉得自己很受启发、很有智慧，并且真的学到了不少东西。正如杂志所说的：'看《环球人物》，获人生智慧。'"

《环球人物》在新闻报道中，大多都使用新闻背景资料，粗略来进行划分，包括纵向和横向两种，所谓纵向的新闻背景是按照新闻事实的发展，追踪其在不同时期的变化，通过对事件来龙去脉的报道来加深读者对新闻前因后果的了解。比如：《环球人物》报道的《出逃的"情圣"》，法国当前最著名的演员，被誉为"大鼻子情圣"的杰拉尔·德帕迪约因逃避法国政府的"巨富税"，宣布放弃法国国籍，并于2013年1月3日，飞往俄罗斯的索契，加入了俄罗斯国籍。根据法国颁布的巨富税，凡是"年收入超百万欧元者，征收75%边际税"，也就是说"赚4欧元要缴3欧元税"。这对法国的百万富豪们来说，无疑是一个不利消息。根据法国的《费加罗报》报道，杰拉尔·德帕迪约作为著名演员，除了高额的电影片酬收入，他还拥有15家公司，广泛地涉及到了影视、餐饮、酒庄、艺术品等各种业务，并且遍布法国、非洲和东欧等国。移民俄罗斯的做法，使得他所缴税率只有13%，无疑有利于他事业的继续发展。

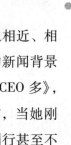

另一种是横向，即根据新闻事实的性质，寻找与之相近、相关的同类新闻事件，向读者提供一种参照，扩充读者的新闻背景资料。比如：《环球人物》报道的《印度金融界 女性 CEO 多》，文章报道了瑞士银行印度分行董事长盖罗查。17 年前，当她刚踏入银行界时，处处遭遇冷眼，至今她还记得当时的同行甚至不愿意和她握手。接着，文章重点介绍了相关的背景资料：在印度，重男轻女的思想比较普遍，甚至女孩在出生后容易遭到遗弃，因此要想在印度的金融界取得一番成就，则需要具有较强的实力，文章还对目前印度金融界的女性 CEO 们进行了集中报道，从而形成了一定的强势，引人注目。

六、提倡人情味 增强可读性

人情味（Human interest），是新闻价值中的一个重要要素，能够激发读者的阅读兴趣，并且带给读者别致的生活体验与人生感悟。在我国的新闻报道发展过程中，比较重视发挥新闻传播的传播功能，尤其是在人物报道方面，突出"高、大、全"的英雄人物报道，虽然典型人物报道从 20 世纪 40 年代至 80 年代，发挥了重要的舆论引导作用，但是随着人们思想的多元化，这种"半神"式的报道方式让读者感觉难以接近，缺乏亲近感。

随着改革开放的逐步推进，整个社会文化也发生了重要的变化，人们开始对自我进行了反思。关于"反思"一词，最早是由英国哲学家洛克提出来，他把"心灵内部活动的知觉称作反思。"这在当时流行的反思文学、伤痕文学、改革文学等方面可见一斑，人们的注意力被引入到对人性的探索中，进行细腻表现。人们对价值取向、思维方式和心理结构等方面的探讨，在某种程度上也影响到了新闻媒体。

在对典型报道进行反思的过程中，新闻媒体开始注重舆论监督，并且在党报中首先得以发起。1980 年，《人民日报》率先对渤海 2 号沉船事件进行了报道，这也是当时由党报发起的最具影响力的舆论监督报道，并且影响到了其他的报纸期刊。如今，新闻媒体除了对事件的相关报道外，还注重对人性深层的发掘，起到震撼人心的作用。《环球人物》的国际人物报道，比较重视人情味，让读者了解新闻事件的最新动态以及来龙去脉的同时，也帮助读者走进新闻人物的内心世界，了解他们的喜怒哀乐。

比如：2008 年 1 月，《环球人物》报道的《韩国当选总统的中国初恋》。2007 年 12 月 19 日，李明博作为韩国的大国家党候选人赢得了总统大选的胜利，成为了韩国历史上的第 17 届总统。这原本属于总统当选的重大时政新闻，属于硬新闻的范畴，但是《环球人物》别出匠心，对这条新闻进行了软化处理，切入角度是李明博的初恋，报道了李明博年轻时所遇到并且深爱的一位中国姑娘，对此，李明博回忆说：

有一天，我进院子打水，发现一旁有个 20 出头、白皙美丽的姑娘。她偷看我几眼后，又害羞地跑回屋里。我像丢了魂儿似的站在那里，望着姑娘消失的方向发呆。不深不浅的柳叶眉，洁白如玉的皮肤，藏在中国传统服装里的优雅身段……这一切，我好像在梦中见过。

初恋是人类最美好的情感，让人难以忘怀，对每个人来说，不论尊卑，不论出身，初恋是最能够打动人心的。诗人徐志摩的《在那山道旁》，对初恋情感进行了细致传神的描述："在那山道旁，一天雾蒙蒙的朝上，初生的小蓝花在草丛里窥觑，我送别她归去，与她在此分离，在青草里飘拂，她的洁白的裙衣"。这种对美好初恋的淡淡情思让人回味无穷，因此，《环球人物》对此篇报道的处理让人拍手叫好，令人印象深刻。

关于文章的趣味性，何崇元先生说："文章写得要有趣味，让人感到读起来很轻松、愉快。'趣味'，要求语言要写得生动活泼，让人能够接受。如果文章写得深奥苦闷，读者就会读不下去。文笔的清新，文字的优美，图片的生动活泼等这些方面，对杂志来说都非常重要。此外，在趣味性方面，要求文章的语言通俗易懂，这个标准在《环球人物》杂志编辑部是坚定不移，坚决贯彻的"。

七、提倡形式多样 语言通俗

《环球人物》自 2006 年 3 月 1 日创刊以来，至今所报道的国际人物已近两千余位，覆盖了政治、经济、文化、体育、军事等各个领域，向读者展示了一个丰富多样的现代世界。

从《环球人物》国际人物报道的形式来看，体裁多样，比如有：人物消息、人物通讯、人物特写、人物专访、人物访谈等，其中主要是以人物特写为主，突出人物性格中的某个方面。在人物特写中，常采用的方式是在报道的开头部分，捕捉适当的新闻事件作为新闻根据。新闻根据，也被称为新闻由头，即报道新闻的依据或者契机，以便增加报道的新闻性和及时性。与此同时，《环球人物》在选取新闻根据时，比较注重新闻根据所具备的新闻价值的大小，新闻根据与新闻事实变动之间是否存有一定关系以及关系的密切程度，因此一般来看能够与文章主体连贯起来，而没有牵强附会之感。比如《环球人物》创刊号的封面头条是关于奥斯卡评委会主席希德·甘尼斯的个人专访，文章开头写道："3月5日晚，以红地毯秀为标志的颁奖盛典拉开帷幕，奥斯卡金像奖各奖项的归属将尘埃落定"。进而引出记者对评奖委员会主席的专访，逻辑顺畅，条分理析。

从写作手法来看比较成熟，多采取长篇报道方式，一般为二到四个版，遇到新闻价值特别重要的报道则会采用十几个版，甚至更多，内容比较充实，题材比较丰富，力争全面立体，并且多使用背景资料的介绍，基本能够把新闻人物的简要经历进行详细介绍。在《环球人物》国际人物报道中，多数材料来自于记者的现场采访，注重一手资料的运用，并且注重使用统计数字等权威性的资料，增加报道的可信度。比如在对奥斯卡评委会主席希德·甘尼斯的个人专访中，记者采取了面对面的问答形式，使用口语化的表达，对采访进行了原生态展示，让人感觉形象生动，如临其境。以下内容是对此次专访的一段节选：

记者：经常有些影片上映，或者获奥斯卡提名后，在社会上引发争议、辩论，您对此有何评论？

甘尼斯：如果影片出现了争议，说明影片起到了积极作用，这很重要。但前提是一种健康的争议。

由此可见，《环球人物》从新闻语言的运用来看，追求通俗易懂，特色鲜明，不拘泥于形式，又能够刻画出鲜明生动的人物形象。对此，《人民日报》的"人民论坛"曾发表过一篇评论说："办过报的人都知道，面向市场的报纸，标题过长，文字不通俗易懂，就没有生存空间。一项研究发现，人们在阅读过程中，眼球是时停时动的，眼停一次的时间大约是 1/3 秒，认识的字数最多是 5 到 7 个，最少只有一个。如果标题空洞啰嗦，难免被弃之一旁。读者不买你的报，发行量就会掉，总编急得要跳脚"。①

八、重视标题制作 独树一帜

关于新闻标题，范·戴克曾经从语言学的视角进行了评述，他说："新闻报道主要通过对现实社会进行建构，向受众提供政治、经济、文化、社会等相关信息，对人们的思想意识产生一定的影响，因此能够在社会生活和日常交往中起到重要的作用。这

---

① 何崇元：《说话要让群众听得懂》，《人民日报》2013 年 8 月 13 日第 4 版。

种显著性比较明显地体现在新闻标题上"。[1]

从这个角度来看,新闻标题是一种特殊的新闻语篇,也有自身独特的内容和形式,能够集中表达新闻报道中的重要内容和关键信息,在新闻信息的表达和传播方面,具有重要的语义功能和语用功能。从语义功能来看,一般是"引题 + 主题 + 副题"的结构形式,引题又叫做眉题、肩题或者上辅题,可以是完整的一句话,也可以是一个词组或者一个词语,通过交代背景、原因,说明意义、目的,叙述部分事实,或者提出疑问等,来引出主题,对主题起到协助的作用。主题,即主标题,作为标题中的重要部分,用以表达新闻内容中最引人瞩目的事实或者观点。副题,又叫做子题或者下辅题,主要是作为主题的一个重要补充本分,或者交代事件的结果,或者补充次要事实,或者做出解答或者证实等。

新闻标题通过这种语义宏观结构,增强了彼此的语义关联性,从而以高度概括的形式体现出新闻报道中的要素,即谁,在哪儿,什么时候,做什么,怎么做。从语用功能来看,突出的新闻报道的意义所指,从而给读者以相关的提示,比如应该关注新闻报道的哪些内容,如何分析新闻报道的实质,怎样体现新闻报道的警示功能,这些信息主要是通过新闻标题的语言功能来体现出来。语义功能与语用功能的结合,基本能够使新闻标题起到明确表达的作用,做到准确、清楚、简洁等,但是这只是新闻标题制作的绝对要求,或者说是基本要求,新闻标题还应该具备一定

---

[1] T. A. Van Dijk, *News Analysis*: *Case Studies of Intrnational and National News in the Press*, Hillsdale, NJ: Erlbaum, 1988, P. 226.

的美学功能，来激发读者的阅读情绪。

《环球人物》国际人物报道的新闻标题比较注重语义功能、语用功能和美学功能的结合，尤其是注重增强对读者的吸引力。具体来看，如下表所示：

表6-1 新闻标题的语类功用

语类结构	主题	具体报道内容
语义功能	萨冈：用写作来戒毒	法国女作家弗朗索瓦丝·萨冈并不喜欢毒品，却不得不频频依靠以吗啡为主的麻醉药来减轻身体的病痛。因为车祸引起的神经炎病痛一直折磨着她。为了戒毒，她寻求过多种方法，但最终把她从毒瘾的泥淖中解脱出来的还是写作。
语用功能	美国名记，死在真相大白之前	2010年6月21日，美国记者黑斯廷斯在《滚石》杂志上刊登了对美军驻阿富汗最高指挥官、四星上将斯坦利·麦克里斯特尔的专访。麦克里斯特尔批评了美国的阿富汗政策，称国家安全顾问琼斯是小丑，甚至嘲弄副总统拜登，还说他第一次与奥巴马见面时颇为失望，这最终导致他在两天后被解职。据《洛杉矶时报》称，黑斯汀斯在临死之前正在写一篇中情局前局长彼得雷乌斯婚外情丑闻的后续调查报道。
修辞功能	"肥猫"吃垮俄罗斯体育	"肥猫"是俄罗斯民间的一个俗语，意思是好吃懒做、粮食吃了不少却不逮耗子的猫。2010年3月，俄罗斯在温哥华冬奥会上取得了历史最差成绩。对此，梅德韦杰夫把各体育协会比喻成贪吃的"肥猫"，批评体育协会只顾自身利益，忽视运动员利益和国家体育的整体发展。

九、突出编辑艺术 和谐统一

版面所呈现出来的是一种布局整体，所体现的是编辑的意图和原则，在评价新闻、展示个性、吸引读者方面具有重要的作用。但是版面空间有限，如何利用有限的版面空间，来展示编辑的所思所想，运用版面要素，实现内容与形式的统一，达到重点突出、层次分明，从而在构图上实现和谐统一，体现一种节奏感，展现一种良好的视觉效果。

有人说，版面恰似美人的面孔，依靠的是"三分相貌，七分打扮"，版面运用的成功与否，关系到版面带给读者的第一印象，因此具有重要的作用，即便是精彩的内容，也需要进行版面设计，以便达到锦上添花的效果。《环球人物》在进行版面编辑时，比较注重对版面的设计，具体来说，表现在以下的几个方面：

一是版面需要配合新闻报道的内容，突显杂志独有的特点。如果按照色彩搭配来说，一般情况下色彩面积对比和谐的比例为黄：橙：红：紫：蓝：绿 =3：4：6：9：8：6。《环球人物》的封面多为人物特写，根据人物的服饰色彩来选取适当的背景色彩，以求色彩的融合，追求最佳的视觉享受。《环球人物》在运用色彩，形成杂志独特风格的同时，还追求立体表现。所谓"立体"，《辞书》上曾经解释说："在同一个画面上，同时表现某事物的几个不同方面，比方人像的正侧面同时表现出来"。运用到版面设计上，就是把新闻报道通过一定的形式活生生地展现在版面上，吸引读者乐于接受。比如《环球人物》2006 年的创刊号封面如下：

图 6 – 1　《环球人物》创刊号封面

　　这个封面报道的是当年的奥斯卡颁奖盛典，封面上的两位女星获得了提名。左边的是美国的瑞茜·威瑟斯朋，右边的是英国的凯拉·奈特利，她是女演员代表人物，21 岁，因出演《傲慢与偏见》而获得提名，并且完成了从"花瓶"向演技派的转变。

　　二是版面注重突出新闻报道的主题思想，增强视觉冲击力。《环球人物》在国际人物报道中，一般把文字分成三栏进行排版，图片则使用长栏或者破栏的处理形式，使得版面更加富于变化，也能够活跃版面。与此同时，还使用通版，扩大版面空间，增强视觉冲击力。《环球人物》为发挥图片的魅力，开办了"图片故事"专栏，以展示世界各地的风土人情。比如在一期"图片故事"专栏中推出了"世界上最矮小的人种"专题，报道说：他们的平均身高只有1.2米，生活在非洲赤道附近的热带雨林里，但是却有着十分灵敏的听觉，行动更是十分敏捷，并且拥有惊人的攀援能力，四个版面全部都是相关图片，给读者留下深刻的印象。

三是版面追求美观大方，又不失活泼新颖。《环球人物》的编辑注重创新编排方式，力求使杂志生动活泼，各个版面形成一种统一的落落大方的风格，每个版面则要根据报道的内容体现出差异，从而形成各自的版面风格。主要是按照编辑的内容进行适当的版面安排。比如时政要闻版追求端庄严肃，突出权威性；经济版严谨整齐，突出有条不紊；文化版注重琴棋书画、花鸟鱼虫，富有生活情趣；娱乐版注重图片和色彩的运用，相对来讲比较活泼；体育版突出精彩的赛事瞬间，重视视觉冲击力。各个版面既和谐统一，又不失各自的风格。

十、打造杂志品牌 提升影响力

关于品牌，美国杜克大学教授凯勒（K. L. Keller）在他的《战略品牌管理》一书中说："The word 'brand' is derived from the old Norse word 'brandr', which means 'to burn', as brands were and still are the means by which owners of livestock mark their animals to identify them. According to the American Markting Association, a brand is a name, term, sigh, symbol, or a combination of them intended to identify the goods and services of one seller or group of sellers and to differentiate them from those of competiton". ①(自译："brand"这个英语单词最初源于古挪威语中的"brandr", 意思是指"打烙印", 拥有牲畜的人们使用这种方法在他们所拥有的牲畜身上打上印记来表示牲畜的归属。根据美国市场营销协会的规定, 品牌是一个名称, 一个标志, 一种符号, 一种图示或者这几种东西的综合体, 作用就是在琳琅满目的商品中帮助消费者区分不同生产者所推出的产品或者所提供的服务。) 由此可见, 品牌所注重的是培养读者对媒体的一种归属感, 与读者建立一种互动关系, 关键是通过新闻报道, 为读者创造更多的精神价值。

新闻媒体作为文化传播的重要载体, 打造品牌文化成为其关键。所谓品牌文化, 包括品牌的物质文化和精神文化两者形式, 前者附着在新闻产品上, 后者则传递出媒体与受众所具有的价值共识, 可以说, 这是品牌文化的基础所在。

推出国际人物报道, 增加国际人物报道在杂志中所占比例, 是《环球人物》在打造自身品牌的过程中的一项重要举措。笔者在对环球人物杂志社相关负责人进行采访时, 他介绍说国际人物报道能够占据报道总量的60%以上, 并且大多是一手资料, 来自人民日报社驻外记者的采访与访谈。从作者署名来看, 大多为特约记者, 这些记者常年驻外, 有的甚至身居海外十多年, 对

---

① [美]凯勒·凯文莱恩:《战略品牌管理》, 中国人民大学出版社1998年版, 第42页。

于异国文化、风俗人情等都比较熟悉，并且采访过多位政要人物，具有丰富的采访经验。此外，有些是特派记者，以便对一些突发事件进行及时采访和报道。比如 2010 年 4 月 7 日，吉尔吉斯共和国发生了骚乱，环球人物杂志社特派记者及时前往进行采访，报道了其中关键的 5 位政要。

不断追求创新，从形式到内容，最终形成杂志独有的特色是关键。《环球人物》创刊时所推出的专栏丰富多彩，比如"速写"、"金台乐园"、"高层访谈"、"我的故事"、"图片故事"、"我说"等，并且在不断推出新的专栏，比如"封面人物"、"本刊头条"、"读者来信"、"国际十日谈"、"热点评析"、"网络天下"、"海外传奇"、"名门之后"、"漫画与箴言"等，不仅丰富了杂志的内容，还增进了信息含量，拓宽了读者的视野。

例如"国际十日谈"，是国际新闻评论专栏，每期约请一位资深的新闻观察家或者新闻评论员，针对当前的国际热点时事，发表一篇新闻性评论，注重从历史视角入手，观点客观，材料充实，论证严密，条理清晰，努力发掘和设置具有新闻价值的公共议程，防止格雷欣法则中的"劣币驱逐良币"，从而提升新闻报道的质量，让重大新闻不被过度的娱乐信息所掩盖。

综上所述，《环球人物》至今已经积累了很多宝贵的办刊经验，并且拥有一定的影响力。对此，何崇元先生说："我希望《环球人物》杂志办成一个中国最好的人物杂志。在《环球人物》杂志创办初期，有些人不相信，他们问我：'你说办最好的人物杂志，有基础吗？'我说：'有。'第一个基础是这个杂志是人民日报社主管主办的，人民日报社主管主办的定位就是确定他们要办一个中国最好的人物杂志。第二个基础是《人民日报》是党中央机关报，享有很多独特的新闻资源，比如中宣部领导的讲话，中央领导的讲话，中央的各种精神，都会首先传到人民日报社来，我们有这个先天的优势条件，这是一个基础。第三个基础是人民日报社有很多老的新闻工作者，他们对办报刊有着多年的积累，都有着丰富的经验，比如我们有办《环球时报》的经验。人民日报社也有很多的人才，这些人才虽然不一定直接去办《环球人物》杂志，但是他们会给《环球人物》杂志提一些建议。第四个基础是基于我们人民日报社编委会的决心，我们要办最好的杂志。我作为分管《环球人物》杂志的一个负责人，也是基于我的决心。我想，要办就要办一份最好的人物杂志，否则就没有前途。这个决心有多大呢？我分管这个杂志，我的决心就是不达目的不罢休！"《环球人物》发展至今，已经具备了自己独特的报道特点，拥有了一批稳定的读者，提升了自身的品牌知名度。与此同时，《环球人物》不断提升报道质量，努力增强报道团队的综合素质，本研究将继续关注这些方面的发展动态。

第二节 《时代》周刊中的国际人物报道

《时代》周刊创刊于 1923 年 3 月 3 日，至今已经走过了 90 余年，从创刊初期的七千多份到目前的四百多万份，是当今世界最具影响力的新闻杂志之一。根据《时代》周刊编辑理念的变迁,前四十五年属于传统的办刊时代,基本由个人来全权负责,后四十五年是现代媒体公司时代,在大编辑部的指导方针下,进行大新闻策划,即将每个新闻报道都纳入到集体中来,重视统筹布置和新闻设计。

2006年5月,《时代》周刊编辑部主任施腾格尔(Richard Stengel)正式出任总编,他尤其重视新闻和议程设置创意,认为目前《时代》周刊的最大优势在于能够不断地向读者提供新闻和议程设置创意。从2006年3月1日至2013年12月31日《时代》周刊新闻报道的整体来看,国内新闻报道相对比较客观,国际新闻报道具有明显的偏向,本章主要是分析《时代》周刊国际人物报道的特色。

一、重视新闻创意 推崇慢新闻

自创刊之初,《时代》周刊提出办刊口号:"《时代》周刊好像是由一个人之手写出来给另一个人看的"。帮助读者在众多的新闻中理清头绪,筛选出读者最需要的新闻信息,根据这个标准,《时代》周刊分别设置了一些专栏,并且具有很大稳定性,从创刊至今基本没有变化。《时代》周刊的主要栏目有:Letters《读者来信》,Travel watch《旅游》,World watch《世界瞭望》,Notebook《随笔》,Asia《亚洲》,American scene《美国》,Europe《欧洲》,Arica《非洲》,Business《商务》,Art《艺术》,Technology《科技》,Health《健康》,People《人物》等。从这些专栏设置可以看出,《时代》周刊在时效性上并没有优势,但是它非常注重对新闻的后期整理、加工和统筹。对此，创始人卢斯曾说："天下有两种新闻：快新闻和慢新闻。慢新闻具有深度，应回答更多的问题，让人有更多的时间思考；因而能影响更多的读者。快新闻没有这种功能，转瞬即逝。《时代》周刊的任务就是要为慢新闻提供更广阔的空间"。①

从《时代》周刊国际人物报道来看，对新闻人物的报道比较全面，比如通过人物访谈，幕后故事，数据分析，新闻点评等方式进行详细报道，对重要的新闻一般采用八个版以上，甚至更多，基本占据了整本杂志八分之一的内容。比如关于教皇本笃十六世的报道。2012 年 2 月 28 日，86 岁的罗马教皇本笃十六世宣布辞职，《时代》周刊将其作为封面人物用了十几个版的篇幅对其一生进行了重点报道，并且刊登了教皇出席各种活动的一些珍贵的历史照片，具有一定的史料价值，此外还对教皇身边的相关人员进行了采访，让读者对教皇的日常起居有了细致了解，从报道的行文可以看出，记者对教皇言行举止的观察细致入微，描绘细腻传神，与此同时，也让读者体会到了慢新闻的全面性和深刻性，令人印象十分深刻。

二、设置新闻专题 封面人物化

在日渐激烈的市场竞争中，报纸杂志的版面设计也成为广大新闻从业人员关注的焦点。尤其是封面设计，在某种程度上能够

---

① ［美］大卫·哈伯斯塔姆：《掌权者——美国新闻王国内幕》，尹向泽、沙铭瑶译，四川文艺出版社 1988 年版，第 68 页。

体现出编辑的理念与意图，从而形成一定的布局整体，与此同时，也反映出了杂志的个性、风格与品质，因此具有重要的作用和意义。

《时代》周刊在新闻和议程创意中，侧重精心设置封面。在《时代》周刊的封面中，将近一半的封面为人物，并且在杂志中相应地配置了封面人物报道，从而将封面与报道密切地联系起来。具体来看，《时代》周刊在对封面人物进行报道时，注重的是新闻与历史并重，从而突出了人物在新闻和历史两个层面上的重要性。此外，值得关注的还有《时代》周刊封面独特的形式设置，在版心四周有红色线框，通过色彩、线条、图片、文字等版面要素的综合运用，使得封面显示出了一定的张力，从1927年开始一直沿用至今，也成为《时代》周刊的一大亮点。

《时代》周刊除了注重封面人物的报道之外，还比较重视精心策划新闻专题，比如：2006年11月，《时代》周刊评出60年来亚洲英雄榜，报道的人物有：中国的领导人邓小平、中国香港地区商人李嘉诚、印度圣雄甘地、印度修女特里萨、菲律宾前总统阿基诺、新加坡前总统李光耀、缅甸前总理昂山素季等。所谓新闻专题，"是指传媒在相对集中的时间和版块里，运用广视角、大容量、深层次、多手法的报道形式，对某一新闻事件或某一现象或某一问题进行的专门话题的揭示或研究的报道。"[①] 新闻专题能够充分体现编辑的主观能动性，丰富信息内容，提升新闻品质，在最大限度上能够满足读者的阅读需要。

---

① 赵振宇：《新闻策划》，武汉出版社2000年版，第201页。

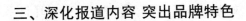

三、深化报道内容 突出品牌特色

在《时代》周刊的品牌策略中，"年度风云人物"评选可以说最令世人瞩目。每年5月间，《时代》周刊都会使用一期杂志，总共约有50多个版，来对一年中在世界中具有较大影响力的100位新闻人物进行评选，与此同时，还对每个新闻人物进行详细介绍和报道。

"年度风云人物"的评选活动起于1927年。当时，美国的飞行英雄林德伯格（Charles Augustus Lindbergh），成功地实现了首次单人驾机并且不着陆地飞跃了大西洋，从美国纽约到达了法国巴黎，还获得了国会荣誉勋章，他的这一壮举当时被各大媒体争相报道，但是由于《时代》周刊编辑的失误，对这条具有重要历史意义的新闻却没有刊登。到了1927年的年底，《时代》周刊杂志社对本年度的工作进行得失总结和分析时，察觉到了这次重大失误，于是想对此进行查漏补缺，并且以"Men of year"（年度风云人物）的形式进行补充报道，在1928年的第一期进行了重点推出，并且收到了令人意想不到的好效果，于是这种评选活动便一直保留下来，成为了《时代》周刊的重要特色，甚至对美国人来说，也成为了他们的一种阅读习惯。

就目前来看，《时代》周刊的"年度风云人物"从新闻主题上来看，主要有：领导人和革命者（Leaders & Revolutionaries），英雄和先驱者（Heroes & Pioneers），艺术家和娱乐圈人士（Artists&Entertainers），建设者和天才（Builders & Titans）等几个方面，从而打破了传统的按照新闻内容进行的简单分类，比如政治、经济、社会、文化、体育、军事等等，令读者耳目一新，同时也能够了解《时代》周刊编辑独有的报道理念。

四、跳跃性思维 细节化描述

《时代》周刊在国际人物报道中，注重事实和人物之间的联系。在文章的开始，多数重视对新闻依据的使用，关注目前新闻事件的最新动态，将时间、地点、事件、人物等进行简单介绍，往往把读者的注意力引到新闻人物身上，并且对新闻人物的个性、特点等进行细化描写。

通过国际人物报道，可以看出字里行间多体现出记者的跳跃性思维，常常在事件、个案、境况等各个要素之间跳来跳去，并且非常重视细节描述。在第二章的新闻文本分析中可以看到，《时代》周刊国际人物报道的细节描写占据了新闻文本总量的五分之一多，形式丰富多样，有人物外貌、言语、举止、情感等的细腻展示，也有事件、场景等环境的细节描写。

比如 2007 年 9 月 3 日《时代》周刊在对封面人物印度的特里萨修女进行的报道。文章从 1979 年 12 月 11 日特里萨修女获得诺贝尔和平奖说起，进而详细地谈到她的修学经历，她如何从一个愚蠢的女人（one-woman folly），成为了一个全球的充满关爱的灯塔式的慈善家（a global beacon of self-abnegating care），文章使用了大量笔墨对特里萨修女的穿着、言语等进行了细化描述，从而加深了读者的印象。

五、注重新闻素材选择 明确价值判断

目前美国作为世界超级大国来说，几乎在各个领域都占据着领导地位①：从政治层面来看，美国几乎操控着整个西半球，并且是欧洲和东亚各国十分重要的外来平衡力量，近些年来，还向中东各国不断扩大着自己的势力。从经济上看，美国从 19 世纪 80 年代以来成为世界上最发达的国家，GDP 在世界上的经济比重基本稳定在 20% 和 30% 之间，并在第二次世界大战之后甚至一度曾经上升到了 50%。从军事上来看，美国的军费支出一直占据世界首位，并且具有世界上独一无二的核优势、空军优势和全球军事投送优势等。从文化和传媒的软实力来看，由于硬实力的坚强后盾，使其软实力也在全球占据着统治性地位，尤其是好莱坞电影、快餐文化、英语使用等各方面都产生了重要影响。与此同时，美国认为通过向其他国家推广主张的人权、民主等观念能够成为全球的普世价值观。

《时代》周刊在国际人物报道中，比较突出的表现是运用自身主张的人权、民主等价值观念，对国际人物进行评价，通过新闻素材的选择，明确价值判断。比如《时代》周刊对达赖喇嘛的相关报道，有对达赖喇嘛的个人采访，还有对达赖喇嘛宗教观点的介绍等，认为达赖喇嘛是一个具有个人魅力的领袖，他"optimistic（乐观的），faithful（忠诚的）and holy（圣

---

① 金灿荣、刘世强：《告别西方中心主义——对当前国际格局及其走向的反思》，《国际观察》2010 年第 2 期。

洁的、神圣的)",能够以悲悯心来维系世界各国宗教的和谐
关系。

六、虚实结合 整合事实

虚实结合是《时代》周刊国际人物报道的一个明显特点,
简单来说,记者在对新闻人物进行报道的同时,不时穿插自己的
观点,并且以此作为一条主线,将散落的新闻事实串联起来,从
而形成一个比较完整的报道整体。在《时代》周刊国际人物报
道中,记者常常根据所报道的新闻人物的突出特点来比较明显地
表达自身的主观情绪,主要体现在对新闻人物的评价上,从而体
现出了记者对新闻人物的观点和看法。

比如:《时代》周刊 2008 年 1 月 28 日在对南非残疾运动员
皮斯托瑞斯的报道中,记者主要立足于自身对民主、平等、公平
的理解,结合皮斯托瑞斯的酷跑(cool running)经历,发表了自
己的见解,在文章的开头部分就写到:"Democracy presumes that
we're all created equal; competition proves we are not, or else every
race would end in a tie. We talk about a level playing field because
it's the least we can do in the face of nature's injustice." (自译:民
主假设我们都是平等的;而竞争则证明我们不是,否则每场比赛
都将打成平局。我们谈论一个公平竞争的环境,因为它至少是我
们在面临大自然的不公平的时候能够做的最基本的事情。)由此
看来,记者比较注重对新闻人物的评价,从而达到虚实结合的报
道效果。

再比如《时代》周刊在 2010 年 12 月 28 日报道牙买加著名的田径运动员博尔特（Usain Bolt）时，也使用了类似的报道手法。文章中写到："Cascade itself doesn't have much to advertise as a vacation hot spot. It's an impoverished village in the interior of a struggling country, where a handful of bars, fruit stands and vendors peddling straw baskets count as the downtobusiness district. But Cascade does have Bolt, and he's what's being advertised：You love this guy, you'll love his country." （自译：卡斯凯特鲁本身不能过多地作为度假热点来做广告。在这个苦苦挣扎的国家里，它是一个贫穷的村庄，那里有一些酒吧，水果站和兜售草篮子的供应商，可以算作是商业极不发达的地区。但是卡斯凯特鲁出了博尔特，正如博尔特的宣传语所言：你爱这个小伙子，你也将会爱他的国家。）记者从博尔特的家乡写起，并且对他的家乡进行了细致描述，如此一来，读者对博尔特的了解将进一步得到了加深。

七、偶见名流新闻 感情色彩强烈

虽然《时代》周刊的记者在进行国际人物报道中，比较重视主观表达，通过虚实结合，吸引读者阅读并且给读者留下比较深刻的印象，但是如果这种主观表达的"度"把握得不恰当，便容易有失偏颇，从而影响了新闻的客观性。

目前，在美国存在一种新闻现象称为是"名流新闻"，具体来说，就是当记者或主持人拥有了一定的名望之后，也就有了一定的社会地位，这时他们对新闻人物进行报道时，往往采用俯视的态度,对新闻人物随意评价,任意点评,甚至就像是教师对待犯错误的学生一般,任加指责,从而有损新闻的客观公正。

比如《时代》周刊在2011年3月7日对卡扎菲的报道中说:"Leave it to Libya's Muammar Gaddafi to show the world how a tyrant goes down: with bluster, belligerence and blood."(自译:让利比亚的穆阿迈尔·卡扎菲向世界展示一下,伴随着恐吓、战争和流血,一个暴君是如何走向没落的。)这句话使用了祈使句式,带有极其强烈的感情色彩,把卡扎菲定位成一个走向末路的暴君,但是整篇文章中没有对卡扎菲个人任何信息进行报道。

再比如《时代》周刊在对突尼斯前总统本·阿里进行报道时,称他是独裁者(Dictator),批评他对受伤市民的探望不是出于真正的关心,而是出于缓和国内愤怒的情绪,并且希望使得这种情绪得以疏解(Try to blunt the anger)。报道中没有对当事人本人进行采访,也没有对受伤市民或者他的主治医师等相关人员进行采访。

八、运用人情味 增强传播功能

人情味一直以来都是西方新闻记者非常偏爱的表现形式,尤其是在人物报道中,人情味则更是得到了普遍的使用。《时代》周刊比较重视运用人情味来增强新闻的传播功能,而且是在符合自身价值观念的前提下进行的。

《时代》周刊在对卡扎菲的报道中,把卡扎菲的人格作为了新闻报道的焦点，并且极具有煽动性，试图把卡扎菲作为利比亚的代名词，把与利比亚有关的所有危机事件都集中在卡扎菲身上，向读者传递出一种信息：谴责卡扎菲吧，一切都是他的错，包括利比亚经济的衰退、反对者的抗议游行、无辜平民的伤亡等，这些不幸都是卡扎菲所造成的。

《时代》周刊的这种思维模式和报道方式，在很大程度上是源于美国记者对人情味新闻的偏爱，并且通过人情味新闻的报道，增强新闻传播的功能。这种报道方式的主要特点是，把复杂的、纷繁的、琐碎的与社会、政治、宗教、经济与地缘文化等相关的重要内容进行简化报道，从而将读者的注意力引入到事件冲突中。对此，有学者指出："人情趣味的报道在面对世界时，并非只是一扇不带有偏见的窗口，而总会带着某种特殊的角度。"①

如此一来，读者内心的好奇感被充分地调动起来，但是深层的有关事实真相的内容却被忽略掉了，甚至被记者人为地掩盖起来了。

九、信息倾向明显 服务观点

《时代》周刊国际人物报道中，常会出现对新闻当事人的采访，并且大段地引用其原话，来凸显新闻的及时性和真实性。但

---

① James Curran, Angus Souglas and Gary Whannel. *The political economy of the human interest story*, in Anthony Smith（ed.）. *Newspapers and Democracy：International Essays on a Changing Medium*, Cambridge, MA：MIT Press, 1980, pp. 288—316.

是如果仔细分析就不难发现，记者对采访对象是有所选择的，可以说是区分对待。如果对记者所主张的观点有所帮助，则常会出现在文章中，如果对记者所主张的观点不一致，甚至是相反，则不会出现在文章中。由此可见，记者在对新闻人物进行评价，没有对采访对象进行全面报道，只是注重采访对自身观点有益的对象，信息倾向较为明显。

比如《时代》周刊 2011 年 3 月在报道埃及革命时，文章一开始就指出穆巴拉克违背民主原则，暗中操纵国会选举，但是没有对穆巴拉克的个人采访，而是大量地采访了一些穆巴拉克的反对派，并且在文章的开始就指出："Focus on the people who pulled the revolution off.（1）The Organizers：Shadi Taha，32，a Ghad Party member.（2）The Protesters：Ahmed Shahawi, the unemployed engineer."（自译：关注这些发起革命的人们，一位是组织者：沙迪·塔哈，32 岁，盖德党党员。另一位是抗议者：阿麦德·沙哈维，一位失业的工程师。）此外，文章还对一些流亡在外的反对派进行了采访，这些人也都是穆巴拉克的反对者。通过对这些人的采访，可以看到这次革命有着严密的组织性，并且组织者们的工作做得十分细致：国外的组织者通过脸书网、推特网、YOUTUBE 视频网等宣传自己的观点；国内的组织者则是挨家挨户地散发传单。但是记者在文章中又说："'march of millions'in Tahrir Square say their participation was spontaneous."（自译：解放广场的百万人游行者们说他们的参与是自发的。）

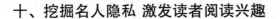

十、挖掘名人隐私 激发读者阅读兴趣

《时代》周刊在对全球各界名流的报道中，比较关注个人的隐私，以此来满足读者的公共利益诉求。比如对皇室私生活的曝光。尤其是对英国女王伊莉莎白二世、凯特王妃等人的报道，《时代》周刊对他们的关注从未停止过。包括女王生日，王妃成婚、生子等各种新闻，并且都是使用了大篇幅进行详细报道。这些新闻报道的目的性十分明确，向读者揭开这些皇室贵胄的神秘面纱，因为对一般读者来说，这些皇室成员身上有一种神秘感，让人感到不可接近。《时代》周刊的报道角度是向读者呈现出这些名人其实也是平凡人，他们也有和平凡人一样的喜怒哀乐。

对此，一些媒介社会学家们开始担心，这些政治新闻"向公众提供一些偷窥而来的个人私生活新闻，结果使公众不再关心一些政策基本方针的报道"。①在一般的情况下，吸引读者阅读，激发读者阅读兴趣，与注重读者的公共利益诉求，满足读者知情权之间还是有差别的。相比较而言，在市场逻辑的支配下，两者在大多数情况下是处于失衡状态的，即前者更能够成为报道的理由而被推上报端，这也正是前述媒介社会学家所担心的，媒体以此把读者的兴趣引到发掘公众人物的私生活，虽然在某种程度上有利于推进人与人之间的平等，但是作用是微乎其微的，主要的影响力还在于将政治新闻软化处理。

---

① ［英］马修·基兰：《媒体伦理》，张培伦、郑佳瑜译，南京大学出版社2009年版，第57页。

第三节 《环球人物》和《时代》
周刊国际人物报道的差异

通过上述两节的综述整理,《环球人物》与《时代》周刊国际人物报道的特色对比如下表所示:

表6-2 《环球人物》与《时代》周刊国际人物报道的特色对比

《环球人物》	《时代》周刊
着眼精英文化 定位高端	重视新闻创意 推崇慢新闻
注重媒体伦理 睿智理性	设置新闻专题 封面人物化
擅长独家报道 角度新颖	深化报道内容 突出品牌特色
报道立场明确 表态鲜明	跳跃性思维 细节化描述
常用新闻背景 信息全面	注重新闻素材选择 明确价值判断
提倡人情味 增强可读性	虚实结合 整合事实
提倡形式多样 语言通俗	偶见名流新闻 感情色彩强烈
重视标题制作 语言通俗	运用人情味 增强传播功能
突出编辑艺术 和谐统一	信息倾向明显 服务观点
打造杂志品牌 提升影响力	挖掘名人隐私 激发读者阅读兴趣

从上表可以看出,要进行对比分析,关键是掌握适当的研究方法。研究方法是"从事研究的计划、策略、手段、工具、步骤以及过程的总和,是研究的思维方式、行为方式以及程序和准则

的集合。"① 在这里，主要是采取从宏观和微观相结合的分析方法，对人物报道的叙事建构进行探讨。

在叙事建构方面，无论从宏观视角还是从微观视角来看，《环球人物》和《时代》周刊都存在着明显的差异。具体来进行划分，可以包括人物选择、表达方式和写作风格三个方面。

一、人物选择的差异

从国际人物报道的区域来看，《环球人物》和《时代》周刊的各自关注点有所不同。《环球人物》比较注重对于北美洲、欧洲和亚洲的报道。《时代》周刊则比较注重对亚洲、欧洲和非洲的报道。此外，两者都比较关注对方，并且把对方视为与自身发展密切相关的劲敌。例如《环球人物》对美国的人物报道得非常全面，尤其是对白宫的相关官员和工作人员都进行过相关报道，《时代》周刊对中国人物的报道也比较全面，涉及到政治、经济、文化、体育等各个领域，还有相当一部分报道涉及到我国香港地区和我国台湾地区，并且把对个体的报道融入到宏大的国家民族叙事体系中，突出了中国浓重的政治色彩和国家色彩。在对欧洲的报道中，双方都比较关注俄罗斯、英国、法国和德国的相关报道，并且把重点都对准政治领域中的风云人物，但是通过这些报道也可以明显地感到所处的位置明显不同，《环球人物》是以旁观者的视角观察其政治经济发展态势，而《时代》周刊

①　陈向明：《质的研究方法与社会科学研究》，教育科学出版社2000年版，第5页。

则作为政治同盟者和友人的身份来关注欧洲与美国的外交政治，从感情色彩上来看多少体现出一些亲密成分。

从国际人物的报道内容来看，《环球人物》最关注政治人物的报道，次之是经济题材中的新闻人物，其次是社会题材的人物，再次是文娱界的人物，最后是体育人物。《时代》周刊最关注政治人物的报道，次之是文娱人物的报道，其次是经济题材中的人物报道，再次是体育人物报道，最后是社会题材中的新闻人物报道。

对此，谢湘女士说："《环球人物》的选题标准，还注重突出人物报道的特色。这也是我们长期以来，区别于其他媒体的一个地方。具体说，就是在一个新闻事件或话题中，我们会选取一个或几个鲜明的人物形象，比方说在世界杯的报道中，我们的报道角度可能是围绕几个球星，或者足联主席，或者巴西总统等；而关于足球经济、足球教育、足球文化等报道内容，就不会作为重点。

这样的选题策划是一个团队反复讨论的决策过程。我们的编辑和记者团队可以说每天都在碰头，随时保持沟通。具体流程来说，先是通过总编、副总编和责任编辑参加的策划会，初步讨论和确定选题思路，然后由编辑与前方记者取得联系；在记者采访过程中，往往会发现一些新的素材和情况，再返回来与编辑沟通。这些沟通的过程，把编辑部的策划构思与记者的一手发现相结合，是不断调整策划的动态过程，直至稿件完成"。

通过对比可以发现，双方都比较关注政治人物，并且大多数报道采取面对面的访谈形式，在注重这些政治家们的政治主张和改革措施的同时，也都比较注重挖掘他们作为常人的个性品质和脾气秉性等。与此同时，双方在经济人物的报道中，都比较注重他们的创新思维和创新模式。但是，双方在文娱报道方面存在明显差异，《时代》周刊比较关注文娱类报道，并且把它作为调节杂志严肃气息的重要辅助，以增加杂志的吸引力。

二、表达方式的差异

从国际人物报道的表达方式来看，《环球人物》的负面报道较多，并且大多采取全知的叙事视角，按照时间的发展顺序对事件进行报道，逻辑性强，信息量大。《时代》周刊的正面报道较多，主要采取当事人或见证人的叙事视角，打乱时间顺序，运用跳跃思维方式对某个细节进行突出放大，现场感强，信息量小。

经过比较分析可以看出，双方所采取的表达方式不同。例如：《环球人物》和《时代》周刊在关于中东革命各个国家的领导人报道中，都突显了对相关领导人的个性品质。但是所采取的表述方式存在明显的差别，《环球人物》在相关报道中写的是"中东革命"，中东革命是属于冲突型的，并且从这个角度将其归入负面报道的范畴。《时代》周刊在相关报道中写的是"People's Revolution"（自译："人民革命"），并且引用了奥巴马的发言"Those 'who believe in the inevitability of human freedom', Obama said, would be inspired by 'the passion and the dignity that has been demonstrated by the people of Egypt'". （自译：那些"相信人类自由必然性的人们，"奥巴马说，通过"埃及人民所表明的激情和尊严"将会受到启发。)

此外,双方国际人物报道表达方式的差异还体现在人物言语再现方面。从人物言语再现来看,《环球人物》比较注重使用直接形容的方式对人物进行刻画,即对人物性格中的某个特点进行直接而明确地说明。从言语再现的程度上来看,主要使用的是描述性概括,即只是概括性地描述了一种言语行为,或者直接明确了话题,但是并没有进一步详细说明言语的表达方式。《时代》周刊主要使用自由间接话语,在语法上和模仿程度上都是介于直接话语和间接话语之间,主要表现在对一些报告动词和连词、指示词和时态格式方面的使用,抛开了原来话语的表达形式,对某一言语事件的进行内容转述。

三、写作风格的差异

从语义结构来看,《环球人物》和《时代》周刊从行文的总体结构上都属于一种相同的结构关系,即:"概述—背景—事件—后果—评论"。与此同时,从评论层面来看,双方在报道中涉及到评论的内容大致占报道内容总量的三分之一。所不同的是,《环球人物》进行评论的方式有:一是来自其他媒体的言论,二是相关当事人的言论。《时代》周刊多使用当事人的直接引语,并喜欢使用"据称"等匿名信息源提供的内容作为支持记者观点的有力论据。此外,两者从背景、细节、境况、个案等不同语义结构来看存在明显差异。《环球人物》的话语样本由大量的背景资料来构成,内容丰富,从而使新闻报道通俗易懂。《时代》

周刊则注重报道细节，表现人物细腻丰富的情感，以及点化人物之间的复杂关系。

　　从词汇使用来看，两者的人物报道通过形容词的使用，都表现出了明显的主观色彩，但是在逻辑关系表达方面存在差异。《环球人物》呈现出的多是因果关系，借助于多种语义范畴的相互穿插，进而体现对某个主题的反映，并且体现出了较大的时空跨度。《时代》周刊呈现出的多是并列关系，即侧重于对某一种语义范畴的使用，并且使其相互之间呈现出并列平行的关系，尤其注重细节描写，从而突出的是直接的现场感。

　　从新闻主题设置来看，《环球人物》和《时代》周刊对彼此的报道存在差异。以女性报道为例，《环球人物》侧重于对美国政治、经济领域的女性进行报道，几乎占了总数的一半，突出了权力场域以及职场竞争中的女性形象，认为她们是富有传奇色彩的女强人，胆识惊人的女英雄，但与此同时也报道了一些秩序违规者，并且认为她们是物质至上的失败者。《时代》周刊主要是对政治领域和娱乐界的女性进行报道，并且也主要突出她们在全球具有的影响力，但是由于意识形态的影响，譬如在对中国女性进行报道时，非常注重对中国成功的女运动员进行报道，并且认为她们所获得的所有荣誉是中国体育强国梦的重要符号。

　　综上所述，《环球人物》和《时代》周刊的国际人物报道在人物选择、表达方式和主题设置方面存在明显差异，并且都明显地以各自不同的价值理念作为报道的出发点，突出了双方在文化观念和意识形态方面的差别。接下来，本书主要从传播学的视角对产生这些差别的原因进行研究。

第七章　对国际人物报道的反思

本章首先是对国际人物报道存在的问题进行反思，其次是分别从中西媒介文化的基本差异，对西方新闻客观性的再认识、正确认识国际传播话语的建构性等方面对《环球人物》和《时代》周刊国际人物报道进行传播学反思。最后，从发展传播学视角，对国际人物报道叙事模式的建构进行分析，认为需要理性看待中西对立思维中的媒介角色，增强媒体议题设置的能力和提升新闻传媒的实力，以便在复杂的国际传播关系中争夺新闻话语权。

通过反思，可以发现当前的国际人物报道存在明显特点，具体表现在人情味的传播手法，讲故事的基本原则和政治新闻的软处理等方面。中西方媒介文化存在诸多差异，但最基本的是各种所遵循的新闻观不同。在西方，新闻媒体虽然标榜的是新闻专业主义，但是由于商业利益集团和不同党派权力机构的介入，掺入了许多复杂的关系，因此对他们新闻报道的客观性要慎思对待。就目前来看，在国际传播的舞台上，西方媒体掌握着话语权，对于发展中国家来说，争夺新闻话语权、增强议程设置能力，提升新闻传播实力将是今后的主要目标。

第一节 对《环球人物》与《时代》
周刊国际人物报道的反思

本节主要分析引起这些差异的原因，并且从传播学的角度进行反思，分别从中西媒介文化的基本差异，对西方新闻客观性的再认识以及正确认识国际传播话语的建构性这三个方面进行展开分析。

一、中西媒介文化的基本差异

从对上述人物报道的叙事建构来看，中西方的媒介文化存在明显差异，具体来说，双方所遵循的新闻观不同。

中国的新闻事业所遵循的是马克思主义新闻观，所谓马克思主义新闻观，"其核心是马克思主义关于无产阶级及其政党新闻事业的工作性质、工作原则和工作规律的一系列基本观点"。①马克思主义新闻观具有原则性、实践性和开放性的特点，因此不是一成不变的，而是随着社会的发展而不断发展。

马克思主义新闻观与西方媒体新闻理念的根本区别在于，主张新闻媒体是党、政府和人民的喉舌。对此，马克思曾说："报刊按其使命来说，是社会的捍卫者，是针对当权者的孜孜不倦的

① 郑保卫：《马克思主义新闻观的形成与特点》，《中国记者》2001 年第 5 期。

揭露者，是无处不在的耳目，是热情维护自己自由的人民精神的千呼万应的喉舌”。① 具体落实到新闻工作中，就是要遵循新闻从业基本准则，做到新闻真实。

西方的新闻媒体提倡专业主义，关于其核心信念，美国印第安那大学新闻学院的阿特休尔（J·H·Altschull）教授曾经进行过归总②：新闻媒介关键是要摆脱来自政府和广告商的干涉，探求真理，反映整体，客观公正地报道事实，从而实现“公众的知晓权”服务。但是在实际的新闻实践中，新闻媒体是市场化运作方式，其直接目的在于追求商业利益。在商业的逻辑下，传播者和受众之间的关系是生产和消费的关系，同时也是一种控制关系。广告商以一种赞助的方式介入进来，进而成为实际的控制方和权力方，对新闻传播产生重要的影响，并且在盈利模式的驱使下，新闻媒体可能会迎合广告商的要求。除此之外，新闻媒体也并非能够摆脱来自政府的干涉，比如关于伊拉克战争的报道为传播“官方真理”而提供了便利，伊拉克拥有大规模杀伤性武器的报道就是具有代表性的一例。

二、对西方新闻客观性的再认识

新闻客观性的内容非常丰富，并不仅仅限于新闻是否客观或者新闻如何才能够做到客观等这些表层的问题。如果能够突破客

---

① 《马克思恩格斯全集》第 6 卷，人民出版社 1961 年版，第 275 页。
② ［美］阿特休尔：《权力的媒介》，黄煜、裘志康译，华夏出版社 1989 年版，第 133 页。

观性这一狭义内涵，进一步扩展其外延，则可以看到"客观性既是理论，又是实践；既是渗透到从新闻体制、新闻理论、新闻伦理到新闻采写和编排各个领域的灵魂，又是一种文化形式和一套高度程式化了的操作性很强的程序"。① 新闻作为一种富有动态的有机运动的过程，与社会的发展密不可分、紧密相连，新闻客观性也相应地与之如影相随。

目前，随着媒介融合时代的到来，"混合媒介文化"也开始盛行。概括来说，"混合媒介文化"具有以下特点②：由于新闻需求量的不断增加，新闻处于 24 小时的不间断报道状态，在新闻源"贩卖"新闻的同时，"守门人"已经不复存在，加之一些媒介渴望一鸣惊人的心态，甚至使论断压过了报道，从而"妄加论断"的时代到来了。

在这种情况下，客观性的内涵也随之发生了改变，值得注意的是其中掺入了很多复杂关系，譬如不同的商业集团、各种各样的社会活动家以及持有不同政见的党派等等。在特定的情境下，他们有时会结成利益同盟，通过新闻媒体来推出设置好的议题。显而易见，对于这些新闻报道的客观性则值得商榷。

此外，对西方目前所产生的一种"名流新闻"（Celebrity journalism）现象也要给予关注。所谓名流新闻，是一种在商业控制下而形成的新闻传播现象，具体来说是指一些知名记者、主

---

① ［加］哈克特、赵月枝：《维系民主？西方政治与新闻客观性》，沈荟、周雨译，清华大学出版社 2010 年版，第 5 页。

② 任湘怡：《"极速"时代的媒介文化——美国传播学者评媒介文化新动向》，《国际新闻界》2000 年第 2 期。

持人等在拥有了名誉和声望之后，也可能会危害到新闻的客观性。因为他们抛弃了客观观察的学生态度，以教师的姿势出现，在对新闻事件进行解说的同时也表达着自己的见解，"他独自高高在上，也许甚至是站在他所写的、所讲的人物之上"。①

三、正确认识国际传播话语的建构性

传播学自从 20 世纪初获得发展之后，对新闻话语的建构性研究一直没有停息。1922 年，李普曼提出"拟态环境理论"，他认为媒介具有建构性，具体表现在媒介是在对事实进行选择和加工之后才使其得以呈现。李普曼的这个观点在当时十分新颖，并且具有启发性，促使人们对于现实世界与虚拟世界的进一步分析。

在这个方面比较具有代表性的是鲍德里亚，他认为不仅媒介所呈现的是一种虚拟世界，甚至于现实世界都是通过仿真和模拟而存在的。他认为人们除了这个由符码所构造出来的超现实的世界之外，不再拥有所谓的真实的世界。很显然，这是一种超现实、超真实的思维方式，但是却在某种程度上能够帮助我们正确认识头脑中的"他者"形象。换句话说，"我们头脑中的'他者'只不过是由大众媒体提供的一种似乎比现实还要真实的超现

---

① ［加］哈克特、赵月枝：《维系民主? 西方政治与新闻客观性》，沈荟、周雨译，清华大学出版社 2010 年版，第 29 页。

实，也就是说，他者的形象是由媒体建构的，是一种想象中的形象"。① 在国际传播话语中，这种"他者"形象的构建受到多种因素的影响，主要是意识形态的干扰。所谓意识形态，"是在一定历史条件下，占统治地位的阶级或集团为维护和发展其统治而建构的价值观念体系和行为规范体系"。② 意识形态与社会价值观念一样，它具有一定的稳定功能，一旦形成，不会轻易改变，并且会对新闻报道产生重要的影响。关于这一点，被誉为"传播学鼻祖"的施拉姆早已进行过验证。第二次世界大战结束后，他曾经对世界上十四家大报对苏伊士运河危机以及苏联粉碎匈牙利人暴动这两件大事的报道进行了内容分析，写出了《世界新闻界的一天》，最后得出结论说：每一份报纸的意识形态立场直接影响它的新闻报道。

意识形态能够直接影响新闻报道，对此表现得最为典型的当属 20 世纪中期的美苏冷战对峙。以美国为首的西方国家在带有极大偏见的意识形态支配下，对苏联、中国等社会主义国家进行了任意歪曲其形象的报道，他们把这种对外传播称之为"黑色传播"，主要由第二次世界大战时期美国战时新闻局下属的"特别服务办公室"负责，也就是后来的"美国中央情报局"。在那里，传播者的真实身份是伪造的，还包括传播虚假信息，目的是如何运用传播来打败敌手。随着冷战的结束，这种意识形态的影

---

① 臧燕、刘月芹：《全球化背景下对外传播话语权的建构》，《现代视听》2008 年第 4 期。

② 陈秉公：《马克思主义意识形态理论与社会主义核心价值体系建构》，《马克思主义研究》2008 年第 3 期。

响却存留下来，一旦遇到适宜的土壤还是会很快地滋生蔓延起来，充满扭曲和偏见的新闻报道在客观性的外衣下为其目标而服务。正如美国新闻界的那句老话："要成就一桩漂亮的报道，事实也得让路"。

第二节　对当前国际人物报道的反思

从目前来看，国际人物报道存在着明显的特色，具体来说有三个方面：侧重于人情味的表达，主要根据讲故事的原则，力争把与新闻人物相关的新闻故事讲得精彩。虽然国际人物报道把重点落在精英人士身上，也会涉及到大量的政要官员，但是对报道大多进行了软化处理，甚至八卦化，以吸引读者的注意力。

一、讲故事的基本原则

坚持讲故事的原则，把故事讲得精彩，这原本是影视界所推崇的，譬如在奥斯卡奖项评选时，评委们的一个重要标准就是关注故事的精彩程度。对此，美国电影艺术与科学学院主席希德·甘尼斯曾说："从古希腊时代起，人们就一直在'讲故事'，这个是不会变的。好莱坞是美国电影业的象征，中国电影业也规模庞大，如今世界的电影业已经很成熟，在可预见的未来，电影业可能出现不同的形式，但电影'讲故事'的原则是不变的"。①

从目前来看，这种讲故事的原则也出现在了新闻报道中，目的是把报道通俗化、大众化，提高读者的可接受程度。在国际人物报道中，通过散文、特写等多种写作手法，凸显故事的戏剧性，从而展现曲折的故事情节，塑造个性鲜明的人物形象。具体来说，这种报道形式由五个部分构成：第一部分是文章的开头部分，以与新闻主题相关的人物故事作为文章的切入点，体现人情味的同时，将读者的注意力引到新闻人物身上。第二部分是承上启下的部分，寻找新闻人物与新闻主题的交叉点，交叉点可以是一个，也可以是多个，总之最终的目的是为读者呈现最重要的新闻内容。第三部分是细化报道的部分，把新闻内容采取层层递进，或者以并列关系向读者进行解读，进而凸显新闻主题和思想。第四部分是评论部分，借助被采访者的引语，其他媒体的观点，记者自身的认识等对新闻人物进行明确的评价。第五部分是交代结果，这种收尾方式可以是开放的，以便激发记者对事件的继续关注。总体来看，这种讲故事的报道方式主要借鉴了影视的表现手法，从而使得整个报道比较生动，比较具有吸引力。

但是在某种程度上，由于记者把注意力过多地放在故事的精彩表达上，因此容易出现局部事实的失实，对新闻人物进行夸张表现，以增加了人物报道的趣味性。尤其是在对一些成功人士进行的报道中，多使用"传奇""神话"等字眼，并且主要突出了个人在所取得成就中所起的作用，从而忽略了其他客观因素的存

---

① 李文云：《访奥斯卡新掌门希德·甘尼斯》，《环球人物》创刊号，2006 年 3 月上。

在。比如《时代》周刊对英国女演员凯特·温斯莱特的报道。文章一开头就说："炽热，进取，又有一丝茫然，凯特·温斯莱特是她这一代女演员中最好的一个"。接着讲了温丝莱特的工作和生活状况，但是对于她周围的人却只字未提。可以看出，记者对于这位女星有着非常喜爱甚至崇拜的情感，因此在他的笔下，温丝莱特被塑造成了一位完美女神。

二、人情味的传播手法

关于人情味，人们的说法莫衷一是，但是有一点是可以肯定的，即人情味是把新闻和人类情感联系在一起的重要纽带，挣脱了新闻报道枯燥乏味的窠臼，意在激发起读者的内在表达，从这个角度来看，可以把人情味看做是"无论从人或事看来都并不具有什么重要意义的悲喜剧"。①

尤其是在西方的人物报道中，"深植于新闻记者文化中的人情趣味偏向，扮演了重要的传播功能，将庞大复杂的历史加以简化，严重歪曲冲突事件所代表的意义，将人们的注意力由重要的社会、政治、地缘战略、宗教与经济事实中转移开来"。②人情味通过捕捉细节、场景烘托、感情升华等表现方式，使得新闻在字里行间都溢满真情，能够和读者在情感上进行互动和交流，从而达到情真辞巧的效果。

---

① 俞松年：《略谈新闻报道人情味》，《新疆新闻界》1994 年第 4 期。
② ［英］马修·基兰：《媒体伦理》，张培伦、郑佳瑜译，南京大学出版社 2009 年版，第 72 页。

　　但是如果对人情味的"度"把握不好，便容易堕落成新闻的娱乐化。娱乐本身是大众传播的一项重要功能，马斯洛认为，当人的初级需求得不到相应满足时，人是不会产生进一步追逐高层需求的奢望的。由此可见，娱乐是当前太平盛世中人们的一种需求。对媒体来说，满足读者的这一需求，能够产生巨大的经济利润。因此，娱乐化成为一种不可避免的趋势。

　　但是从目前来看，新闻的娱乐化现象过于严重，比如很多新闻报道在对社会名流进行报道时，往往关注他们的性生活。不可否认，一些名人的私生活与公众利益密切相关，但是将私人的性生活作为此类新闻的报道内容，未免有些哗众取宠。比如，在国际人物报道中，可以看到某些官员玩弄女性、性丑闻、同性恋、性怪癖等相关报道，这些内容从表面上看似乎是在关心官员的道德问题，关心他们的所作所为对公众利益所造成的伤害，但是从本质上来看，则是在眼球经济的驱使下为了追求商业利润。对此，美国媒体文化批评家波兹曼（Neil Postman）曾说："识字的头脑为识字文化播下了毁灭的种子，因为识字的头脑创造了媒介，而这些媒介又使识字文化所依赖的'传统的技能'变得毫无意义"。① 还在《娱乐至死》的扉页上说："人们由于享乐失去了自由"！

---

① ［美］尼尔·波兹曼：《娱乐至死》，章艳译，广西师范大学出版社2009年版，第271页。

三、政治新闻的软处理

　　政治总是以各种形式贯穿于我们的日常生活,新闻媒体则把政治视为圭臬,用以提升自身的权威性和影响力。美国著名记者约瑟夫·迪昂(E. J. Dionne, Jr.)撰写的著作《为什么美国人恨政治》曾经被誉为"三十年来美国最公允的政治观察",他通过审视当代自由主义和保守主义的成就和错误转向来探究如今政治的根源,并且认为:"观念对政治的塑造,远远超过大部分关于公共生活的记录通常承认的程度"。①对于新闻媒体来说,他们的报道观念是怎样的呢?一个核心观点是,媒体作为转换平台,将精英文化与大众文化进行有效地连接,并且保证能够从中取得足够的经济利益。

　　在当前的工业社会中,大众文化是随之而来的产物,"一种文化要成为大众文化的一部分,就必须包含大众的利益。大众文化不是消费,而是文化——是在社会体制内部,创造并流通意义与快感的积极过程:一种文化无论怎样工业化,都不能仅仅根据商品的买卖,来进行差强人意的描述"。②由此可见,大众文化具有一定的灵活性和主动性,对政治新闻而言,将其所传达的意义和快感要求同等对待。但是对于新闻媒体来说,后者则容易做到,

---

①　[美]小尤金·约瑟夫·迪昂:《为什么美国人恨政治》,赵晓力等译,上海人民出版社 2011 年版,第 7 页。
②　[美]约翰·费斯克:《理解大众文化》,王晓珏、宋伟杰译,中央编译出版社 2001 年版,第 28 页。

即如何增加读者在阅读中的快感，成为新闻媒体的关注热点。就目前来看，一个常用的手法就是将严肃新闻进行软化处理，增强其表现力。主要的表现手法有以下三种：一是感情渗透，即在对人物进行报道时，字里行间融入记者的情感。比如《环球人物》在报道卡斯特罗时，文章从记者第一次见到卡斯特罗时的内心感受谈起，从而向读者呈现出了卡斯特罗铁汉柔情的一面。二是直接抒情，对新闻人物直接进行评价。比如《时代》周刊在对中东革命中的各国领导人进行报道时，直接使用了独裁、暴君、专制等字眼。三是使用明显的表情字句，把记者的个人情感与事实融合在一起，但是情感的分量却超过了事实，从而使读者跟随记者的情感线索来对新闻人物和事实进行判断和理解。

一般来说，对政治新闻进行软化处理，可以增强对读者的吸引力，但是目前的新闻报道却出现了政治新闻的八卦化现象，明显地损伤了此类硬新闻的严肃性和重要性，其主要特点是关注于对人类伪善的搜寻和曝光。"许多新闻内容，从政治专访到新闻调查，都会关注到有关伪善的细节。这种动机之所以被激发，一般认为是由于人类内心总是隐藏一股想要揭露伪善的强烈驱力。然而很令人好奇的巧合是，许多可能存在的外在动机却很少被探究，而它们可能才是比较有趣而且重要的"。① 在猎奇心理的驱使下，新闻报道把重点放在没有任何价值的指责和谴责上，把搜寻和曝光政要的伪善作为一种成就，却忽略了那些与公众利益真正相关的要闻。

---

① 〔英〕马修·基兰：《媒体伦理》，张培伦、郑佳瑜译，南京大学出版社 2009 年版，第 36 页。

第三节　发展传播学视野下国际人物
报道叙事建构策略

在 20 世纪 60 年代，发展传播学（Development communication）在政治、经济以及社会文化中的重要作用逐渐被人们所认识到，其中比较具有代表性的是美国传播学者克拉珀夫妇（J. Klapper & H. Klapper）所做的论述："随着一般性的知识或一些具有针对性的知识的增加，传播的影响虽然不能立竿见影，但总会影响到人类及其社会经济生活。"① 由此可见，发展传播学与原有的单向度信息传输的传播模式所不同的是，它关注的是传播多层面的内容。具体来说，从微观层面来讲，包括传播者的心理和文化因素、传播的潜质和责任；从宏观层面来看，还包括社会结构的变化以及社会经济目标的实现等。本节内容主要是借助发展传播学多维度的发展范式，对国际人物报道叙事模式的建构进行分析。

一、理性看待中西对立思维中的媒介角色

从上述的分析来看，中西的媒介文化和新闻理念存在基本差异，实际上是关系到国际信息秩序的问题。构建公平对等的国际

---

① ［美］安德鲁·莫米卡：《发展传播学：历史与观念的回顾》，彭娟、程悦、李兴亮译，《新闻研究导刊》2012 年第 12 期。

信息新秩序，这对发展中国家非常重要，同时也是国际传播目前所面临的最现实的挑战。但是在西方的传媒精英们看来，构建国际信息新秩序并不能成为一个议题，因为他们是当今国际信息秩序的掌控者。

提起"国际信息新秩序"（New International Information Order），人们会想到联合国教科文组织的那份名为《多种声音，一个世界》的著名报告，充分体现出了发展中国家努力争取国家话语权和传播权的迫切愿望，却在 20 世纪 80 年的抗争中失败了。如今，有人把互联网的发展看成是构建国际信息新秩序的又一次契机。但是，近年来的发展情况却表明国际传播的不平衡现象越来越严重了，主要表现在："（1）传播媒介分配不平衡（极少数西方国家占有绝大多数的传播媒介）；（2）传播技术发展与分享不平衡（少数发达国家垄断了传播新技术）；（3）信息流量与流向不平衡（少数西方国家采集与制作的大量的新闻、综艺节目、电影拷贝、广告等信息单向地流向广大第三世界，即使有少量的回流，也不充分，且信息质量可疑）；（4）传播内容不平衡（西方四大通讯社对第三世界的新闻报道充满偏见，从而显得不真实）"。①

在这种不平衡的状态中，以美国为代表的西方国家，原有的媒介角色主要包含两个方面：一个是传播者的角色，即把发达国家的文化理念传播到发展中国家并对其产生影响。另一个则是"媒介即讯息"，主张技术决定论，发展媒介技术来形成一个全

---

① 林述安：《对国际传播最现实的挑战——关于建立国际传播新秩序问题》，《国际新闻界》1990 年第 2 期。

新的虚拟的信息世界,并且以此来培养人的一种思维方式。这两个层面随着互联网时代的到来正在开始逐步地进行交织与融合。一个显而易见的结果是,个体用户在使用互联网络时从中得到了方便,能够足不出户地浏览海量信息,很少有人会去思考在新型的网络服务中,那些总部设在美国、西欧的多媒体跨国集团正在通过这些产品而获得了巨额的利润,并且对信息传播的政治经济控制也进一步加强了。对此,2011 年 5 月,主管通讯与信息事务的美国商务部助理部长斯特里布林(Lawrence E. Strickling)曾经明白无误地宣称:"美国坚定不移地反对建立一个由多个民族国家管理和控制的互联网管控结构"。①

二、在复杂的国际传播关系中争夺新闻话语权

虽然当前以美国为首的西方国家在国际传播的舞台上处于主角的位置,掌握着新闻话语权和传播权,但是从历史的发展来看,话语权并不是一成不变的,而是具有流动性。话语权从16 世纪开始,迄今为止已经先后经历了由法国到英国,再到美国的转移历程。如今,世界也在发生着变化,多元化已经成为国际交往的主要特征,与之相关的新闻话语也呈现出多元性的特点。具体来说,新闻话语权主要包含两层含义,"其一是指话语实力,即具有足够的信息资源、传播途径进行国际政治新

---

① [美]丹·席勒:《互联网时代,国际信息新秩序何以建立?》,常江译,《中国记者》2011 年第 8 期。

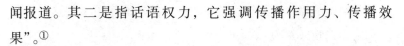
闻报道。其二是指话语权力，它强调传播作用力、传播效果"。①

无论是话语实力，还是话语权力，争夺新闻话语权的关键在于意识形态的建构。在新闻话语的框架中，新闻媒介的意识形态特征表现突出。新闻话语与现实世界有着紧密的关系，也可以理解成是对现实世界的重构。新闻媒介在为人们提供信息的同时，还通过一系列的话语体系对人的意识形态产生潜移默化的影响。正如法国哲学家阿尔都塞（Louis Pierre Althusser）所指出的，与强制性国家机器一样，传播媒介则属于意识形态国家机器，但两者存在基本差别：前者是通过暴力强制手段发挥作用，后者则是以意识形态的方式，通过交流、沟通、说服等方式实现目的。

在国际传播中，意识形态存在于新闻话语当中。"话语是一种思考权力、知识和语言之间关系的方法"。② 正如国际人物报道，从宏观叙事结构来看，包括人物选择、写作风格、新闻主题以及叙事模式等。从微观叙事结构来看，包括概述、事件、背景、后果和评论等，这些都属于具体表象的范畴，但是却能够体现出某种意识形态。人们在接受这些具体表象，并且习以为常的同时，也逐渐地接纳了这种意识形态。对此，阿尔都塞说："我认为意识形态是以一种在个体中'招募'主体（它招募所有个体）或把个体'转变为'主体（它转变所有个体）的方式并运

---

①　杨杨：《国际政治新闻话语权诌议》，《东南传播》2010 年第 9 期。

②　［英］阿雷恩·鲍尔德温：《文化研究导论（修订版）》，陶东风等译，高等教育出版社 2004 年版，第 31 页。

用非常准确的操作，'产生效果'或'挥功能作用'的这种操作
我称之为询唤或召唤"。①

三、增强议题设置能力和提升新闻传媒实力

争夺新闻话语权、在新闻话语中构建意识形态，落实到新闻
实践中就是议题设置。根据美国传播学者麦库姆斯（Maxwell
McCombs）的研究，议题的设置能够对舆论的形成起到重要的影
响。随着时间的推移，那些曾经被媒体给予较多关注的议题能够
比较容易地引起公众的重视，并且在公众议题中占有较大的有利
地位。他还提出，传播媒介形成高度一致的公众议题一般有两条
途径："1. 把议题列入公众议程；2. 提高社会不同群体对议题的
认同来形成优势议题。"②

具体来说，主要有三种实现形式：首先是遵守新闻规律，坚
持新闻从业专业准则。对此，马克思曾说："要使报刊完成自己
的使命，首先必须不从外部为它规定任何使命，必须承认它具有
连植物也具有的那种通常为人们所承认的东西，即承认它具有自
己的内在规律，这些规律是它所不应该而且也不可能任意摆脱

---

① ［法］阿尔都塞：《意识形态和意识形态国家机器》，见李恒基、杨
远婴：《国电影理论文选》，生活·读书·新知三联书店 2006 年版，第 729
页。

② ［美］麦斯韦尔·麦考姆斯：《制造舆论：新闻媒介的议题设置作
用》，顾晓方译，《国际新闻界》，1997 年第 5 期。

的"。① 因此，新闻从业者应进行实事求是的报道，力求新闻真实、客观。其次，要主动地设置议题。就国际传播而言，要从中国的国情出发，积极设置与之相关的国际议题。比如在女性报道方面，应该本着"男女平等"的价值观念进行对外传播，注重推出政治、经济、社会、文化等各个领域的成功女性，从而引起西方媒体的注意，扩大他们的关注领域，而不仅仅是局限在体育界。最后，还需要专业化的传播技巧和传播艺术。专业化的叙事模式是构建国际形象的重要方法和途径，通过新闻话语的建构，将各种复杂的权力关系嵌入的事实的报道中。

此外，这种议题设置的效果也会受到外界因素的干扰，正如美国社会学家贝克尔（Gary S. Becker）说的："传媒的议题设置效果是一种在'特定的时期'对'特定的受众'报道某些'特定的争议问题'时生成的媒介效应"。② 因此需要灵活掌握，因地制宜。

---

① ［德］马克思：《"莱比锡总汇报"的查封（节选）》，见焦国章、刘赞等：《马克思恩格斯列宁斯大林新闻论著选读》，河北人民出版社2005年版，第3页。
② 张宁：《试论大众传播媒介的议题设置功能》，《国际新闻界》1999年第5期。

参 考 文 献

一、中文资料

（一）著作类

1. ［美］阿特休尔：《权力的媒介》，黄煜、裘志康译，华夏出版社 1989 年版。

2. ［美］埃默里·迈克尔、埃默里·埃德温：《美国新闻史：大众传播媒介解释史》，展江、殷文主译，新华出版社 2001 年版。

3. ［美］波兹曼·尼尔：《娱乐至死》，章艳译，广西师范大学出版社 2009 年版。

4. ［美］伯克·肯尼斯：《当代西方修辞学：演讲与话语批评》，常昌福等译，中国社会科学出版社 1998 年版。

5. ［法］鲍德里亚·让：《消费社会》，刘成富、全志钢译，南京大学出版社 2001 年版。

6. ［荷］巴尔·米克：《叙事学—叙事理论导论》，谭君强译，中国社会科学出版社 1995 年版。

7. ［英］鲍尔德温·阿雷恩:《文化研究导论》修订版,陶东风等译,高等教育出版社2004年版。

8. ［法］布尔迪厄,［美］华康德:《实践与反思:反思社会学导引》,李猛、李康译,中央编译出版社2004年版。

9. ［美］布莱恩特:《高管之路:成功·管理·领导力》,叶硕、谭静译,译林出版社2013年版。

10. 陈向明:《质的研究方法与社会科学研究》,教育科学出版社2000年版。

11. 陈昕:《救赎与消费—当代中国日常生活中的消费主义》,江苏人民出版社2003年版。

12. ［荷］戴克·范:《作为话语的新闻》,曾庆香译,华夏出版社2003年版。

13. 冯健主编:《中国新闻实用大辞典》,新华出版社1996年版。

14. ［英］费尔克拉夫·诺曼:《话语与社会变迁》,殷晓蓉译,华夏出版社2003年版。

15. ［美］费斯克·约翰:《关键概念—传播与文化研究辞典》,李彬译,新华出版社2004年版。

16. ［美］费斯克·约翰:《理解大众文化》,王晓珏、宋伟杰译,中央编译出版社2001年版。

17. ［英］福勒·罗杰:《语言学与小说》,於宁、徐平、吕切译,重庆出版社1991年版。

18. 甘惜分主编:《新闻学大辞典》,河南人民出版社1993年版。

19. 高素英：《新闻采访与写作》，吉林大学出版社 2013 年版。

20.〔意〕葛兰西·安东尼奥：《狱中札记》，曹雷雨、姜丽、张跣译，中国社会科学出版社 2000 年版。

21. 郭绍虞：《中国历代文论选》第三册，上海古籍出版社 1980 年版。

22.〔美〕哈伯斯塔姆·大卫：《掌权者—美国新闻王国内幕》，尹向泽、沙铭瑶译，四川文艺出版社 1988 年版。

23.〔加〕哈克特、赵月枝：《维系民主？西方政治与新闻客观性》，沈荟、周雨译，清华大学出版社 2010 年版。

24. 哈斯·坦尼：《公共新闻研究：理论、实践与批评》，曹进译，华夏出版社 2010 年版。

25.〔英〕汉森·安德斯等：《大众传播研究方法》，崔宝国等译，新华出版社 2004 年版。

26.〔德〕海德格尔·马丁：《存在与时间》，陈嘉映、王庆节译，熊伟校，生活·读书·新知三联书店 1987 年版。

27. 何纯：《新闻叙事学》，岳麓书社 2014 年版。

28.〔德〕胡塞尔：《纯粹现象学通论》，李幼蒸译，商务印书馆 1992 年版。

29. 黄旦：《传者图像：新闻专业主义的建构与消解》，复旦大学出版社 2005 年版。

30. 黄平：《迈向和谐—当代中国人生活方式的反思与重构》，天津科学技术出版社 2004 年版。

31. 黄琳斌：《国际新闻编辑》，中国广播电视出版社 2013

年版。

32. 黄敏：《新闻话语中的言语表征研究》，华东师范大学出版社 2012 年版。

33.［英］霍尔：《表征：文化表象与意指实践》，徐亮、陆兴华译，商务印书馆 2003 年版。

34.［英］基兰·马修：《媒体伦理》，张培伦、郑佳瑜译，南京大学出版社 2009 年版。

35.［法］吉罗·皮埃尔：《符号学概论》，怀宁译，四川人民出版社 1988 年版。

36. 江爱民、寒天：《国际新闻的采访与写作》，中国广播电视出版社 2005 年版。

37. 蒋原伦：《媒体文化与消费时代》，中央编译出版社 2004 年版。

38.［美］凯勒·凯文莱恩：《战略品牌管理》，中国人民大学出版社 1998 年版。

39.［以色列］凯南·里蒙：《叙事虚构作品》，姚锦清、黄虹伟、傅浩、于振邦译，生活·读书·新知三联书店 1989 年版。

40.［美］莱特尔·凯利、哈里斯·朱利安、约翰逊·斯坦利：《全能记者必备》，宋铁军译，中国人民大学出版社 2010 年版。

41.［美］拉扎斯菲尔德·保罗、罗伯特·默顿：《大众传播的社会作用》，人民出版社 1997 年版。

42. 雷跃捷：《新闻理论》，北京广播学院出版社 1997 年版。

43. 李敏：《〈纽约时报〉的中国女性形象研究（2001 年—

2010 年)》，人民出版社 2014 年版。

44. 李彬：《传播符号论》，清华大学出版社 2012 年版。

45. 梁漱溟：《中国文化要义》，学林出版社 1987 年版。

46. 刘赟：《党报生存环境研究》，河北大学出版社 2014 年版。

47. 刘伯贤：《网络舆论引导艺术：与领导干部谈识网用网》，新华出版社 2015 年版。

48. 刘建明主编：《宣传舆论学大辞典》，经济日报出版社 1992 年版。

49. 〔美〕罗杰斯·E·M：《传播学史——一种传记式的方法》，殷晓蓉译，上海自译出版社 2002 年版。

50. 刘笑盈：《中外新闻传播史》，中国传媒大学出版社 2007 年版。

51. 刘笑盈：《国际新闻学：本体、方法和功能》，中国广播电视出版社 2010 年版。

52. 刘洪潮：《国际新闻写作》，北京广播学院出版社 2007 年版。

53. 鲁曙明、洪浚浩主编：《传播学》，中国人民大学出版社 2007 年版。

54. 〔英〕卢克斯·史蒂文：《个人主义》，阎克文译，江苏人民出版社 2001 年版。

55. 〔美〕洛厄里·希伦·A、梅尔文·L·德弗勒：《大众传播效果研究的里程碑》，刘海龙译，中国人民大学出版社 2004 年版。

56. ［加］麦克卢汉·马歇尔：《理解媒介—论人体的延伸》，何道宽译，商务印书馆 2000 年版。

57. ［美］门彻·梅尔文：《新闻报道与写作》，展江译，华夏出版社 2003 年版。

58. ［法］梅洛－庞蒂·莫里斯：《知觉现象学》，姜志辉译，商务印书馆 2001 年版。

59. ［德］马克思：《1844 年经济学—哲学手稿》，人民出版社 1979 年版。

60. ［德］马克思、恩格斯：《马克思恩格斯选集》，人民出版社 1972 年版。

61. 马胜荣、薛群：《描述世界：国际新闻采访与写作》，新华出版社 2004 年版。

62. 马胜荣、苟世祥、陶楠：《国际新闻采编实务》，北京师范大学出版社 2010 年版。

63. ［英］欧文、［英］普迪编：《国际新闻报道：前线与时限》，李玉洁主译，中国人民大学出版社 2012 年版。

64. 彭焕萍：《媒介与商人：1983 年—2005 年〈经济日报〉商人形象话语研究》，华夏出版社 2008 年版。

65. 齐大卫、魏守忠主编：《写作词典》，学苑出版社 1999 年版。

66. 乔云霞：《中国名记者传略与名篇赏析》，新华出版社 2003 年版。

67. ［瑞士］荣格：《天空中的神话》，张跃宏译，东方出版社 1989 年版。

68. ［美］萨义德：《东方学》，王宇根译，生活·读书·新知三联书店 1999 年版。

69. ［美］赛佛林·沃纳、小詹姆斯·坦卡德：《传播理论：起源、方法与应用》，郭镇之、孟颖、赵丽芳、邓理锋、郑宇虹译，华夏出版社 2000 年版。

70. 沈晓静、陈文育、胡兴波编著：《中国新闻话语的变迁》，河海大学出版社 2011 年版。

71. 石崇编著：《新闻通讯写作》，春风文艺出版社 2012 年版。

72. ［美］施拉姆·威尔伯：《大众传播媒介与社会发展》，金燕宁、蒋千红、朱剑红译，华夏出版社 1990 年版。

73. ［美］舒德森·迈克尔：《新闻社会学》，徐桂权译，华夏出版社 2010 年版。

74. ［美］托夫勒·阿尔文：《第三次浪潮》，朱志焱、潘琪、张焱译，生活·读书·新知三联书店 1984 年版。

75. ［英］汤姆林森：《文化帝国主义》，冯建三译，上海人民出版社 1999 年版。

76. 童兵主编：《新闻传播学大辞典》，中国大百科全书出版社 2014 年版。

77. 童之侠：《中国国际新闻传播史》，中国传媒大学出版社 2007 年版。

78. 汪晖：《现代中国思想的兴起》，生活·读书·新知三联书店 2008 年版。

79. 吴飞主编：《国际传播系列案例分析》，浙江大学出版社

2013 年版。

80. 王武录：《人物通讯写作谈》，新华出版社 1984 年版。

81. 王泱泱：《互联网信息之魂：马克思主义新闻观在网络新闻传播中的运用研究》，中国传媒大学出版社 2014 年版。

82. 王嘉良、张继定主编：《新编文史地辞典》，浙江人民出版社 2001 年版。

83. 〔美〕席勒·丹：《信息拜物教：批判与解构》，邢立军、方军祥、凌金良译，社会科学文献出版社 2008 年版。

84. 〔美〕席勒·丹：《数字资本主义》，杨立平译，江西人民出版社 2001 年版。

85. 徐宝璜：《新闻学》，中国人民大学出版社 1994 年版。

86. 徐培亮：《新闻叙事的故事化技巧》，南京师范大学出版社 2014 年版。

87. 〔古希腊〕亚里士多德：《修辞学》，罗念生译，生活·读书·新知三联书店 1991 年版。

88. 叶舒宪：《神话—原型批判》，山西师范大学出版社 1987 年版。

89. 叶舒宪：《探索非理性的世界—原型批评的理论与方法》，四川人民出版社 1988 年版。

90. 杨岗、栾建民、徐子毅、陆路、于云主编：《图书报纸期刊编印发业务辞典》，中国经济出版社 1990 年版。

91. 尹鸿、李彬：《全球化与大众传媒：冲突·融合·互动》，清华大学出版社 2002 年版。

92. 袁世全、李修松、萧钧、祁述裕编：《中国百科大辞典》,华夏出版社 1990 年版。

93. 余家宏、宁树藩、徐培汀、谭启泰编:《新闻学简明词典》,浙江人民出版社 1984 年版。

94. 曾繁仁:《西方现代美学思潮》,山东文艺出版社 1990年版。

95. 曾庆香:《叙事学》,中国广播电视出版社 2005 年版。

96. 赵玉明、王福顺:《广播电视辞典》,北京广播学院出版社 1999 年版。

97. 赵振宇:《新闻策划》,武汉出版社 2000 年版。

98. 赵虹:《语类、语境与新闻话语》,南京大学出版社 2011年版。

99. 张威:《比较新闻学:方法与考证》,南方日报出版社2003 年版。

100. 张应杭、蔡海榕:《中国文化传统概论》,上海人民出版社 2000 年版。

101. 张一兵:《不可能的存在之真—拉康哲学映像》,商务印书馆 2006 年版。

102. 章玉兴:《人物新闻采访与写作》,人民日报出版社2014 年版。

(二)论文类

1. 〔法〕阿尔都塞:《意识形态和意识形态国家机器》,见李恒基、杨远婴:《国电影理论文选》,北京:生活·读书·新知三联书店 2006 年版。

2. 蔡雯:《"公共新闻":发展中的理论与探索中的实践—探

析美国"公共新闻"及其研究》,《国际新闻界》2004 年第 1 期。

3. 蔡敏：《发展理念背景下的新闻话语》,《新闻界》2002年第 6 期。

4. 陈力丹：《淡化典型报道观念》,见陈力丹：《陈力丹自选集》,复旦大学出版社 2004 年版。

5. 陈露：《公民社会的缩影—微博社区中的公共领域》,《经济研究导刊》2011 年第 19 期。

6. 陈秉公：《马克思主义意识形态理论与社会主义核心价值体系建构》,《马克思主义研究》2008 年第 3 期。

7. 崔浩：《布尔迪厄的权力场域理论及其对政治学研究的启示》,《杭州电子科技大学学报》社会科学版 2006 年第 2 期。

8. 丁国利：《外国人谈好新闻作品》,《新闻知识》1995 年第 4 期。

9. ［加］弗莱·诺斯罗普：《文学的原型》,见吴持哲：《弗莱文论选集》,中国社会科学出版社,1997 年。

10. 高飞乐：《当前西方社会价值观念嬗变的后现代趋向》,《理论参考》2007 年第 3 期。

11. 高丙中：《精英文化、大众文化、民间文化：中国文化的群体差异及其变迁》,《社会科学战线》1996 年第 2 期。

12. 郭镇之：《舆论监督与西方新闻工作者的专业主义》,《国际新闻界》1999 年第 5 期。

13. 黄旦：《新闻专业主义的建构与消解—对西方大众传播者研究历史的解读》,《新闻与传播研究》2002 年第 2 期。

14. 黄敏：《"新闻作为话语"—新闻报道话语分析的一个实

例》，《新闻大学》2004 年第 1 期。

15. 黄敏：《再现的政治：CNN 关于西藏暴力事件报道的话语分析》，《新闻与传播研究》2008 年第 3 期。

16. 黄靖惠：《对美国〈时代〉台湾政党轮替报道的批判论述分析》，《新闻学研究》2011 年第 106 期。

17. 金冠军、冯光华：《解析大众媒介的他者定型—兼论传播中的"妖魔化"现象》，《现代传播》2004 年第 6 期。

18. 金灿荣、刘世强：《告别西方中心主义—对当前国际格局及其走向的反思》，《国际观察》2010 年第 2 期。

19. 李岚：《背景资料：增进新闻信息含量的有效途径》，《新闻与传播研究》2000 年第 2 期。

20. 李良荣，沈莉：《试论当前我国新闻事业的双重性》，《新闻大学》1995 年第 2 期。

21. 李良荣：《15 年来新闻改革的回顾与展望》，《新闻大学》1995 年春季号。

22. 李岩：《从电视广告创意看大陆、香港两地文化观念的差异》，《浙江大学学报》人文社会科学版 2003 年第 33 卷第 2 期。

23. 林述安：《对国际传播最现实的挑战—关于建立国际传播新秩序问题》，《国际新闻界》1990 年第 2 期。

24. 刘立华：《传播学研究的话语分析视野》，《国际新闻界》2011 年第 2 期。

25. 刘乙坐、黄奇杰：《传播学视野下的微博基本分类初探》，《中国科技信息》2011 年第 5 期。

26. 刘林沙：《中西电视广告中感情女性原型形象比较》，

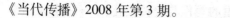

《当代传播》2008 年第 3 期。

27. ［美］麦库姆斯·麦斯韦尔：《制造舆论：新闻媒介的议题设置作用》，顾晓方译，《国际新闻界》1997 年第 5 期。

28. ［美］莫米卡·安德鲁：《发展传播学：历史与观念的回顾》，彭 、程悦、李兴亮译，《新闻研究导刊》2012 年第 12 期。

29. 潘忠党：《架构分析：一个亟需理论澄清的领域》，《传播与社会学刊》2006 年第 1 期。

30. 潘霁：《宗教与大众媒介话语体系的碰撞—〈时代〉周刊宗教报道的框架及其发展》，《国际新闻界》2008 年第 2 期。

31. 秦志希：《中西比较：人物报道的文化透视》，《中国广播电视学刊》1997 年第 12 期。

32. 任湘怡：《"极速"时代的媒介文化—美国传播学者评媒介文化新动向》，《国际新闻界》2000 年第 2 期。

33. 芮必峰：《描述乎·规范乎·—新闻专业主义之于我国新闻传播实践》，《新闻与传播研究》2010 年第 1 期。

34. 时统宇：《关于典型报道的各种观点》，见《中国新闻年鉴》，中国社会科学出版社 1989 年版。

35. 童兵、潘荣海：《"他者"的媒介镜像—试论新闻报道与"他者"制造》，《新闻大学》2012 年第 2 期。

36. 王岳川：《全球化消费主义中的当代传媒问题》，见陶东风、金元浦、高丙中：《文化研究（第 1 辑）》，天津社会科学院出版社 2000 年版。

37. 王润泽、陆瑶：《胡政之对"巴黎和会"的报道特点》，《新闻与写作》2009 年第 5 期。

38. 吴定宇：《新闻报道的写作与史传文化》，《中山大学学报论丛》2002 年 22 卷第 2 期。

39. 吴庚振：《论新闻典型和典型报道》，见李广增、吴庚振：《新时期新闻学论稿》，河北教育出版社 1997 年版。

40. 吴廷俊、顾建明：《典型报道理论与毛泽东新闻思想》，《新闻与传播研究》2001 年第 3 期。

41. ［美］席勒·丹：《互联网时代，国际信息新秩序何以建立?》，常江译，《中国记者》2011 年第 8 期。

42. 杨明、张伟：《个人主义：西方文化的核心价值观》，《南京社会科学》2007 年第 4 期。

43. 俞松年：《略谈新闻报道人情味》，《新疆新闻界》1994 年第 4 期。

44. 臧燕、刘月芹：《全球化背景下对外传播话语权的建构》，《现代视听》2008 年第 4 期。

45. 曾庆香：《新闻话语中的原型沉淀》，《新闻与传播研究》2004 年第 2 期。

46. 展江：《从六任总编看〈时代〉周刊的演变》，《国际新闻界》2006 年第 8 期。

47. 展江：《各国舆论监督的法律保障与伦理约束》，《中国青年政治学院学报》2005 年第 4 期。

48. 张宁：《试论大众传播媒介的议题设置功能》，《国际新闻界》1999 年第 5 期。

49. 张剑：《他者》，《外国文学》2011 第 1 期。

50. 郑保卫：《马克思主义新闻观的形成与特点》，《中国记

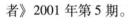

者》2001 年第 5 期。

51. 周津丞、杨效宏：《大众媒介话语的原型沉淀—以突发性公共事件为中心》，《江西社会科学》2010 年第 6 期。

52. 钟新、陆佳怡、彭大伟：《微博外交视野下的大使形象自我建构与他者建构—以美国驻华大使骆家辉为例》，《国际新闻界》2012 年第 10 期。

53. 庄曦、方晓红：《全球传播场域中的认同壁垒—从〈纽约时报〉西藏"3·14"报道》，《新闻与传播研究》2008 年第 3 期。

（三）学位论文类

1. 胡春阳：《传播的话语分析理论》，复旦大学博士学位论文，2005 年。

2. 赖彦：《新闻话语对话性的文本分析与阐释》，南京师范大学博士学位论文，2011 年。

3. 马景秀：《新闻话语意义生成的系统功能修辞研究》，上海外国语大学博士学位论文，2007 年。

4. 曾庆香：《试论新闻话语》中国社会科学院博士学位论文，2003 年。

5. 赵为学：《论新闻传播学话语分析理论的建构》，上海大学博士学位论文，2007 年。

二、期刊和工具书

《国际新闻界》，《新闻大学》，《新闻与传播研究》，《现代传播》以及其他新闻学术期刊。《世界年鉴》，《英语姓名译名手册》等工具书。

三、英文资料

(一) 著作类

1. Barker, Charis & Dariusz Galasinski. *Cultural Studies and Discourse Analysis*, London: Sage Publications Lt, 2001.

2. Cohen, Bernard. *The Press and Foreign Policy*, Princeton University Press, 1963.

3. Dahlgren, Peter & Colin Sparks. *Journalism and Popular Culture*, London: Newbury Park, CA. New Delhi: Sage, 1992.

4. Erving, Goffman. *Framing analysis: An essay on the organization of experience*, Philadelphia : University of Pennsylvania Press, 1974.

5. Fairclough, Norman. *Analyzing discourse: Textual analysis for social research*, London: Routledge, 2003.

6. Latham, Michael E. *The Right Kind of Revolution: Modernization, Development, and U. S Foreign Policy from the Cold War to the Present*, USA: Cornell university press, 2011.

7. Smith, Anthony. *Newspapers and Democracy: International Essays on a Changing Medium*, Cambrige: MA: MIT Press, 1980.

8. Van Dijk, Teun Adrianus. *News as Discourse*, Hillsdale: NJ: Lawrence Erlbaum Association, 1988.

9. Van Dijk, Teun Adrianus. *News Analysis: Case Studies of Intrna-*

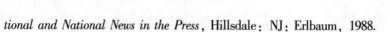

tional and National News in the Press, Hillsdale: NJ: Erlbaum, 1988.

（二）论文类

1. Baum, Matthew A. *Soft Newsand Foreign Policy: HowExpanding the Audience Changes the Policies*, Japanese Journalof Political Science, 8 (1), (2007).

2. Biswas, Masudul. *Discourse Analysis of Online Discussion and News Stories on the Legislative Pay Raise Bill in Louisiana*, Journal of New Communications Research, vol. 4 issue 1 (2009).

3. Brown, William J., Michael D. Basil & Mihai C. Bocarnea. *Social Influence of an International Celebrity: Responses to the Death of Princess Diana*, Journal of communication, 53 (4), (2003).

4. Burridge, Kate & Margaret Florey. *A Discourse Analysis of Yeah-no in Australian English*, Australian Journal of Linguistics, vol. 22 issue 2 (2002).

5. Carbaugh, Donal. *Cultural Discourse Analysis: Communication Practices and Intercultural Encounters*, Journal of Intercultural Communication Research, vol. 36 issue 3 (2007).

6. Collins, Chik & Peter E. Jones. *Analysis of Discourse as " a Form of History Writing": A Critique of Critical Discourse Analysis and an Illustration of a Cultural-Historical Alternative*, Atlantic Journal of Communication, vol. 14 issue 1&2 (2006).

7. Fakhri, Ahmed. *Narration in Journalistic and Legal Discourse*, Text&Talk, vol. 18, issue 4 (Nov 2009).

8. Foucault, Michel. *The Subject and Power*, Critical Inquiryy,

Vol. 8, No. 4, Summer, 1982.

9. Giddens, Antony. *Keynote Speech at the United Nations Conference on Globalization and Citizenship*, United Nations Research Institute for Social Development Newsletter , Autumn 96/Winter 97.

10. Lavelle, Kather Ine L. *A Critical Discourse Analysis of Black Masculinity in NBA Game Commentary*, The Howard Journal of Communications, vol. 21, 2010.

11. Philo, Greg. *Can Discourse Analysis Successfully Explain the Content of Media and Journalistic Practice?* Journalism Studies, vol. 8 issue 2, 2007.

12. Poole, Brian. *Commitment and criticality: Fairclough's Critical Discourse Analysis evaluated*, International Journal of Applied Linguistics, vol. 20 issue 2, 2010.

13. Price. V. , Tewksbury. D. & Power. E. *Switching trains of thought: The impact of news frames on reader's cognitive responses*, Paper Presented at the annual conference of the Midwest Association for Public Opinion Research, Chieago, II, November, 1995.

后 记

　　近年来，随着我国媒体传播力的提升，以及中央对外宣传力度的加强，国际人物报道作为人物报道的重要组成部分，它的作用也日益体现出来。比如与国际人物相关的新闻背景以及不同媒体之间运作机制的相互作用等问题，都值得进行研究，并且具有一定的现实意义。

　　在本书的写作过程中，为了能够获得第一手生动鲜活的资料，深入了解国际人物报道的采写编流程，笔者在寒暑假期间到人民日报社总编室，人民日报社《环球人物》杂志社编辑部和新媒体部实习，跟随他们的编辑记者参与到各个工作环节中去，对报纸和杂志的出版流程有了一定了解。与此同时，还采访了相关负责人，包括人民日报社时任副社长何崇元老师，《环球人物》杂志社的第一任总编刘爱成老师，现任总编谢湘老师，副总编丁子老师，编辑部主任张建魁老师，新媒体部主任刘国锋老师等，并且和他们的很多编辑记者进行了交流，从而对《环球人物》杂志的办刊理念有了崭新的认识。

　　对笔者来说，最繁重的工作是资料查询和整理，让人倍感幸运和激动的是，《环球人物》杂志社送给笔者一整套从创刊以来的杂志，何崇元老师还把他珍藏多年的唯一的一套《环球人物》杂志创刊初期的合订本送给笔者作为资料。经过半年多的时间，笔者翻阅了从 2006 年 3 月 1 日创刊号到 2013 年 12 月 31 日八年来的《环球人物》杂志以及同时期的美国《时代》周刊，对其中的国际人物报道进行筛选。《环球人物》杂志的国际人物报道有 1662 人次，《时代》周刊的国际人物报道有 748 人次。

这本书的写作概括来说主要从叙事学角度，运用了话语分析和内容分析等研究方法，主要的研究思路是：整体概括—局部分析—动因探究—个案分析—规律总结—策略应对。首先从宏观层面对《环球人物》和《时代》周刊的国际人物报道进行总体概况，包括其报道人物的所在区域，报道人物的特征类型，人物写作的叙事视角等。其次，从微观的视角进行剖析，比如使用语义学的研究方法，对两者国际人物报道的话语再现、修辞风格、措辞技巧等进行研究。再次是选取有代表性的国际人物进行个案解读，比如有财经人物和女性人物等，对他们的形象塑造进行详细阐释。最后是比较深入地将《环球人物》和《时代》周刊各自国际人物报道的特点进行归纳，以便总结出他们各自的报道规律。

具体来说，导论部分首先明确了本书的目的：对我国的人物报道，尤其是最具代表意义的典型人物报道的发展轨迹进行了简要梳理，分析影响人物报道表达范式的主要动因，并对目前新崛起的国际人物报道的发展进行深层思考。与此同时，在回溯人物报道研究历史的基础上，进一步阐释目前进行国际人物报道研究的必要性。

第一章是人物报道相关研究文献综述部分。包括：人物报道的本体研究综述，人物报道相关研究综述，"他者"相关研究综述，话语分析相关研究综述，《时代》周刊相关研究综述以及人物报道研究方法的评析。需要注明的是目前还没有对《环球人物》的相关研究。

第二章从宏观层面对国际人物报道的概况进行初步探讨，对2006年3月1日至2013年12月31日的《环球人物》和《时代》周刊以报道国际人物为目的的新闻文本进行量化统计和分析，主要论述了五个方面：国际人物报道的数量、国际人物报道的区域、国际人物报道的内容、国际人物报道对象的选择以及国际人物报道对象的基本特征，这五个层面在国际人物报道中主要是通过叙事倾向和叙事视角来体现的。一方面就叙事倾向来说，主要分析了四种叙事倾向，即正面倾向、负面倾向、中性倾向和平衡倾向；另一方面从叙事视角来看，主要包括编辑性的全知叙事视角，中性的全知叙事视角，"戏剧方式"叙事视角，第一人称见证人叙事视角，第三人称证人的叙事视角，不定式当事人的叙事视角和多重式当事人的叙事视角。

第三章从微观层面，主要是通过文本视角和语境视角，对国际人物报道中的话语运用单位进行系统审视，主要包括命题群组、言语再现和措辞风格三个方面。首先从命题组群的分析来看，中美的国际人物报道新闻话语在语义结构方面存在明显差异：《环球人物》注重对新闻背景、言论和个案的运用，增强了文章的知识性和趣味性；《时代》周刊则注重对新闻事件、言语反应和细节的运用，突出了文章的新闻性和纪实性。其次从言语再现的视角来看，《环球人物》的国际人物报道比较富有活力，基本完成了从扁平人物到浑圆人物的转变，它所报道的人物不但具备多种个性，并且能够在人物活动中不断发展、变化。最后从新闻话语加工和措辞风格来看，《环球人物》和《时代》周刊都带有一定的主观色彩，但是也有所差别，比如在新闻评论层面上，前者多以记者自己的口吻进行表述，后者则多采用被采访者的话语。

第四章在对媒介与"原型"的关系进行初步探讨之后，主要论述了国际人物报道中的经典的原型沉淀。原型是与新闻的"新鲜"特性相对应的，它是新闻中"旧有"的东西，因此具有历史性和继承性。透过国际人物报道中的原型，我们能够看到人物报道理念中的历史痕迹和文化积淀，以及影响国际人物报道的内在动因。与此同时，作为个案，对于国际人物报道中的财经人物原型、女性原型等进行了详尽分析，可以看到，社会文明发展至今，人类潜在意识领域中仍然保持了一种不变的情怀，比如说：对于财经人物的形象判断依然是用义与利的择取态度作为衡量标准，对女性的定位依然是温柔美丽和智慧贤良等。

第五章从文化学和社会学的视角对于国际人物报道的发展动因进行进一步深层挖掘。在世界全球化的大背景下，国际人物报道的崛起与国际社会的融合以及地球村的形成是相辅相成的。媒介视角变得越来越国际化，并且能够比较客观地对世界各国的政治、经济、文化、社会做出评价。从这个角度来看，国际人物报道是国内主流话语、民间话语和国际话语共同作用的结果。

第六章是从新闻传播学，主要是发展传播学的视角，对《环球人物》和《时代》周刊国际人物报道的特色分别进行了综合评价，并且对《环球人物》和《时代》周刊国际人物报道的差异进行了对比，认为主要体现在三个方面，即国际人物的选择，国际人物的报道方式和国际人物报道的写作风格。具体来说：一是从对国际人物的选择上来看，《环球人物》主要偏重于对北美洲国家的新闻人物进行报道；《时代》周刊则比较关注亚洲国家的新闻人物。二是从报道方式来看，《环球人物》比较推崇发掘新闻背景以及系统梳理新闻人物的人生经历，可以说是知识性与历史性并存；《时代》周刊则着重于具体事件的描写，尤其侧重细节刻画，从而突出了现场感。三是从写作风格来看，《环球人物》国际人物报道的篇幅较长，着重对采访稿件进行后期加工，显得条分缕析；《时代》周刊国际人物报道的篇幅较短，大多直接刊登记者与采访对象的对话记录，跳跃性思维较为鲜明。

第七章是对国际人物报道进行了传播学反思。认为当前的国际人物报道存在着明显特点，主要有三个方面：一是注重人情味的传播手法，二是依据讲故事的基本原则，三是对政治新闻进行软处理，激发读者的阅读兴趣。中西方媒介文化存在诸多差异，但最基本的是各种所遵循的新闻观不同。在西方，新闻媒体虽然标榜的是新闻专业主义，但是由于商业利益集团和不同党派权力机构的介入，掺入了许多复杂的关系，因此对他们新闻报道的客观性要慎思对待。就目前来看，在国际传播的舞台上，西方媒体掌握着话语权，对于发展中国家来说，争夺新闻话语权、增强议程设置能力，提升新闻传播实力将是今后的主要目标。

我国的国际人物报道基本摆脱了僵化的思维模式，有了更加高远的发展目标，即写出最好的报道，打造一流的新闻团队。这就需要在具体的新闻实践中，要能够准确地把握不同人物的特点，与此同时全方位地向读者展现具有多个特性、多个层面的人物形象，并且能够将其置于不断发展运动的过程之中。但是也不可否认，目前的国际人物报道还存在一些问题，譬如报道手法需要进一步改进，表达方式也需要进一步揣摩。因此，客观地对我国国际人物报道的现状进行分析，让媒体能够对自己在国际中的地位有一个清醒而客观的认识。此外，在对国际人物报道进行历史性的梳理中，能够提醒媒体较好地把握人物形象的塑造以及发挥主流媒体的正确导向作用，并且深层思考国际人物报道与国际政治、经济、文化和社会的关联性。

本书所选用的样本有两个来源：《环球人物》是得益于环球人物杂志社的大力提供；美国《时代》周刊部分是在中国传媒大学图书馆中获得，部分是在《时代》周刊官方网站中获得。本书在这些资料的完整、准确和真实的基础上，进而收集到了2006年3月1日至2013年12月31日期间的《环球人物》和《时代》周刊，并且对相关的国际人物报道进行内容分析，包括报道数量统计、人物类型统计、报道倾向和叙事视角等几个部分。

在抽取的样本中，主要是对所报道的国际人物进行类型分类和统计。将人物类型按照不同的划分标准进行统计，比如有：报道区域划分，报道类型划分，报道内容划分，人物特征划分等，进而从新闻理念、国家利益、意识形态和新闻政策四个方面对影响国际人物报道的因素进行分析。具体如下：

1. 报道区域：亚洲、欧洲、非洲、北美洲、南美洲和大洋洲。

2. 报道内容：政治、经济、社会、文化、娱乐、体育等。

3. 报道类型：报道篇幅上有小、中、长。报道体裁有：消息、人物特写、人物访谈等。

4. 人物特征：性别特征、教育特征、年龄特征等。

5. 话语分析：词语选择、主题设置、叙事视角、叙事模式等。

通过样本分析得出结论：《环球人物》和《时代》周刊的国际人物报道还是存在很大差异的，《环球人物》主要使用精英文化的叙事方式，注重新闻背景的运用。《时代》周刊主要使用他者建构的叙事方式，注重细节的描述。当然，两者也有相同点，即都是定位高端，着眼精英人群，紧跟热点，突显时效性。此外，本书还对国际人物报道目前存在的不足进行了探讨，并且尝试着提出了一些建议，笔者希望这本书能够对业界有一定的参考价值。

从我国新闻发展历史来看，人物报道是其中的重要组成部分，尤其是典型人物报道，虽然最早起源于西方，但是最终在中国大放异彩，塑造了一批富有强烈时代感的英雄模范，其影响一直延续到今天。

但是，社会价值观念并不是一成不变的，而是与社会的发展、环境的变化、文明的进步等具有密切的联系。如今，人们的社会价值观念呈现出多元化的发展态势，原有的这种以正面传播为主，塑造高大全并树立行业楷模的传播模式需要加以改进。受众对人物报道产生了更加丰富的需求，希望能够改进千人一面的报道模式，在人物报道中看到不同的人物形象以及丰富的人物性格。对此发展传播学者认为，单向度的旧有的传播模式需要转变，应该把传播与政治、经济和社会文化等结合起来，从而成为一种多元化的新型传播模式。这种观点对于原有人物报道固定模式的突破具有一定的启发意义，把人物与他所处的时代背景联系起来进行报道，不仅能够丰富人物报道的内容，还能够揭示出由各种权力关系所建构的社会语境。

在当今全球化的大背景下，国际人物报道成为一种崭新的人物报道形式，相对于国内人物报道而言，它具有更加广阔的发展空间。在国际人物报道中，各种复杂的政治、经济、文化等权力关系的交织是其大背景，来自不同民族、不同种族、不同国家的新闻人物是其报道核心，在这种情况下，新闻媒体能够比较充分地利用国际传播的建构性，主动设置议题，丰富叙事建构，采取专业化的写作形式，从而实现人物报道的突破。

从新闻传播的视角，为了能够更加清晰细腻地展示人物报道的叙事建构，本书选取了两个案例：财经人物形象塑造和女性形象塑造。在对财经人物形象塑造的分析中，主要借助范·戴克的新闻话语理论，选择了人物称谓、新闻主题、叙事模式三个角度，对《环球人物》财经人物形象话语以及《时代》周刊对中国财经人物形象的建构话语进行了分析，展示出一种系统的又富有动态的报道整体和现状。具体来看，从人物称谓上来看，包括褒义类称谓，普通类称谓和其他类称谓三种；从新闻主题来看，包括创造商业传奇的财经人物形象，与中国结缘的财经人物形象，金融危机过后获得重生的财经人物形象；从叙事模式来看，包括富有"传奇"和"神话"色彩的成功者形象，被视为丢人的当众"裸泳"的失败者形象，以及被誉为"华尔街英雄"的拯救者形象。在对女性形象塑造的分析中，主要借助荣格的原型理论，从人格维度、主题设置和行为结果三个层面，对《环球人物》和《时代》周刊的女性形象建构进行了分析。归总起来，分为三类：政治女性的"宿命"，职场中的完美"偶像"女性，体育界的"女英雄"和中国的"体育强国梦"。在对财经人物形象和女性形象进行分析的基础上，进一步解释了影响其叙事建构的新闻话语体系，认为仍然受到主流政治意识形态的控制。

由于研究能力所限，本书也存在明显的不足之处。美国的国际人物报道在国际上所产生的影响力究竟有多大，这需要进行效果研究，同时还需要借助于社会学的相关研究方法，比如说对《时代》周刊的记者编辑们进行深度访谈，到其编辑部进行参与观察等，然而这些都不是本书研究者所具备的研究条件。但是，本书研究者曾对《环球人物》的主要负责人以及编辑记者进行过采访，并且参加过他们的编前会议，因此对其编辑程序和报道理念有一定的了解。

本书研究者在阅读了《环球人物》和《时代》周刊2006年3月1日至2013年12月31日的大量人物报道之后，感到在每个人物形象的背后都隐含着丰富的社会文化意蕴。但是由于所收集的资料以及文章篇幅的限制，还有许多问题没有进行深入探讨。比如《时代》周刊对资本主义国家和社会主义国家的新闻人物进行报道的过程中，存在着严重的双重标准，这一现象很值得关注。需要进一步收集资料，进行深入探讨，这也是本书研究者今后的努力方向。

本书的文本有《环球人物》和《时代》周刊各自 8 年的人物报道，阅读资料、分类归纳、内容分析等对本书研究者来说是一项十分艰巨的工作。由于本人的学术能力有限，加上涉及到多学科的交叉，在对文本进行传播学阐释的过程中，难免存在一些问题，今后会继续学习，努力弥补。

这本书是在我的博士学位论文《"他者"建构与"民族—国家"叙事：〈环球人物〉和〈时代〉周刊国际人物报道话语分析研究（2006 年—2013 年）》的基础上修改而成的。

我能够顺利完成博士学位论文，以及修改这本书，需要感谢很多人，感谢我的恩师，感谢我的挚友，感谢我的家人！

——感谢我的博士生导师，人民日报社时任副社长何崇元老师，他温文儒雅且学识渊博，谈吐潇洒又不失幽默。在学生们的眼中，他是一位慈祥的长者，令人尊敬和佩服。我有幸能够成为何老师的学生，跟随何老师学习三年，受益匪浅，不仅对国际新闻学的理论有了更加深入的认识，还通过在人民日报社实习对新闻业务实践工作有了更多的了解。

何老师在我的博士论文写作过程中，从论文的选题到论文的架构，从收集资料到采访媒体，都给予了精心指导，甚至对我的采访提纲都字斟句酌，认真修改。他还把自己保存的仅有的一套创刊时的《环球人物》杂志给我作为资料。每一字，每一句，每一个细节都包含了何老师无微不至的关爱，这让我非常感动，同时也深深地体会到一位长者不辞辛苦地提携后辈的深恩。

——感谢环球人物杂志社的总编刘爱成老师、副总编丁子老师对我论文写作的大力支持，他们为我提供了杂志社保存的整套《环球人物》杂志。

——感谢中国传媒大学党报党刊研究中心的王武录老师，他为人慈善，热心助人，颇有长者之风。尤其是他对党报研究所倾注的一腔热情和一丝不苟的严谨作风，深深感染着我，时时激励着我。每次向他请教，他都不厌其烦，认真耐心地予以解答，教授我要谦虚谨慎，刻苦学习，这让人倍感鼓舞，深受启发。

——感谢中国传媒大学党报党刊研究中心的张晓红老师和闫永栋老师，感谢他们一直以来对我的关爱和指导。

——感谢中国传媒大学传播研究院的刘笑盈老师、何兰老师、张开老师、徐琴媛老师、赵瑞奇老师，感谢北京外国语大学国际新闻与传播系的展江老师，各位老师对我的博士论文给予了许多宝贵意见，使我能够不断改进。与此同时，他们那种不怕劳累，兢兢业业的敬业精神，也让我深受感动。

——感谢中国传媒大学传播研究院的汪立宝老师、李智老师、郑蕾老师、惠焕云老师对我给予的热心支持。

——感谢河北大学新闻传播学院的院长白贵老师，副院长韩立新老师，副院长彭焕萍老师，感谢杨秀国老师、任文京老师、梁志林老师、焦国章老师、曹茹老师、感谢他们对我给予了无微不至的关爱。

——感谢河北大学新闻传播学院的赵东岚老师、马金平老师、张艳梅老师给予我的热心帮助。

——感谢我的师兄师姐们，感谢刘赞、李敏、石蓬勃、高晶、黄玲、马奇炎对我论文提出的宝贵意见。

——感谢本书的编辑孙兴民、李琳娜老师，感谢他们为本书出版所付出的辛勤劳作。

——感谢我的朋友张培、才让卓玛（藏族）、王欢妮、李慧敏、张娜、余晓雅、王晶晶、冯金莲、黄艾、谢淑贞（泰国）、曹光煜、陈银花、韩娜、贺心颖、夏亮、彭桂兵、钟丹丹、甄巍然、张艳、都海虹、陈昌辉、赵巍、康翠迪，感谢他们对我的热心支持和帮助。

——感谢我的爸爸和永涛，我的妈妈王贵欣，是他们一直在默默地支持我，鼓励我。当我身处顺境时，是他们提醒我要谨记"满招损谦受益"的道理，脚踏实地，本分做人。当我遭遇逆境时，是他们用温暖的话语安慰我，认真改过，勤勉工作。

——感谢我的爱人白树亮，不辞辛劳地帮我进行自译校对以及辞章润饰等繁琐的工作。

——感谢我的弟弟和森、弟妹侯业红，他们一直帮我照顾父母，才使我有时间撰写博士论文。

——感谢我可爱的儿子白子琦和小侄子和泽厚，他们为我带来了无限欢乐。

——感谢所有曾经支持我、关爱我的人，是你们的爱心，让我能够完成本书。

谢谢你们！